上松佑二
AGEMATSU Yuji

光の思想家

ルドルフ・シュタイナー

Rudolf Steiner

国書刊行会

1　ルドルフ・シュタイナーのポートレート　一九二三年
Otto Rietmann, Goetheanum Archiv, Dornach

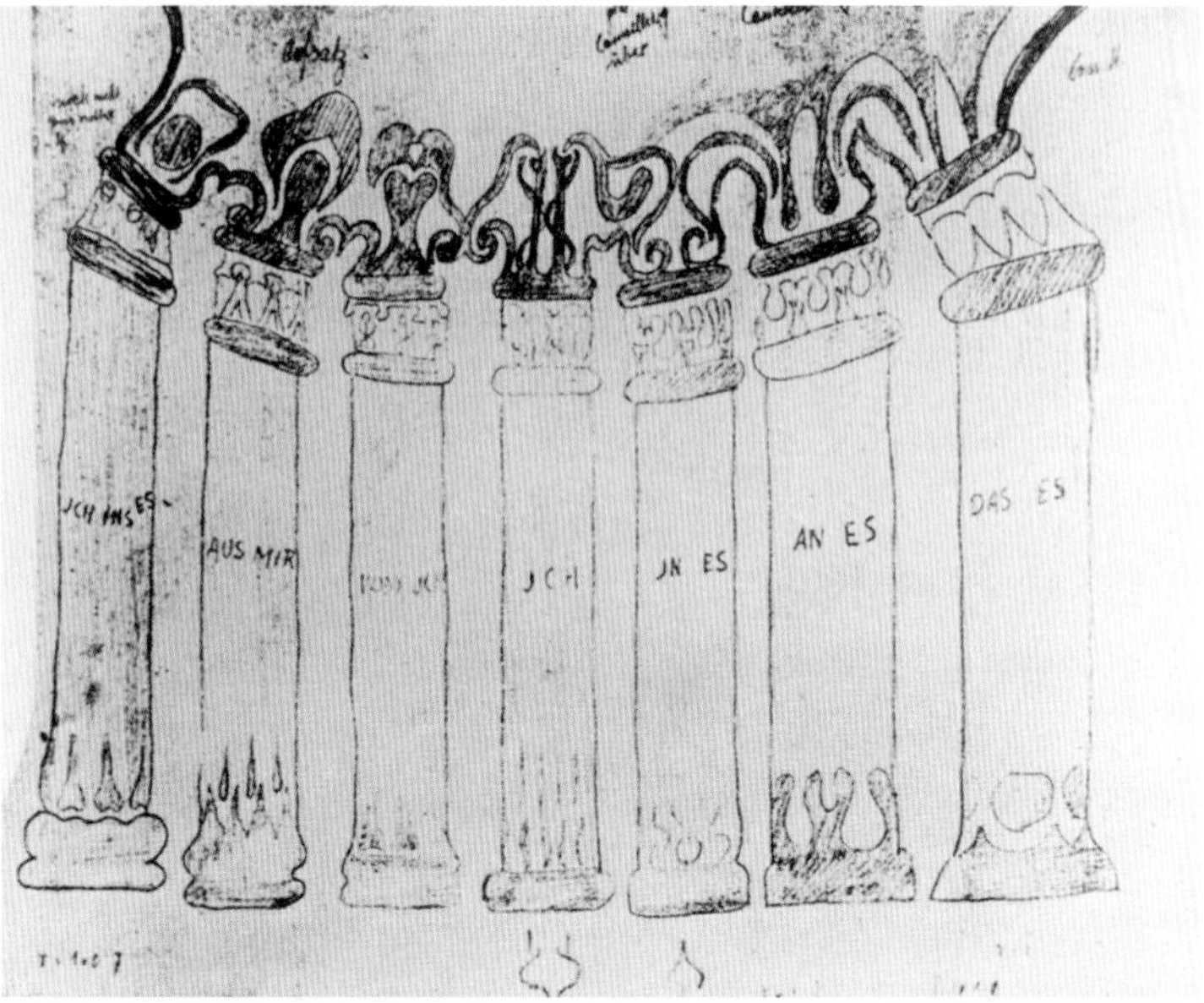

2　観客席オリジナル・スケッチ　Rudolf Steiner Archiv, Dornach
3　第一ゲーテアヌム鳥瞰　Otto Rietmann, Goetheanum Archiv, Dornach

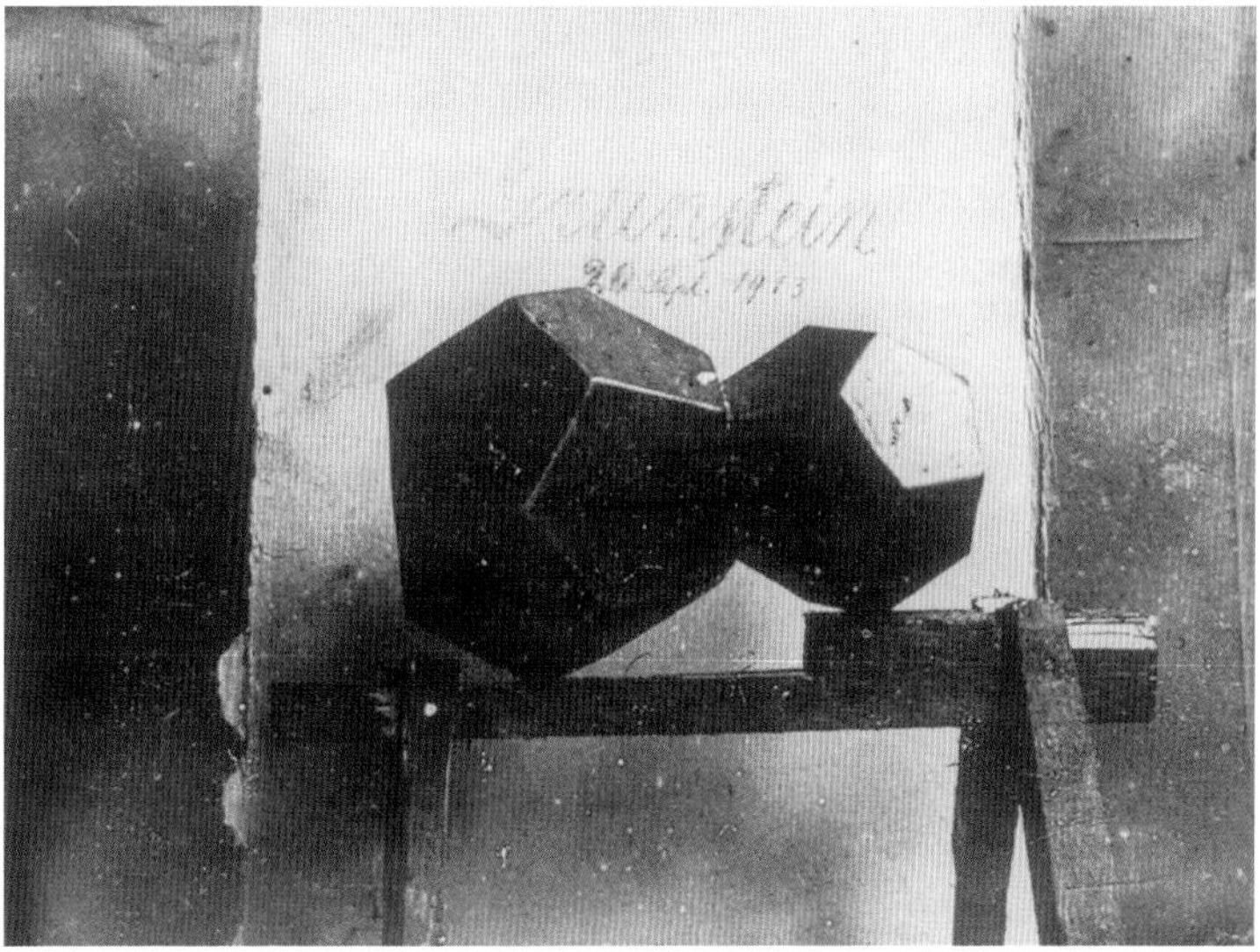

4　第一ゲーテアヌム定礎石　一九一三年　Rudolf Steiner Archiv, Dornach

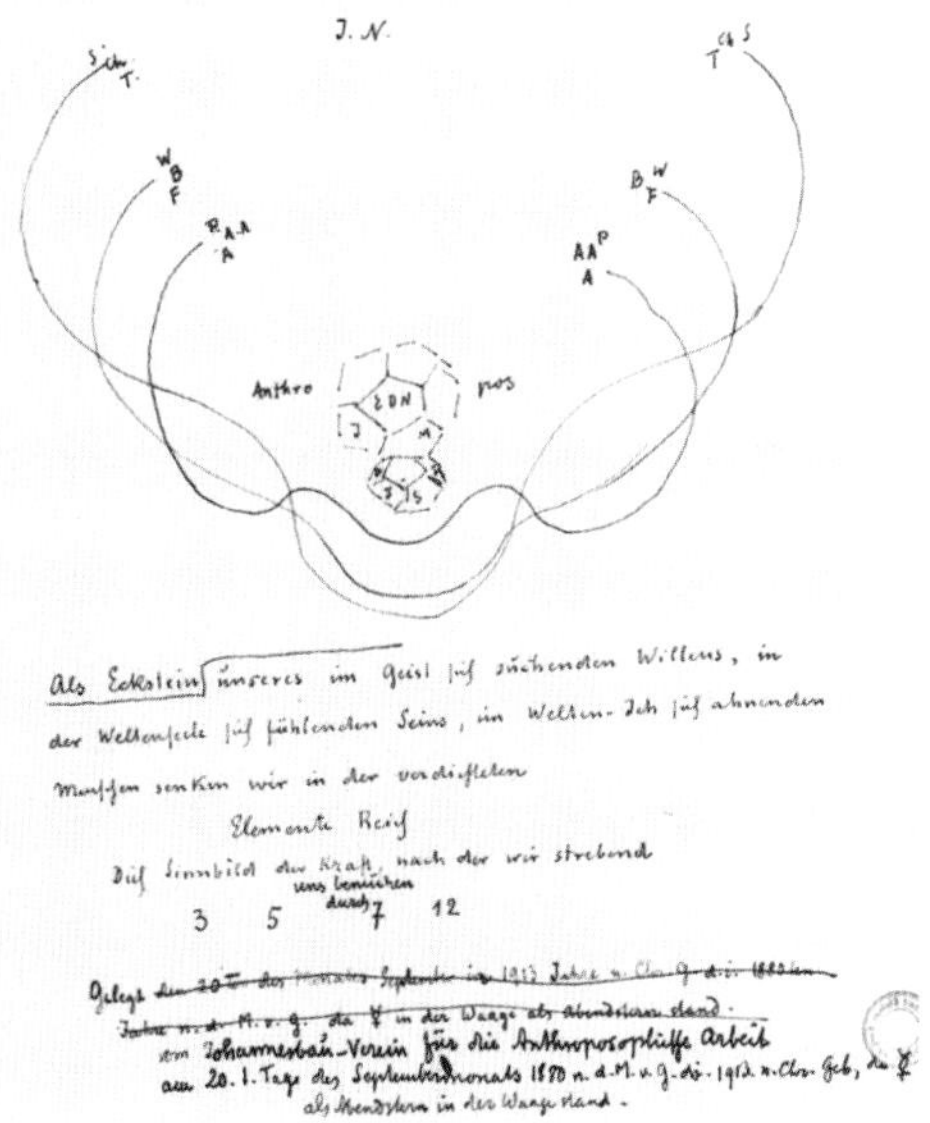

5　第一ゲーテアヌム定礎原典　Rudolf Steiner Archiv, Dornach

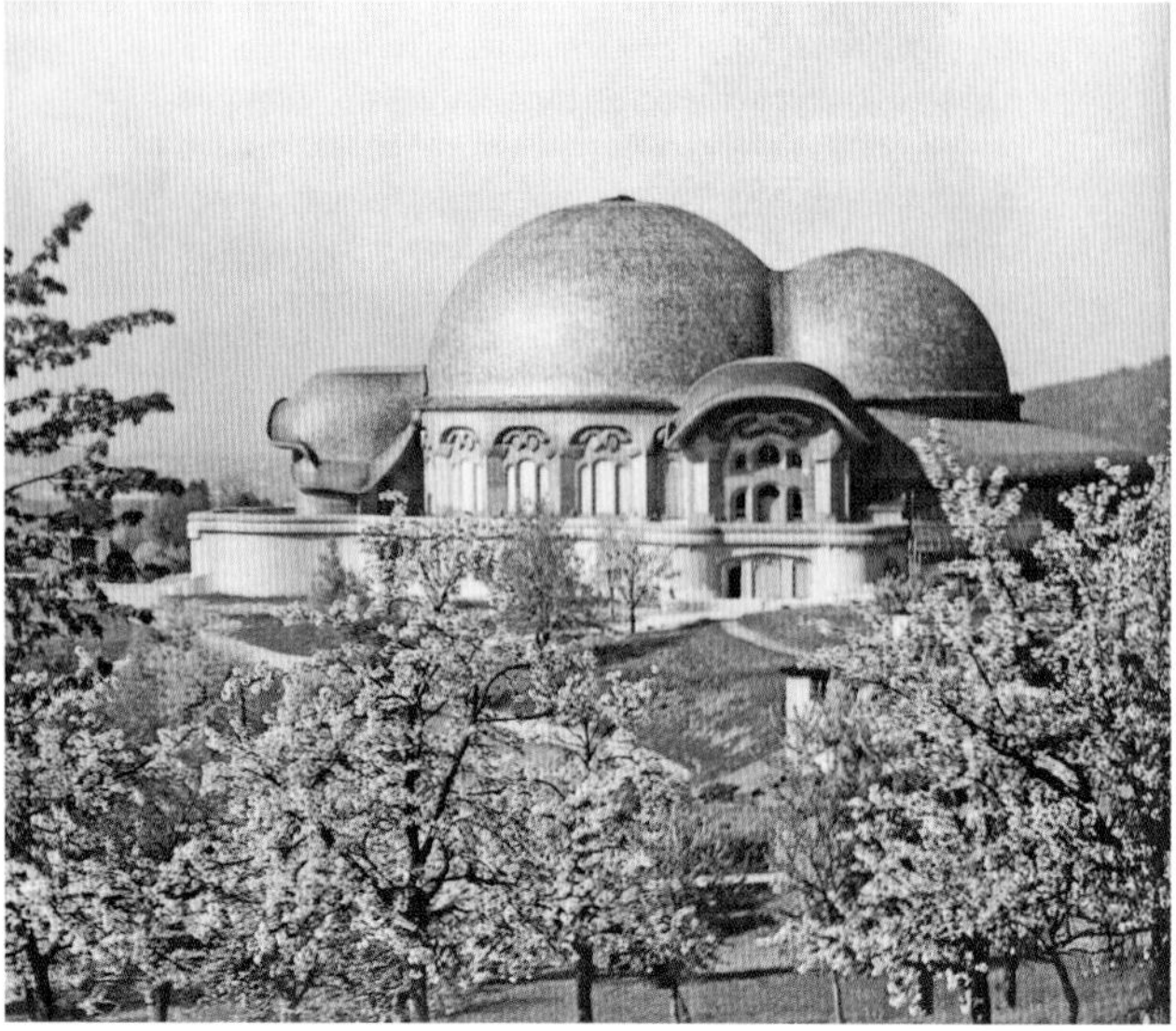

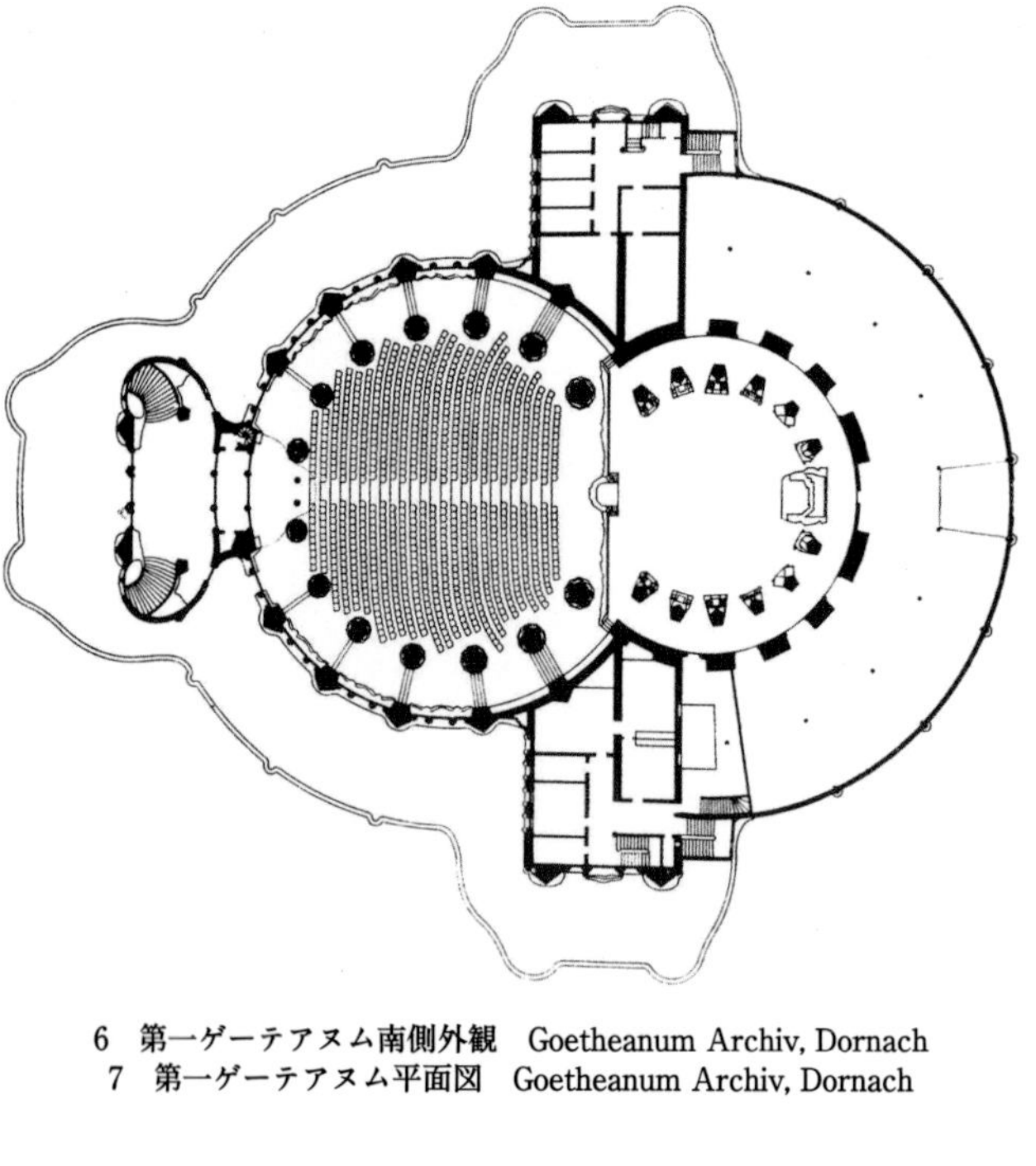

6　第一ゲーテアヌム南側外観　Goetheanum Archiv, Dornach
7　第一ゲーテアヌム平面図　Goetheanum Archiv, Dornach

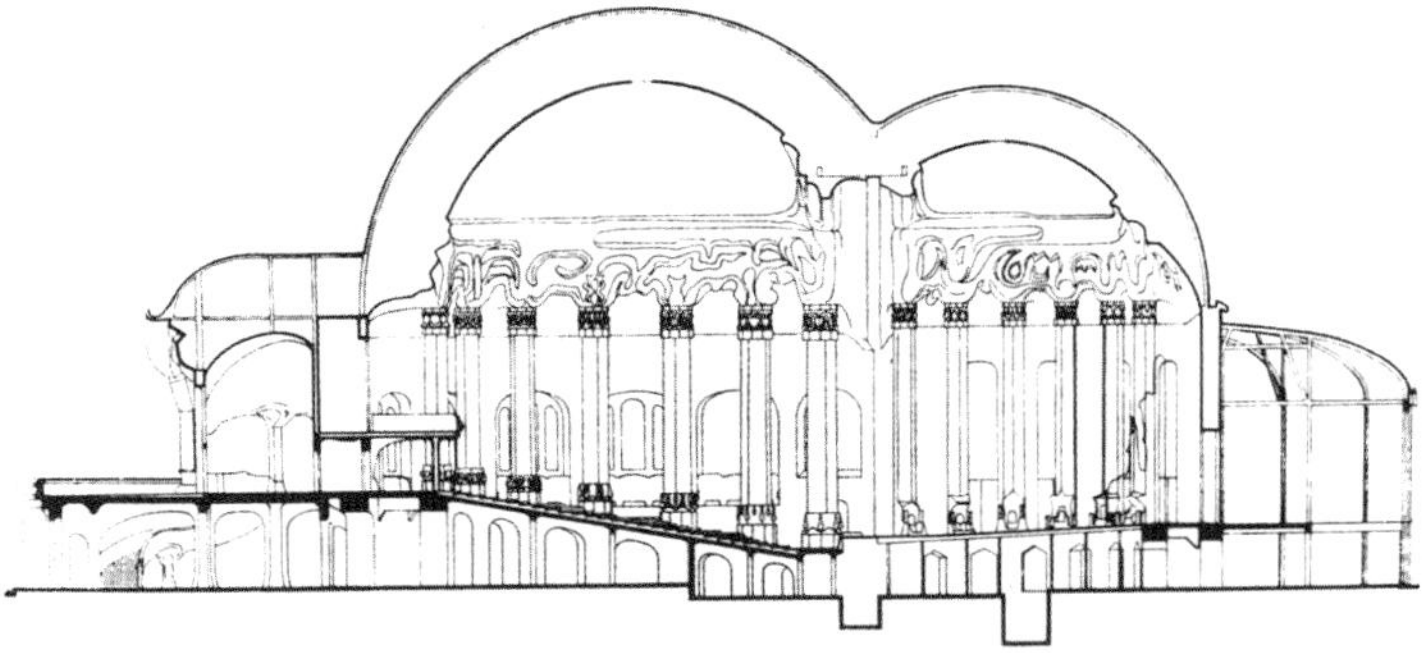

8　第一ゲーテアヌム断面図　Goetheanum Archiv, Dornach

9　第一ゲーテアヌムテラス　Hydebrandt Osthoff, Staatsarchiv, Basel

10 第一ゲーテアヌム内観舞台　Hydebrandt Osthoff, Staatsarchiv, Basel

11 第一ゲーテアヌム焼跡　Rudolf Steiner Archiv, Dornach

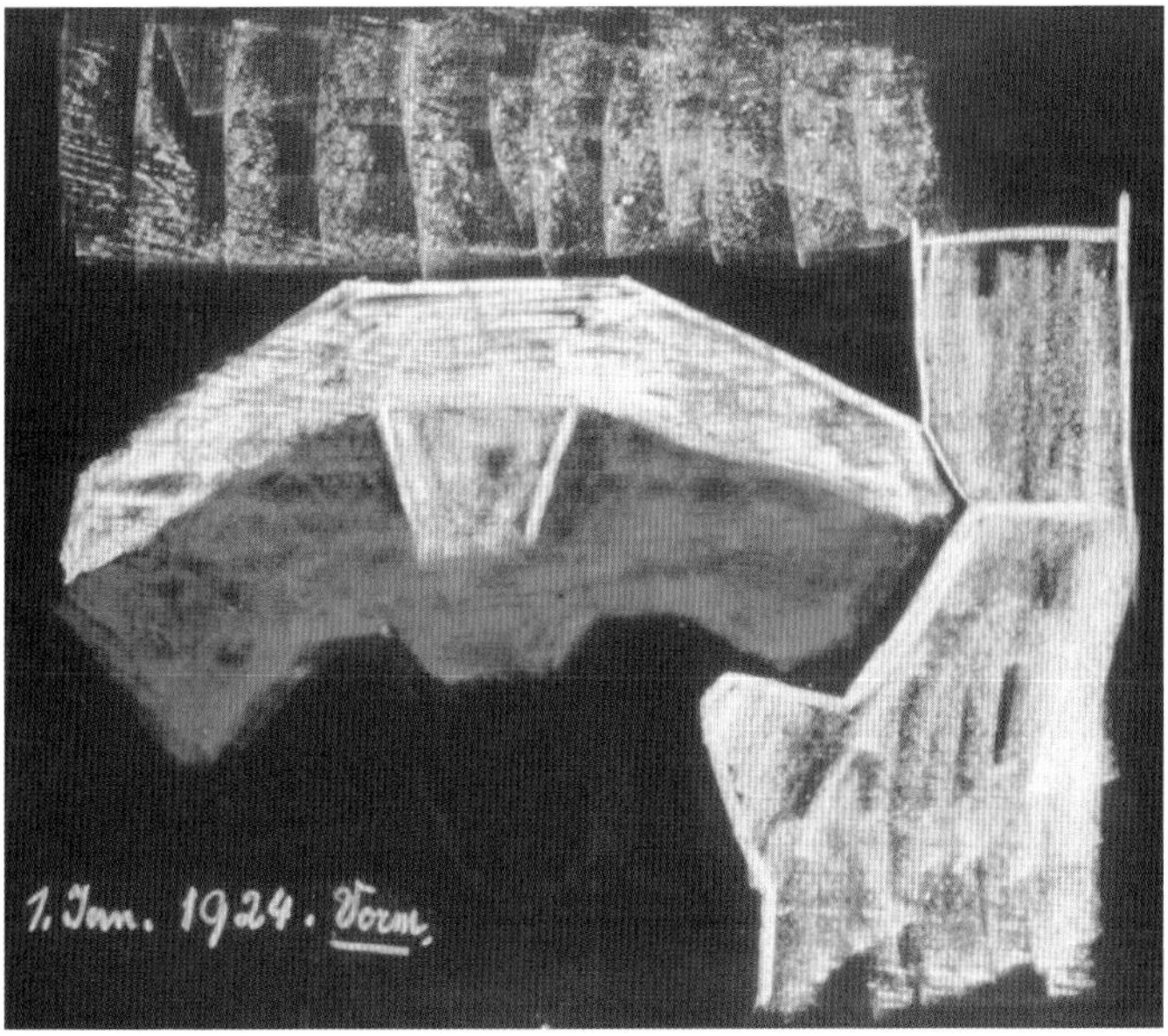

12　第二ゲーテアヌム西正面黒板スケッチ　Rudolf Steiner Archiv, Dornach
13　第二ゲーテアヌム西正面　Wehrli, Goetheanum Archiv, Dornach

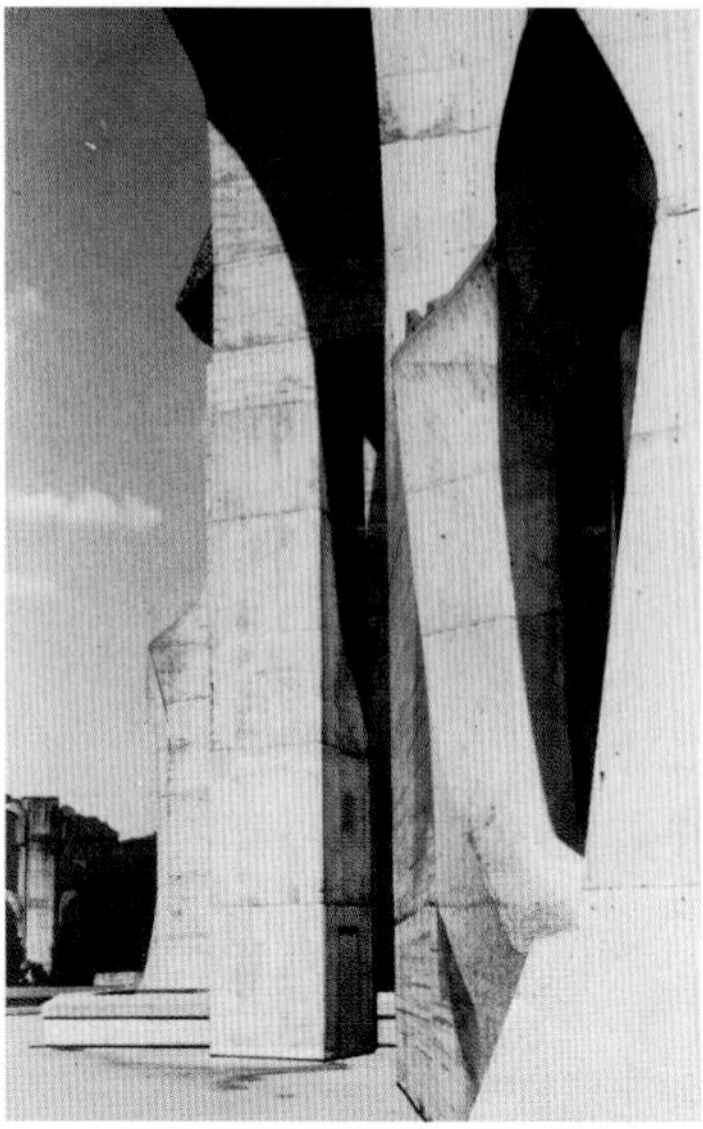

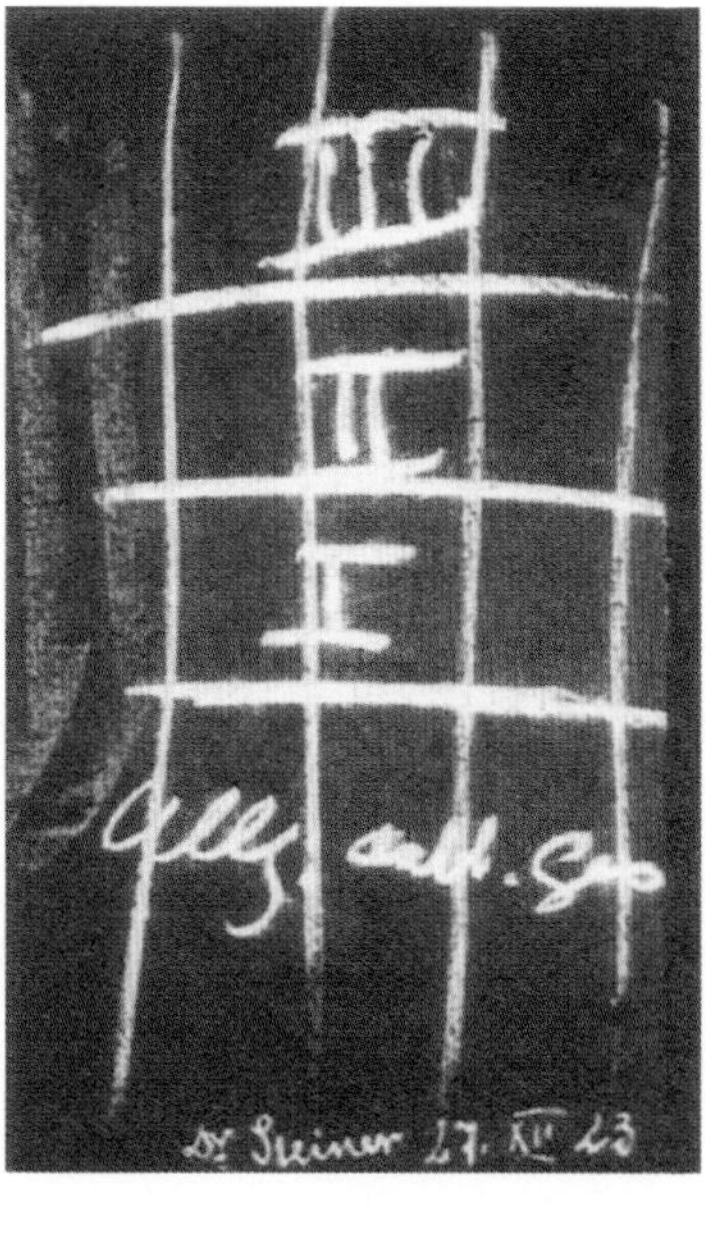

14　第二ゲーテアヌムテラス北西部
Yuji Agematsu
15　第二ゲーテアヌム内観
Mario Rügger, Goetheanum Archiv, Dornach
16　精神科学自由大学構成スケッチ
Rudolf Steiner Archiv, Dornach

はじめに　あらゆる価値の転換

一九六三年秋のことである。当時私は建築を学ぶ二十一歳の学生として自分の課題は何かを探していた。建築にはあまり興味を持てないで、文学か哲学の方向に進むことも考えていた。そのような折、哲学者であり、建築家でもあるルドルフ・シュタイナーについて今井兼次教授からの講義を受けた。学生は六十人くらいいて、それ以上ではなかったように思う。しかし受けた講義は私にとって青天の霹靂であった。

ドイツの一哲学者がゲーテ研究者でもあり、同時に生涯唯一の建築作品「ゲーテアヌム」を設計したという。大きな衝撃であった。なぜか？　建築と哲学が結びついて突然私の前に立ち現れたからである。普通の建築ではない、岩塊のようなコンクリート建築であった。同じ講義をうけて私のように衝撃を受けた学生は何人いただろうか？　今から思えば運命の出会いであった。

その時は夢中であったが、その二年後にはフランツ・カルルグレンの英文の小冊子『ルドルフ・シュタイナー』を翻訳し、それだけを頼りに卒業論文『ルドルフ・シュタイナーの建築と思想』を書き上げた。無謀な試みである。卒業論文は『ドストエフスキー論』にするかどうか迷っていた。

しかし工学部でこのテーマは無理だろうと思い、シュタイナーを選ぶことにした。ドストエフスキーについてはその後『ドストエフスキー記念館のための習作』（一九六六年）という卒業設計に取り組んだ。

卒業後ゲーテアヌムについてもっと知りたいという思いが強まった。英人建築家レックス・ラーブ氏に手紙を出し、働きながらゲーテアヌムについて学ぶ可能性があるかどうかを尋ねた。その結果一九六七年秋のミヒャエル祭までにスイスのドルナッハに来られるかどうか、という返信をゲーテアヌムのフリードリッヒ・ヒーベル教授から頂いた。

この時は「ミヒャエル祭」とは何か、その意味も分からなかった。それでも九月二十九日のミヒャエル祭に間にあうように横浜港からバイカル号に乗船した。船は嵐で大揺れとなり、乗船客の大半は船酔いになり、三度の食事の席についたのは私一人であった。一日遅れでナホトカに到着し、そこからシベリア鉄道でハバロフスクに向かった。荒涼としたシベリア平原に夕日が沈む光景を見て茫然となり、そこからアエロフロート機でモスクワに飛んだ。モスクワではインツーリストの枠内で赤の広場やトレチャコフ美術館を訪れた。モスクワからウィーンまでは四十八時間の国際列車〝ショパン号〟に乗り、オーストリアのウィーンに着いた。ウィーンのシュテファンズ・ドームでゴシック建築を体験し、十八時発の夜行列車を夜の八時発と間違えてバーゼル行きの列車に乗り遅れ、次の列車に乗ってスイスのバーゼルに向かい、やっと念願のドルナッハの丘に立つことができた。全部で八日間の旅であった。

ゲーテアヌム建築との出会いは大きな喜びであった。至福といってもよい。それは確かな深い実感であった。やがてこのような建築の背景に何があるかを知りたいと思うようになった。普通の建築ではない。この建築を生み出しているものは何か？　いかなる思想がその背景に在るのか？　このような問いは既に日本にいる時から私の中に生まれていた。私の中で哲学者ルドルフ・シュタイナーが浮かび上ってきた。残した著作は四十冊に及んでいる。銀座の丸善書店の洋書部は当時二階の奥にあって、緑の大きなカウンターの前で著作リストに目を通し、注文すべき一冊の本を選んでいた。

Die Philosophie der Freiheit（『自由の哲学』）というタイトルに私の眼がとまった。その本を注文し二ヶ月待ってシュタイナーの原書の最初の一冊を手にしたのである。この時はまだ彼がいかなる思想家であるか分からなかった。それを自分で確認しなければならない。

この時からその作業が始まった。哲学の認識論に取り組むことは重要であると思われた。それが私のシュタイナー研究の出発点であった。

次いで重要なのは社会思想であった。どれほど優れた思想であっても現代の社会問題に答ええないようでは現代思想としては不十分ではないか？　学生運動は当時のヨーロッパにおいても反権威主義を掲げていた。社会主義体制は揺らぎ始めていたが、まだベルリンの壁は厚かった。〝プラハの春〟の時代である。シュタイナーの思想はこの分野においても「歴史兆候学」や「三分節社会有機体論」のような優れた貢献をなしている。次いで重要なのは芸術論であった。ゲーテアヌム建築が建築、彫刻、絵画を含む総合芸術作品であることが芸術論の内容を既に物語っている。近代建築、近代彫刻、近代絵画の全てにおいて、シュタイナーは大きな貢献をなしている。

次いで重要なのは社会問題としての教育論であった。実際には「ワルドルフ学校」の設立と現代の教育問題に対する大きな貢献である。一九一九年ドイツのシュトゥットガルトに生まれた「自由ワルドルフ学校」は今日では中国を含めて世界中に千二百校を越えて発展している。現代と未来における教育のあり方が問われているからである。その全ての根底に人間とは何かが関わっている。人間の本質が問われ、人間がどこからやってきてどこにいくかが問題となる。それは同時に世界とは何か、宇宙とは何かを問うことになる。人間はどこからきてどこにいくのか？　宇宙の起源はどこにあり、どのように発展してきているか？　そこで問題になるのはキリスト教の世界観である。『創世記』に始まる旧約聖書と新約聖書の世界観をいかに捉えるか、仏教と神道、キリスト教の本質とは何か、が東洋と西洋の道として現れてくる。それはヨーロッパの精神史の根幹に関わることであり、シュタイナーの世界観にとっても中心の思想である。仏教の思想においては輪廻転生論が当然の事柄として登場する。それはシュタイナーにおいてはどうなのか？　浄土宗や禅宗において瞑想の世界が語られる。それはシュタイナーにおける瞑想とどのように関連するのか？　シュタイナーの世界観において現代と未来の共同体の可能性はどこにあるかを、彼は現代の時代精神に問いかけている。私は一九七四年に『世界観としての建築』においてそれらの問いに答えようとした。本書での全てはその延長上にあるテーマである。

ルドルフ・シュタイナー（口絵1参照）とは誰か。ゲーテ研究者、哲学者、神秘学者、精神科学者、劇作家、画家、彫刻家、建築家、社会思想家、教育者、医者、農学者等、そのいずれでもあり、そのいずれでもない。彼は十九世紀後半から二十世紀初頭を生きたルネサンス的〝万能の人〟であった。あえて言えば「光の思想家」である。その全ての根底に闇から光への上昇を見ることができるからである。

シュタイナーは一八六一年二月二十七日、旧オーストリア・ハンガリー領のクラリエヴェックに「南オーストリア鉄道」の電信技師の息子として生まれた。アルプスの雪を頂く連峰に囲まれた美しい自然の中である。同時に鉄道と電信という近代技術に囲まれて育った。ダーウィンの『種の起源』が発表され、アメリカで南北戦争が始まった頃でもある。

少年シュタイナーにとって、目に見えない精神の世界は生まれながらのものであった。彼にとっては普通の感覚的な世界の認識の方が精神の世界の認識よりはるかに難しかったという。石が石として、木が木として、確かなものとして理解されるために長い時間が必要であった、と『自叙伝』（一九二五）に書いている。これは何を意味するか？　それだけ彼は初めから精神界と深く結びつき、精神界と一体であり、彼には現実界がむしろ疎遠であったことを示している。神々の世界、天使の世界、死者の世界のように目に見えないものの方が目に見えるものよりリアルな存在であった。そのリアルな存在が地上に降りてきて、目に見えるものとなる。両者の関係はむしろ逆であった。すべてのものを精神の側から見ることが極めて自然であったのである。

フリードリッヒ・ニーチェはかつて自らの著作『権力への意志』に「すべての価値の価値転換の試み」という副題を与えた。既成の価値観の全てを覆す新しい価値の提示である。シュタイナーの試みもまた同じであった。『反時代的闘士フリードリッヒ・ニーチェ』（一八九五）のように「反時代的闘士ルドルフ・シュタイナー」を書くことも本書の課題である。シュタイナーはいかなる人物で、何をしようとしたか？　彼が第一に目指したものは、ワルドルフ学校を創ること、バイオ・ダイナミック農業を発展させること、新しい医学を導入することではなかった。それらはいずれも彼の思想アントロポゾフィーから生まれた成果である。アントロポゾフィーとはアントロポス（人間）のなかのソフィア（神的叡智）であって、シュタイナー自身の定義によれば「アントロポゾフィーとは人間の中の精神的なものを宇宙における精神的なものに導くための一つの認識の道である」（『アントロポゾフィーの主旨』一九二四年）。

日本では一九七〇年代から多くの翻訳書、著作が出版されてきたが、シュタイナーの本当の意図はいまだに理解されてはいない。本書はその意味において現代及び未来の知られざる〝光の思想家ルドルフ・シュタイナー〟の真の姿を、「すべての価値の価値転換の試み」として理解するための一書である。

本書はそれゆえ、第1部「人間と宇宙」、第2部「芸術と生命」、第3部「未来の共同体」の三部から成り立っている。

目次

第1部　人間と宇宙

第1章　認識とは何か——自由への道

ルドルフ・シュタイナーが一八九〇年代に思想家としての歩みをどこから始めたかに注目する必要がある。それは哲学の分野で言えば認識論からであった。認識論は現代ではほとんど問われることのないテーマである。しかし問われることなく多くのことが語られているために、学問においては様々な混乱が生じている。認識論はしかし、あらゆる学問の基礎である。人間が認識するとは何かを問う、根源的な問いだからである。認識するとは何かが問われ、その基礎が築かれていないと全ては虚構になってしまう。シュタイナーの思想家としての出発点はここにある。まず物質界、感覚界において、あるものを認識するとはどういうことか、が問われている。この基盤が確固たるものでなければ、その上に築かれる自然科学や人文科学、物理学や化学、心理学や歴史学、政治学や社会学等、あらゆる学問は砂上の楼閣となる。

認識論はそれゆえあらゆる学問の基礎学である。「認識論は他の全ての学問が吟味することなく前提するものの学的探求でなければならぬ。だから認識論には初めから哲学の基礎学という性格が賦与されている」。シュタイナーは彼の学位論文『真理と学問』（一八九二）の冒頭にこのように書いている。そのためには「存在」や「無」、「物自体」等、あらかじめ何かが前提されていてはならない。ヘーゲルは『小論理学』において「純粋な有が初めをなす」とする有論から始め、無から成、定有へとその論理学を展開してゆく。そのためには有とは何か、無とは何かが前提されていなければならない。その出発点において既に多くのことが前提されている。

日常的な体験においても私たちは多くの偏見と前提に基づいて判断し、行動してはいないだろうか？　直接見てもいないし、聞いてもいないことについて誤った判断を下している。その認識が正しいという保証はどこにあるのか。認識論の問いはこの意味においても重要である。

唯識思想を代表するヴァスバンドゥ（三二〇―三九〇）は『唯識三十頌』の中で、六種の識知（眼、耳、鼻、舌、身、意）はそれぞれの場から生起するが、見る者、聞く者、嗅ぐ者、味わう者、触れる者、思考する者、というような実体は全く存在せず、個人我には実体性がないことを理解するようになる、と指摘する。

これと対極的なのは近代のデカルトの哲学である。ルネ・デカルト（一五九六―一六五〇）は『方法序説』（一六三七）においてあらゆるものの存在を疑い、すべては疑わしいが、全てを疑う自分はここに存在することを確信している。「私がそのように一切を虚偽であると考えようと欲する限り、そのように考えている〝私〟は必然的に何ものかであらねばならぬことに気付いた」。そして「私は考える、それゆえに私はある」と確信した。しかも「この〝私〟なるもの、すなわち私をして私であらしめるところの精神は身体と全く別個のものであり、なおこのものは身体よりもはるかに容易に認識されるものであり、またたとえ身体がまるで無いとしても、このものはそれがほんらい有るところのものであることをやめないであろうことをも、私は知ったのである」。デカルトはここで〝私〟〝自我〟の存在を肉体を離れた精神として観察している。

「なぜ私たちは感覚的な事物を疑うことができるのか。真理を探究するには一生に一度はあらゆるものを疑えるだけ疑ってみなければならない。このようにして、少しでも疑うことのできるものはことごとくこれをさけ、それを虚偽であると仮想してみると、神もなく、天もなく物体もなく私たち自身に手も足もなく、身体さえもない、と想定することはたやすいことである。しかしだからといってそのようなことを思惟している私が無であると想定することはできない。なぜなら、思惟しているものが思惟しているその時に存在していないと考えることは矛盾だからである。従って私は思惟する、ゆえに私はある、というこの認識は秩序正しく哲学しようとするものには誰にでも現れてくる、あらゆる認識のうちで第一の最も確実なものである」。

デカルトのこの考察は存在とは何かを問いながら、私とは何かを問うている。私たちが目や耳、鼻や口、手で味わっている「感覚はややもすれば私たちを欺くものであるから、有るものとして感覚が私どもに思わせるような、そのようなものは有るものではないのだと私は仮定することにした」。デカルトはここで感覚的な事物の存在そのものを疑っている。ヴァスバンドゥの『唯識三十頌』におけるように、全ては実在性を有しないと見るか、あるいは感覚的事物を認める場合にも、それをいかに認識するかが問題となる。

二十世紀後半の哲学者ミシェル・フーコー（一九二六―一九八四）はニーチェとハイデガーを受け継ぎながら自己同一性を問い、「私が何者であるかを尋ねてはいけない」（『知の考古学』）という自己からの離脱を表明している。「思考の場としてのエピステーメ（知の枠組み）」は夜空に輝く冷たい星座のようであり、この星座は数百年も経たないうちにその相貌をすっかり変えてしまう。あるとき美しい星々の無限の図柄が見えたのに、次の時代には悲しい顔をした人間がそこに映っている。やがてその人間の顔も別の何者かによってかき消されてしまうにちがいない。時代の思考の場「エピステーメ」が変化するという観点は新鮮であるが、ネオ・ニヒリズムの思想から新しいものは生まれてこない。

それに対してシュタイナーの「思考の場」は時代精神によって変容して行く。カントはカントの時代に、ニーチェはニーチェの時代にのみ現れる。シュタイナーがこのテーマに取り組んだのは一八九〇年代であった。エドゥアルト・フォン・ハルトマンやヴィルヘルム・ヴィンデルヴァント、ハインリッヒ・リッケルト等が新カント派として認識論に取り組んでいた時代である。ドイツのロストック大学に提出されたシュタイナーの学位論文『真理と学問』（一八九二）は「現代の哲学は不健全なカント信仰に病んでいる」に始まっている。当時は新カント派の全盛時代であったから、この一文は鮮烈であった。

カントの出発点は感性と悟性の両輪から成り立っている。あるものを認識するためには、まずその対象が与えられていなければならない。その対象は目に見え、感性によって捉えられなければならない。しかし感性だけではそれが何であるかは理解されることはない。それに悟性が加わらなければその対象が何であるかは分からない。それゆえ悟性なき感性は混沌であると言うことができる。悟性がなければ感性の氾濫だけがあることになり、混沌を意味するからである。一方対象が与えられていないで悟性だけがあるとすれば、感性なき悟性は空虚であると言わざるを得ない。対象が与えられず悟性だけが働くのは、顕微鏡にいくら光が当てられても観察される対象がなければ、空虚なままであるからである。それゆえ認識が行われるためには感性と悟性が両輪として働いていなければならない。その上でシュタイナーは、カントの『純粋理性批判』における「先験的総合判断はいかにして可能か」の問いに向かった。先験的とは経験に依存しないことを意味する。火は熱い、水は冷たい、は経験に依存する。人間の認識は経験に依存する限り経験に従属している。つまり人間の認識は経験の後をついてゆく他はない。人間の認識には限界がある。しかし経験に依存しない先験的認識というものがあるはずである。人間の経験に依存しない認識の可能性を問うのが「先験的総合判断であり、それはいかにして可能かというカントの問いはプトレマイオスの」天動説からコペルニクスの地動説への転回に等しい。しかしカントにおける先験的認識は「先験的でありながら、経験が及ぶ限り可能である」に留まる、とシュタイナーは指摘した。先験的とは、経験に依存しないことであるが、それでいて経験が及ぶ限り可能であるという矛盾を指摘している。「アプリオリな総合判断は、あらゆる可能的経験の条件として、その経験のおよぶ限り可能である。その真理は経験に依存することなく得られねばならないという前提の下に、その有効範囲を規定するだけである」（『真理と学問』）。

カントは事実『純粋理性批判』の「先験的分析論」において「経験の可能なための先天的条件として、先天的概念が認められねばならない」という思考形式を繰り返している。分かりやすい一例を挙げておこう。純粋悟性概念の範疇論の中から「量」をリンゴの例として取り上げると、単一性か、数多性か、全体性かのどれかである。これらは経験に依存しないが、その真理は経験に依存することなく得られねばならないという前提の下に、その有効範囲を規定するだけである。

マルティン・ハイデガーやジャン＝ポール・サルトル、モーリス・メルロ＝ポンティに至る二十世紀の存在論哲学者はエドムント・フッサール（一八五九―一九三八）の現象学に多くを負っている。フッサールがフランツ・ブレンターノ（一八三八―一九一七）の講義をウィーン大学で受けていた頃、シュタイナーもブレンターノの講義をウィーン大学で受けていた。二人は全く同時代人であるから、二人が同じ大学の大講義室に居合わせていたとしても不思議ではない。そして後に一九一九年エドムント・フッサールとルドルフ・シュタイナーはドイツのフライブルクで会っている。フッサールの助手がシュタイナーをフライブルク駅から大学まで案内し、フッサールとシュタイナーが大学内で長時間、対話を行ったという。一九一七年にブレンターノがこの世を去った時、シュタイナーは自分の師であったこの「尊敬すべき」ウィーンの哲学者に追悼文を捧げている。

一九〇七年のゲッティンゲン大学での講義『現象学の理念』（一九〇七）の中でフッサールは「我々はいかなる認識をも最初から認識として受け入れてはならない」と書いている。人間が認識するのは現象であって現象の背後にある物自体ではない。それによってフッサールはカントの「物自体」のような超越的措定を排除する「現象学的還元」に到達する。還元とは元の状態に戻す事であり、それまで「判断停止（エポケー）」を行うのもこの無前提を貫くためであった。ブレンターノの『道徳的認識の源泉について』（一八八九）における「意識の志向性」をきっかけとして、フッサールはこの前提のない「絶対的所与性（与えられたもの）」に向かう。そして「一つの出発点を与えてくれるのがデカルトの懐疑的考察である」と言い、「コギタチオネス（自我性）は最初の絶対的所与性である」と指摘する。そして「デカルトのコギタチオネスでさえも現象学的還元を必要とする」のである。

その十五年前の一八九二年、シュタイナーは「無前提」から認識論を展開するために「直接与えられた世界像」から出発した。彼はまず「私はあらゆる思想的規定、および認識によって得られた規定を私の世界像から分離し、私が関与することなく私の観察の地平に現れてくるものだけを捉える」と規定する。私たちが感覚の世界に浸り、漠然と眼前の何かに向かい合う状態である。それが「直接与えられた世界像」である。あるものがぼんやり広がっている。それが何かは分からない。与えられたままの「絶対的所与」の世界である。認識が成立するためには、この所与の中に何かがなければならない。私たちの認識行為が侵入できる何かがそこに見出されなければならない。それが私たちの「思考」である。「思考」が働くことによって、例えば眼前にある緑のものは若葉であり、その若葉が風に揺らいでいることが明らかになる。このような「思考」もまた「直接与えられたもの」であり、「所与性」の一部である。これによって無秩序で、無規定の「知覚」の世界に初めてある秩序が与えられ、それによってそのものの「概念」が生まれてくる。

一八九四年ルドルフ・シュタイナーは三十三歳の時『自由の哲学』をベルリンで出版する。その副題に「現代的世界観の特質――自然科学的方法による心的考察の成果」と謳われている。自然科学と精神科学の統合が意図されている。あるいはフッサールと同じように「厳密な学としての哲学」が意図されていたと言えるであろう。シュタイナーはこの構想を抱いて一八九〇年ワイマールに招かれ、昼間はワイマールの「ゲーテ・シラー文庫」の自由な雰囲気の中でこれを書いた。シュタイナーは『ゾフィー版ゲーテ全集』編纂のためにウィーン大学のカール・ユリウス・シュレーアー教授に推薦され、二十八歳の若さでワイマールに招聘されたのである。当時の「ゲーテ・シラー文庫」はドイツの歴史家ハインリッヒ・トライチュケ（一八三六―一八九六）や作曲家リヒャルト・シュトラウス（一八六四―一九四九）等が出入りする国際的な雰囲気に包まれていた。古都ワイマールの西端の小川を渡り、なだらかな丘の上にある研究所でシュタイナーはゲーテの自然科学論文を編纂した。

シュタイナーはゲーテ研究者として出発するが、その根底にはゲーテの自然科学的認識論への基礎研究があり、そこから彼の思索が始まる。ゲーテの『主観及び客観の仲介者としての実験』は次のように書いている。「丁度植物がすべて太陽から誘い出され、照らされるように、植物学者は公正な、落附いた眼を以て之ら全てを観察し、探求し、この認識への標準、判断の根拠を、自分からではなく、観察する事物の範囲から取出すべきである」。この「判断の根拠を、自分からではなく対象から、観察する事物そのものから取出すべきである」。これこそが、シュタイナーが「対象的認識」と呼んだ植物観察の方法である。抽象的な概念を展開する「現象学」ではなく、自然界にふれる具体的な現象そのものに語らせようとするゲーテの方法こそが本来の生きた「現象学」と言えるであろう。

シュタイナーは二十五歳の時の『ゲーテ世界観の認識論要綱』（一八八六）の中で「無機学にとっての理想は、あらゆる現象の総体を、統一的なシステム System として把握することであり、有機学にとっての理想は、一連の個々の生物が自己発展してゆく過程を考察し、それをできる限り完全な型で、原型 Typus により、またその現象形態にそって把握することである」と指摘した。これによってシュタイナーは無機界の認識と有機界の認識の間には、決定的な相違があることを明らかにした。人間の考察は当然のことながら有機的なものであり、機械的なものではない。この区別は今日の先端の学問においてもまだ本当には理解されていないことである。

認識が成立するためには、感覚の絶対的な所与性の中に何かが来なければならない。私たちの認識行為が侵入できる何かがそこに見出されなければならない。それが私たちの「思考」である。

シュタイナーの認識論の構成は「世界の把握のための思考」と「知覚としての世界」、「世界の認識」から成り立っている。

「世界の把握のための思考」の中心は「思考の思考」についての考察である。ここにシュタイナーの認識論の「アルキメデスの支点」がある。木についての思考は外に対象としての木を必要とする。日常的な思考はいずれもこのような外界依存的思考である。それは常に外界の何かについての思考であり、影のような思考である。しかし「思考する人間は思考の間、自らの思考を忘れる。これは思考に固有の本性である。思考が思考を働かせるのではなく、思考の対象が思考を働かせるからである」。

私たちがある木について思考する時、私たちの思考作用はその木に向けられている。私たちの思考内容は木であり、思考そのものではない。私たちが自分の思考を思考する時、志向性は外にではなく、内に向かい、この時私たちは自分の思考を忘れることはない。私たちの思考作用は自分の思考に向けられており、私たちの思考内容は自分の思考そのものだからである。シュタイナーはこの「思考の思考」を思考の「非常事態」と呼び、このような思考だけが自己内完結した自立的思考を構築しうると考えた。それはそれによって全てを動かせる「アルキメデスの支点」のような創造的な思考である。

　このような「思考についての思考」は既にアリストテレスの『形而上学』において「神的思考」と呼ばれている。ヘーゲルは『エンチュクロペディー　学の体系』の「精神哲学」の章においてアリストテレスの「神的思考」に触れ、「理性は思惟されるものの性質を分有することによってそれ自身を思惟する。理性は思惟されるものにふれ、それを思惟することによって、思惟されるものとなり、理性と思惟されるものとは同一のものとなるからである」と書いている。これは明らかに「思考についての思考」のことである。ヘーゲルは『精神現象学』において至る所で「純粋思惟」について語っている。

　二十世紀の哲学者の中で「思考」について思考した人に西田幾多郎がいる。西田は『善の研究』において「われわれがまったく自己を棄てて思惟の対象、すなわち問題に純一となったとき、さらに適当にいえば自己をこの中に没したとき、はじめて思惟の活動をみるのである。思惟には自ら思惟の法則があって自ら活動するのである」と書いている。西田はここで「自己内完結した自立的思考」のことを言っている。

　抽象的で難解な概念の集積である現代哲学の傾向に対し、シュタイナーはひたすら具体的に体験しうる事実と真理を問題にしている。現代の哲学や思想の領域において、これがいかに蔑《ないがし》ろにされていることか。偏見に満ちた観察と知覚を欠いた抽象的な判断だけが横行し、鬼火のような思考によって真理と事実の認識が歪められている。

木についての思考は外に対象としての木を必要とする。日常的な思考はいずれもこのような外界依存的思考である。それは常に外界の何かについての思考であり、影のような思考である。思考の「非常事態」はそれに対して、自分の自我が自分で生み出した思考の流れと一つになる状態である。重要なのはシュタイナーが「正しく理解された思考体験は既に精神の体験である」（『自由の哲学』一九一八年補遺）と書いていることである。「直観的に体験される思考において人間は既に精神界に移されている」。シュタイナーはそれを「肉体から離れた思考」と呼んでいる。「脳髄から切り離された思考」と言ってもよい。それは「思考の思考」において体験される「感覚界を離れた思考」であり、それこそが「純粋思考」として作用する英知の光の源泉である。一九二一年シュタイナーは「純粋思考は意志の領域で進行する。意志が思考に変容されたものである。純粋思考はあらゆる外的な経験をそぎ落とした思考の成果である」とも語っている。

他方、私たちは認識の素材を絶えず「知覚」から得ている。「直接与えられた世界像」が「知覚」となる。「私は直接的な感覚の対象を知覚と名付ける」とシュタイナーは言う。「直接的な感覚の対象」とは、まだいかなる思考の働きも作用していない純粋知覚のことである。色、音、匂い、味などの直接体験の対象である。それが何の色で、何の音かを私たちは知らない。私たちの思考が働くや否や、それは赤い色で、バラの花びらであり、公園の花壇の中の一群のバラであり、何年何月何日のバラの花であることが分かる。

そして「思考によって概念と理念が生まれる」。混沌とした知覚の世界に秩序を与え、関係を与え、それぞれの知覚に概念を与えるのが「思考」である。無規定の知覚の世界は、観察する主観の前に客観として現れてくる。この主観―客観の関係を捉えうるのも思考によってであるがゆえに「思考は主観と客観を超えた彼岸にある」と言うことができる。一方、私たちが意識していると否とに関わらず、私たちは絶えず知覚作用のただ中にあるから「知覚もまた主観と客観の彼岸にある」と言えるであろう。

一九一一年西田幾多郎は『善の研究』において「純粋経験においてはいまだ知情意の分離なく、唯一の活動であるように、また、未だ主観客観の対立もない。主観客観の対立はわれわれの思惟の要求より出てくるので直接経験の事実ではない。直接経験の上に於いてはただ独立自全の一事実あるのみである。見る主観もなければ見られる客観もない。あたかもわれわれが美妙なる音楽に心を奪われ、物我相忘れ、天地ただ瀏喨《りゅうりょう》たる一楽声のみなるがごとく、この刹那いわゆる真実在が現前している」と書いている。これは『自由の哲学』が書かれてから十七年後であるが、シュタイナーと全く同一の思想を語っている。西田幾多郎がゲーテの原植物や原動物についても書いていることを考えると彼はシュタイナーの認識論を知っていたに違いない。原植物や原動物を含むゲーテの自然科学論文集はシュタイナーによって編纂されたものだからである。

シュタイナーの知覚とは、感覚によって捉えられるものであり、その知覚は、感覚的なもののみならず、感覚的なものを越えたもの、つまり超感覚的なものをも含んでいる。

超感覚的なものとは五感を超えたものである。人間の思考、感情、意志も既に眼に見えない、それゆえ五感を超えた超感覚的なものである。さらに人間の感覚の世界は五感だけではない。シュタイナーにおける感覚の領域は触覚、味覚、嗅覚、視覚、聴覚の五感を超えて「十二感覚」にまで拡大されている。それは感覚の世界を厳密に区別していくと自ずから生まれる世界でもある。

その十二感覚とは、現代の感覚生理学においても既に認められている生命感覚、平衡感覚、運動感覚、触覚、温度感覚、味覚、嗅覚、視覚、聴覚の九感覚に加え、人間だけが持つ三つの認識感覚、言語感覚、思考感覚、自我感覚を加えたものである。人間の感覚論を厳密に吟味していくと、単なる聴覚から言語感覚を区別することは容易である。また対人関係において他者の自我感覚を区別することも可能である。あるいは他者の思考と自分の思考の相違を感覚的に区別することも可能である。このような感覚論の拡大は必然的なものとして今後次第に理解されるようになるであろう。これはあらゆる価値の転換として画期的な発見である。

ライプツィヒの生理学者デュ・ボア・レーモンは『自然認識の限界』（一八七二）において物質から意識がいかに生まれるかに注目し、遡《さかのぼ》っても、遡っても結論的には「私たちは何も知ることはできない」という不可知論を展開し、自然認識には限界があると指摘した。シュタイナーは、物質と精神の二元論ではなく、物質の中に精神を見る精神の一元論の思想によって、物質もまた精神の凝縮から生まれてくることを指摘した。感覚論の領域が十二感覚にまで拡大されれば、それだけ知覚の領域は拡大され、認識の範囲も拡大されることになる。それゆえ自然認識にも決定的な限界は存在しない。認識が一歩一歩拡大されてゆくからである。

それではシュタイナーにとって認識とは何か。

「認識は外からの知覚と内からの概念という両要素の和解と統合を提供しなければならない」。知覚はそれだけでは完結したものではなく、現実の全体の一面である。他の一面が概念である。「認識行為とは知覚と概念の統合である」。あるものの知覚と概念とが初めてその対象の全体を規定する。「知覚」と「概念」は認識行為が行われる両車輪である。知覚されたものについての概念を私たちは自ら生み出す。概念以外の全ては、これを体験するためには、与えられていなければならない。そして概念を体験するためには私たちはこれらを自ら生み出さなければならない。既成概念というものは存在しない。知覚に基づいて常に新たにその概念を生み出す必要がある。認識の過程とはこうした対象認識の過程であり、一歩一歩が自由への発展の過程である。あるものを認識するとはこうして具体的にあるものを知覚し、それに思考を加え、そのものの概念を自ら生み出すことに他ならない。

このような対象認識がシュタイナーの認識論の前提であるが、より高次な認識への出発点でもある。第一段階の物質的認識においては四つの要素が問題となる。第一に感覚に印象を与える対象であり、第二にこの対象について人間が作り出す表象であり、第三に人間がある事柄の精神的把握に至る概念であり、第四に対象からの印象に基づいて表象と概念を作り出す自我である。

私たちの認識はこの対象的認識に留まるものではない。その認識の対象は目に見えないものを含んでいる。目に見えないものは存在しないとすれば、私たちの認識はここで終わりであるが、認識の範囲はこれに留まることはない。

認識の第二段階においては四つのエレメント（要素）から対象が抜け落ちてゆく。目の前に赤いバラの花が存在する。目を閉じるとバラの表象が浮かぶ。対象を知覚する感覚の代わりにイマジネーション（想像力）が登場する。イマジネーションが対象の表象を作り出し、自我がその概念を形成する。

認識の第三段階においては四つのエレメントからさらに表象すらも消えていく。私たちは今や対象も、表象ももつことなく、概念と自我だけに関わる。第一の階梯で感覚に当たるものが第二の階梯ではイマジネーションであり、第三の階梯ではインスピレーション（霊感）である。このインスピレーションによって自我が概念を形成するのがインスピレーション認識である。「私たちは事物の内部で起こっていることを『聞き』始める。石、植物などが『精神的なことば』になる。認識のこの段階では、「草が生長するのを精神的に聞き、結晶のフォルムを響きとして聞き取るのである」。

認識の階梯の第四段階では前の四つのエレメント要素からさらに概念も消えていく。私たちは今や対象も、表象も、概念もなく、ただ自我とのみ共にある。ここではイントゥイション（直観）が認識を可能にする。「私たちはもはや私たちが認識する事物や過程の外に立っているのではなく、内に立っている。今、心の中に生きているものは対象そのものである。自我はあらゆる存在に降り注いでいる。心の中の事物の生命がイントゥイションである」。私たちはバラの花と一つに成る。意識と存在の間には今や寸分の隙間すらなくなっており、私たちの意識は存在そのものと全く合一している。小宇宙と大宇宙が一体となる。これがイントゥイション認識である。

シュタイナーの認識論はこうして対象認識からイマジネーション認識へ、イマジネーション認識からインスピレーション認識へ、インスピレーション認識からイントゥイション認識へと発展してゆく。シュタイナーはこれを「高次認識の階梯」と呼んでいる。そのすべては抽象的な理論ではなく、具体的に体験されるものである。現代に蔓延する不可知論に対するこれ以上の反論はないであろう。しかもそれは創造的な認識の可能性を秘めている。目に見えるものと目に見えないものに対する認識論の基礎がここに築かれている。この基礎に基づいて以下の人間論、宇宙論が展開されるのである。これが実現される時、目に見えるものと目に見えないものを包括する人間の認識行為に一つの革命が起こる。シュタイナーが現代と未来の「光の思想家」であるゆえんはここにある。

さらに認識されたものがいかに実行されるかが問題となる。その行為は果たして自由でありうるかどうか。

自由の理念、自由の衝動は近代人の本質的な衝動である。それは今日既に実現されているであろうか？　誰もが今日、自由であると思っている。しかし本当に自由であるかどうか？　政治、経済、文化のあらゆる領域において、自由はむしろ危機にさらされている。思想の自由や、表現の自由を初め、自由は今日至る所で危機に瀕している。自由は実現されていないからこそ、それは現代と未来のテーマであり続けている。

フランス革命やアメリカの独立、社会主義の盛衰もこの理念を巡って行われてきた。それは人類の歴史のテーマであると同時に人間の内面のテーマでもある。自由とともに解放と悪、エゴイズムが登場する。それゆえ自由とは両刃の剣である。

ある人がシベリアの収容所に拘束されているとしよう。彼の身体は紛れもなく行動の自由を奪われている。それでも彼は窓を開ければ朝の清々しさを味わうことができる。彼の魂は自由を感ずることができる。一方彼が春の牧場に散歩に出ても、彼の身体は自由を享受していても、心に悩みを抱えていれば、それに捕らわれ、自由を感ずることはない。あるいは彼が身体の自由と心の自由をもっていても、彼の思想が国家や社会によって統制されていたら、彼の精神は自由ではありえない。自由とは何か、はこうして最終的には精神における自由が体験されるか否かにかかっている。

　ドストエフスキーは『カラマーゾフの兄弟』の中でイワンがアリョーシャに語る劇詩「大審問官」を展開している。十五世紀のセヴィリアで異教徒が裁かれている。少女を蘇らせたキリストが捕らえられ、九十歳の大審問官が獄中のキリストに問いかける。「あなた方は民衆に自由を与えたが、民衆はその自由を教会に捧げてくれた」と。キリストは無言のまま、大審問官の額に接吻する。自由とは個人の、個体の決断であり、与えられて享受されるものではない。このような問題意識をもってシュタイナーの初期の代表作『自由の哲学』に向かうと、課題の重みが明らかになる。

　まず始めに人間は、思考において自由でありうるか、が問われている。人は誰もが思考において自由であると思っている。しかし本当にそうであるか。既に『真理と学問』においてシュタイナーは「行為の法則を認識するとは自己の自由を意識することである」と書いている。自由であるとは、自分の行為の根拠をすべて自分が認識していることである。他者に要求されてある行為をするのは自由な行為ではない。喉の渇きから水を飲む行為は、自由であるように見える。しかしそれは自分の身体が要求していることであり、身体の要求に従属しているのだから、それは自由な行為ではありえない。あらゆる行為の動機を認識しているとは、他の何者にも依存せず、全ての行為の動機を自分が意識していることである。それゆえシュタイナーは「最も自由な行為は瞑想である」と語っている。自分で瞑想しようと決断し、中断するのも、継続するのも、自由である。誰かに依存することなく、それは個人の、個体の決断によって行われる。

人間の思考が外界に依存しない「純粋思考」においてのみ、人間の思考は真に自由であり、その自由な思考から自由な行動が生まれてくる。逆に言うと、本当の自由は、純粋思考の獲得がなければ不可能である。世界における私の使命はあらかじめ決められたものではなく、その時々に私が自ら選ぶものである。私は私の行為の根拠を自ら見出している。認識において「対象への愛」が生まれる。そこから「行為への愛」が流れ出す。私は私の中に行動への根拠を、行動への愛を見出している。シュタイナーはこれを「道徳的ファンタジー」と呼んでいる。自由な精神がその理念を実現するために必要とするものは、道徳的ファンタジーである。それが自由な精神の行動の源泉である。

先の太平洋戦争における玉砕を覚悟した沖縄戦で島民の集団自決が行われ、洞窟の中で手榴弾を握りしめながら皆が息を潜めている時、一人の母親が突然両手で子供の手を取って立ち上がり、アメリカ兵の待つ洞窟の外に向かって歩き始めた。島民の集団的魂から見れば裏切り行為である。しかしその母親の「道徳的ファンタジー」によって子供の生命は救われた。

私は私の行為に対するどのような外的原則も認めない。その動機はその時々に私自らが選ぶものである。その意味で一八九四年のシュタイナーは、二十世紀前半のハイデガーやサルトルの実存哲学の先駆である。しかもその自由論は認識論と不可分であるために、純粋な透明感を持っている。

外的原則とは家族や国家、社会、教会、神的権威等から下されるものである。私がこれらの「外的原則」に従って行動する限り、私の行動は自由な行動ではない。私が対象への愛に従う時、私は行動への愛を見出す。私は自分の行動が良いか悪いかを悟性的に吟味するのではなく、私はそれを愛するから、それを行うのである。自らの行為の法則を自ら認識し、自らが自らによって行為する時にのみ私は真に自由な人間である。シュタイナーの自由はこのようにラディカルなものである。

シュタイナーはそれを「倫理的個体主義」と呼んでいる。個体主義は家族や集団を重視し、儒教・仏教の影響の下に個体を抑え、個を滅することをよしとする東洋人にとっては難しい課題である。ここではしかし利己的な個体主義ではなく、他者の自由をも尊重する「倫理的個体主義」が求められている。私たちの真の行動の自由は「倫理的個体主義」の観点からのみ考えられる。自由な個体が自由な個体と出会う時、両者が共に理念界からその行動の原理を汲み取る限り、両者は互いの直観によって自由に結びつき、そこに新しい共同体が生まれる。

福沢諭吉にとって自由と平等は真理の認識に基づいているからこそ『学問のすすめ』が重要であった。「学問をするには分限を知ること肝要なり。人の天然生まれつきは、繋がれず、縛られず、一人前の男は男、一人前の女は女にて、自由自在なる者なれども、ただ自由自在とのみ唱えて分限を知らざれば、わがまま放蕩に陥ること多し。すなわちその分限とは、天の道理に基づき人の情に従い、他人の妨げをなさずしてわが一身の自由を達することなり。自由とわがままとの界は、他人の妨げをなすとなさざるとの間にあり」。福沢諭吉の「自由」は他者の「自由」を知ることと表裏一体の関係にある。しかもその「自由」は絶対の自由を意味するものであった。

「人の一身も一国も、天の道理に基づきて不羈《ふき》自由なるものなれば、もしこの一国の自由を妨げんとする者あらば、世界万国を敵とするも恐るに足らず。この一身の自由を妨げんとする者あらば政府の官吏も憚るに足らず」。福沢諭吉の「自由」はこうして個体の自由と国あるいは共同体の自由を包括するものであり「天の道理」に基づくものであった。

シュタイナーの『自叙伝』によれば、彼がニーチェを知るようになるのは『善悪の彼岸』からであり、一八八九年以降のことであった。それ以来シュタイナーはニーチェの戦いを限りなく身近なものと感ずるようになる。その結果生まれたのが『反時代的闘士フリードリッヒ・ニーチェ』（一八九五）であり、ニーチェ思想の性格論、超人論およびニーチェ思想の発展過程を書いたものである。そこにはシュタイナーのニーチェへの讃歌と、ニーチェの悲劇を全身で受け止めようとする彼の姿勢を見ることができる。「私には、ニーチェが当時の最も悲劇的な人間の一人であると思われた。この悲劇は自然科学時代の精神的な理解からこれと深くかかわる人間の魂に生じてきたものに違いない、と私は思った」（『自叙伝』）。ニーチェの「永劫回帰」の思想は、一八九六年、ニーチェの病床を訪れたシュタイナーがオイゲン・デューリングの著作へのニーチェの書き込みを発見し、「原子のブラウン運動」について「デューリングは、宇宙の同一状態の永遠の繰り返しというこの思想を不可能なものとして拒絶している。ニーチェがこれを読む。彼はここからある印象を受け、魂の奥底で考え続ける。そして〝超人〟の理念とともに彼の最後の創作期を支配する〝永劫回帰〟の理念が形成された」（『自叙伝』）。ディオニュソス的精神は自分自身から自分の行為の衝動すべてを取り出しており、いかなる外的力にも従わない点で自由な精神であるように見える。しかし「ディオニュソス的人間は、なるほど因襲や〝彼岸の意志〟からは自由であるが、彼は自らの本能の奴隷になっている」とシュタイナーは指摘する。

シュタイナーの自由論はジャン＝ポール・サルトルの自由論に近いように見える。しかしシュタイナーの自由がサルトルの自由と異なるのは、シュタイナーの自由が「対象への愛」に基づいているのに対し、サルトルの自由は『嘔吐』の主人公ロカンタンの「対象への嘔吐」に由来することである。シュタイナーの自由は「行動への愛」に支えられているのに対し、サルトルの自由は「行動への宣告」に支えられている。自由とは本来、解放であって、宣告ではあり得ない。それはひとえに人間の内面から欲求されるものである。「私たちの誰もが生来の自由な精神に招かれている。バラの芽のいずれもがバラになるように招かれているように」。

人間はこうして認識の叡智と行為への愛によって真の自由を獲得する。叡智だけではまだ光だけであり、光は愛の暖かさによって包まれる必要がある。これが現代と未来の自由を巡る「叡智と愛」の関係である。『ヨハネ福音書』によれば「あなた方は真理を認識するであろう。真理があなた方を自由にする」。この言葉は絶対の真理を語っている、と私は思う。私たちの日常はしばしば混沌としていて、それゆえに真理からは遠く隔たっている。事柄の真理を認識する時、私たちは初めて自由になる。

日本の思想家、中江藤樹は『翁問答』（一六四〇）の中で「心はたとえば眼のごとし。眼の本体はたてあけ自由にして物を見ること分明快活なり。若塵砂など目の内へ入るときは、たてあけ自由ならず、物を見ることも明かならず、苦痛こらへがたし。一旦苦痛こらへがたしといへども、塵砂を除去のときは、本体にかへりて開閉自由にして分明快活なり」と書いている。中江藤樹のこの言葉も先の『ヨハネ福音書』の一節を想起させる。

シュタイナーの弟子ワルター・ヨハネス・シュタインが一九二二年「あなたの著作で千年後にも残るのは何でしょうか?」と尋ねた時、シュタイナーの答えは『自由の哲学』一冊だけであったという。「その中に全てが含まれているから。誰かがそこに書かれている自由の行為を実現すれば、その人はアントロポゾフィーの全体を見出すでしょう」と。シュタイナーは「自分は自由を体験したからこそこの本を書くことができた」とも語っている。

百年後ではなく千年後である。その意味は正しく理解されるだろうか?「自由の行為を実現する」ことはそれほどに難しいことでもある。まずは「純粋思考」の体験があり、直観的な思考がある。しかる後にそこから流れ出す「道徳的ファンタジー」の体験である。それによって「叡智と愛」が結びつく。それが全ての人の中で本当に実現される為には千年は必要であろう。

この思想の背後にはクリスチャン・ローゼンクロイツ（一三七八―一四八四）の影響を見ることができる。一八七九年シュタイナーはウィーン工科大学に通う汽車の中で薬草師コグツキーに出会った。彼を通してシュタイナーはローゼンクロイツァー（バラ十字会）の導師と出会っている。ローゼンクロイツァーとは十四世紀以来のヨーロッパの霊的指導者として知られるクリスチャン・ローゼンクロイツによって始められた精神運動であり、彼らの憧れは中世・近世を通して思考の君主、大天使ミヒャエルに出会うことであった。ミヒャエルとは太陽にいる「宇宙の火のような思考の君主」であり、人間に自由を与える存在である。シュタイナーは、大天使ミヒャエルは一八七九年以来、現代の時代精神として作用しており、「ミヒャエルの時代が始まった。人間の心臓が思考をもち始める」（一九二四）と書いている。思考が単なる冷たい知性ではなく、心臓の暖かさをもつようになる。「叡智と愛」が結びつくのはそれによってである。それゆえシュタイナーの『自由の哲学』はミヒャエルによって鼓舞された「ミヒャエルの書」とも言えるであろう。それゆえにシュタイナー自身によって千年後も残る一冊の本と言われたのである。

一八九〇年代のシュタイナーの思想はこうしてその後のすべてを支える認識論の基盤を構築している。

第2章　人間の全体像

シュタイナーが『自由の哲学』を書いたのは一八九四年であった。それから十年後に『神智学《テオゾフィー》』(一九〇四)が発表される。その間には大きな断絶があるように見える。外から見るとシュタイナーは認識論哲学者からオクルティスト(神秘学者)に転向したように見える。しかしそのプロセスは断絶ではなく連続である。なぜなら人間が自由でありうるために、人間とは何かが、肉体と魂と精神の全体において問われ、理解されていなければならないからである。

ここでは認識論の対象が人間であり、「人間とは何か?」が問われている。

チャールズ・ダーウィン(一八〇九―一八八二)は一八五九年に『種の起源』を発表した。副題は「自然淘汰による、あるいは生存競争において恵まれた品種の保存による種の起源」である。千二百五十部が即日に売り切れたという。人間の胎児とイヌの胎児を比較し「人間がある下等な生物の子孫であるという、多少なりともはっきりした痕跡がどの程度まで人間の身体構造に見られるか」を調べた。その上でダーウィンは「知的能力においても人間と高等哺乳類との間には根本的な差はない」ことを示そうとした。ダーウィンはビーグル号に乗ってガラパゴス諸島に行くまでは、生物が神によって創造されたという真理を疑うことはなかった。しかし、このガラパゴス体験以後、生物は創造されたものではなく、進化して今日に至ったものである、と考えるに至る。それでも晩年のダーウィンは「この偉大にして驚嘆に値する宇宙が単に盲目的な偶然の結果として生じたものとは到底考えることは出来ない」とその心情を吐露している。ここには人間とは何かについての近代の思考が痛みをもって示されている。

シュタイナーは講演「ダーウィンと超感覚的探求」（一九一二）において「ダーウィンの世界観の指導的理念は自然科学の研究全体に迫り、十年もしないうちに自然科学の全体に浸透していった。ダーウィンの理念に基づいた宗教が生まれたようなものである」と語っていた。このダーウィン主義は、脳髄と結ばれた思考によって外的感覚的事実からのみ流れ出すという思想であった。それ以外のものは学問の対象になりえない。そして外的な事実の世界を発展させるダーウィン主義の蔓延からその反対である超感覚的な世界への憧れが生まれてくる。この講演が行われた一九一二年はシュタイナーがキリスト論を展開する時期である。

デカルトは人間とは何かに答えようとして、人間を身体と精神に分けている。デカルトの心身二元論は、物質的な延長をもたない思惟の実体と、いかなる思惟ももたない物質の延長の実体との区別、理性的精神と身体との区別と言うことができる。しかしデカルトの喜怒哀楽を含む『情念論』によれば、人間の「生」に関しては「感覚」によって心身の合一を説いているのであり、デカルトの人間論は自動機械としての身体と、喜怒哀楽の情念と、延長を持たない精神から成り立っている、と言うことができる。

カントにおいて人間は感性的、理性的存在者である。人間学的教育は、認識能力、快及び不快の感情、欲求能力から成り立っており、それは思考、感情、意志の教育に他ならない。

キルケゴールにおいて初めて人間は、身体と心と精神から成り立つと考えられた。キルケゴールは心と精神を区別し、「人間は精神である」と言うことができた。彼は『死に至る病――絶望』（一八四九）の冒頭に「人間は精神である。しかし、精神とは何であるか。精神とは自己である。しかし、自己とは何であるか。自己とは、一つの関係、その関係それ自身に関係する関係である」と書いている。その先は抽象の抽象である。その絶望とは、人間の自己が神を離れ、神を見失っている状態を指している。『不安の概念』（一八四四）では人間は心と身体の総合であり、精神はこれら二つのものを統合する第三者である、と言われている。

改めて人間とは何かを考察しよう。私たち自身が認識の対象となる。私は私の身体を持つ。五官をもって自分を観察し、周りの事物を観察する。私の眼と私の耳、私の手と私の鼻、私の舌で、私自身と回りの事物を見、聞き、触り、匂い、味わう。それが何かは私たちの思考が働いて初めて理解され、その事物の概念を作ることができる。

感覚の世界は内面に入り、私の心は対象の美しさ、響き、暖かさ、香り、甘みを味わう。私の心はそれぞれに反応し、それが砂糖の甘みであり、それが口から食道に降りてゆき、胃袋に達するのを知覚することができる。その甘みは私の心をなごませる。それによって私は私の肉体と私の魂の領域を体験している。私はそれからさらに、砂糖の分析を加え、砂糖という鉱物が溶けて身体に浸透してゆくプロセスを辿ることができる。鉱物学、医学、生理学がその効果を研究する。ここでは私の個人的好みが考慮されることはない。客観的事実が精神として学問の対象とされる。私は自分が肉体と魂、精神をもっていることを認識している。

人間は肉体と魂と精神から成り立つことを示すために、ルドルフ・シュタイナーは『神智学』を書いている。人間は誰もが肉体をもっている。それを誰もが自分で知覚し、体験することができる。それができないとすれば、その人は健康な状態ではない。また人間は誰もが魂をもっている。私たちは毎日の生活の中で、喜怒哀楽を体験している。嬉しいこと、悲しいこと、楽しいこと、怒ること等、移ろいやすい魂の体験を知っている。しかし精神をもっているかどうか、精神とは何かについて問われると、誰もが、すぐには答えられないことに気付く。

私たちが星空を見上げる時、それを見る眼は私たちの肉体に属する。それを美しいと感ずる時、それを感ずるのは私たちの魂である。その感情は過ぎ去ってゆく。しかし星の運行の法則は不滅の精神に属する。

あるいは春の日に牧場に出ると菫《すみれ》の花が咲いている。その花を見る私の眼は肉体に属する。それを美しいと感ずるのは魂である。毎年咲くその花の植物学的本質は個人の好みに関わりなく、不滅の精神に属している。人間は肉体と魂と精神をもち、その全体として世界の直中に立っている。このことは自明なことであろうか？　否、そうではない。今日の学問において「精神（霊）Geist ガイスト」はまだ決して自明のことではない。それどころかほとんど認められていないのである。心理学においても、哲学においても、社会学においてもそうである。精神とは何かについては今日なお曖昧なままである。それゆえにシュタイナーは「精神」に関する「厳密な学」として「精神科学」を構築しようとした。自然科学が理解されるために五百年が必要であったように、「目に見えない精神科学」が本当に理解されるためには同じように五百年を必要とするであろう。

ヨーロッパの精神史においては既に大きな出来事があった。八六九年のコンスタンチノープル第八公会議において、人間の本質は肉体と魂から成り立つ、とされたことである。精神は神のものであり、人間は〝思考する魂〟をもつにすぎない。つまり九世紀以来、人間は肉体と魂から成り立ち、精神は放擲されているのである。加えて十九世紀には人間の魂は史的唯物論によって経済的基盤を反映する上部構造にすぎないとされた。生まれ育つ社会環境によって人間の魂は規定され、人間の存在は主として肉体から成り立つという唯物論的人間観が支配的になった。心と区別された精神を認めたことはキルケゴールとシュタイナー、日本では水戸の神学者鈴木雅之（一八三七―一八七一）である。日本では知・情・意というが、シュタイナーは人間の心的機能には思考・感情・意志があり、それらの三分節を説いている。

シュタイナーは自らの世界観をアントロポゾフィーと名づけ、「アントロポゾフィー（人間の叡智）はアントロポロギー（人間学）が終わるところから始まる」という。アントロポロギーとは人間学であり、人間学は一般的な学問を代表している。つまり自然科学であり、人文科学であり、社会科学であり、全ての学問領域において、それが終わるところからアントロポゾフィーが始まる、という。一九一〇年の『アントロポゾフィー断片』においては、アントロポロギー（人間学）は山の麓にあり、テオゾフィー（神の叡知）が山の頂上にあるとすれば、アントロポゾフィー（人間の叡智）は山の中腹にある。それゆえアントロポゾフィーは山の麓を見ながら山の頂上をも見ることができる。天と地の両面を同時に観ることが要請されているのである。

アントロポゾフィーとはギリシャ語のアントロポス（人間）とソフィア（神的叡智）から生まれた言葉であり、「人間の中の神的叡智」を意味する。それゆえにアントロポゾフィーを「人智学」と翻訳することには異論がある。「学」（ロギー）という言葉は原語に含まれていないからである。「学」「ロギー」ではなくて「ソフィア（叡知）」である。私たちは「アントロポゾフィー」と言うことによって世界中の同時代人に呼びかけているのみならず死者の魂にも呼びかけている。

最晩年の一九二四年二月ルドルフ・シュタイナーは『アントロポゾフィーの主旨』の冒頭において「アントロポゾフィーとは人間の中の霊的・精神的なものを宇宙における霊的・精神的なものに導こうとする一つの認識の道である」と定義した。アントロポゾフィーは宗教ではなく、一つの認識の道である。あるいは「精神科学」と呼ぶことができる。ヴィルヘルム・ディルタイが自然科学に対する『精神科学序説』を掲げたのに対し、シュタイナーは純粋に「精神 Geist」についての「厳密な学」を意図したのである。

その上で人間とは何かを明らかにしなければならない。まず肉体とは何かに関してであるが、人間の肉体は、デカルトの言うようにポンプのような自動機械ではない。それは今日では明らかである。肉体を次のように考えてみよう。

人間の肉体は死によって骨となり、灰となり、大地の物質界に還ってゆく。それは誰もが体験することである。その肉体の部分を「物質体」と呼ぶことができる。物質界と同じ構成要素をもっているからである。

人間はまた植物と同じように根から芽、茎から葉、花から実へ、また動物と同じように、胎児から幼児へ、少年から成人、老人へと成長してゆく存在である。人間の肉体はこのように成長する「生命体」をもっている。鉱物には観られないこのような生命の成長力は「エーテル体」と呼ぶことができる。この力を人間の中、動物の中、植物の中にも認めることができる。

人間はまた動物と同じように欲望と本能、感情をもち、意識をもって運動している。それは人間、動物にも見られる「アストラル体」（「感情体」）と呼ばれる力である。「アストラル」とは「星」を意味するが、人間が感情によって太陽や月、惑星からの影響を受けるからである。つまり人間の肉体は、鉱物と同質の「物質体」と、植物と同質の「エーテル体」と、動物と同質の「アストラル体」をもっている。人間の肉体の規定はそれによって一般的な学問の規定より厳密なものとなり、三重のものとなっている。人間の身体を無機的な「自動機械」と捉えることはできない。

人間の魂もまた、心の領域として広範な部分を持っている。

暑い、寒い、快、不快のように、身体に近い魂の部分は「感覚的魂」と呼ぶことができる。感覚的なものに大きく依存する魂の部分を指しているからである。

そして思考が加わる魂の部分は「悟性的魂」あるいは内面的な「情緒的魂」と呼ぶことができる。技術の発明や発見のように、魂の中でも悟性に依存する部分である。それはコンピューターや新幹線、航空機の発明に至るが、同時に原発や核兵器の開発にも至る魂である。つまり、そのままでは善ではなく、悪にも寄与する魂も含まれている。

そして真理や善悪を吟味する魂のように、精神に近い魂の部分は「意識的魂」と呼ぶことができる。善悪や真理と誤謬のように精神に関わる魂の部分である。つまり、ここでも人間の魂として漠然と魂があるのではなく、シュタイナーはそれを「感覚的魂」「悟性的魂」「意識的魂」の三重のものと考えている。人間の魂をこのように三重に区別して考えることは、一般的な心理学より一層厳密なものである。ヘーゲルにおいては「自然的な心」、「感ずる心」、「現実的な心」に区別されており、自然的なものから次第に内面化されてゆく過程を示している。

日本の例を取りあげよう。

本居宣長（一七三〇―一八〇一）は、人間の「情」を大切にした。賀茂真淵との出会いの頃書かれた『石上私淑言《いそのかみのささめごと》』巻一には「すべて世中にいきとしいける物はみな情あり。情あれば。物にふれて必おもふ事あり。このゆへにいきとしいけるものみな歌ある也」という。対象に触れて動く心の働きが「情」であり、そこから「物のあはれ」が生じる。「たとへばめでたき花を見。さやかなる月にむかひて。あはれと情の感く。すなわち是。物のあはれをしる也」（同上）。その上でさらに「すべて世中にありとある事にふれて。其おもむき心ばへをわきまへしりて。うれしかるべき事はうれしく。おかしかるべき事はおかしく。かなしかるべき事はかなしく。こひしかるべきことはこひしく。それそれに情の感くが物のあはれをしるなり」（同上）。「物のあはれをしる」とは、こうしてあらゆる事物の、感受、感動、共感を経て、その対象を認識する作用までを含んでいる。同時期に書かれた『紫文要領《しぶんようりょう》』巻上には、「世中にありとしある事のさまざまを、目に見るにつけ耳にきくにつけ、身にふるるにつけて、其よろつの事を心にあぢはへて」とあるように「物のあはれをしる」とは、あらゆる事物の感覚器官による知覚に始まり、感受があり、それが感動をもって受け取られること、つまり感覚的知覚が感覚的な魂として作用し、情緒的な魂に受け止められることを指している。その上でさらに「感する心は自然としのひぬところよりいつる物なれは、わか心なからわか心にもまかせぬ物にて、悪しく邪なる事にても感する事ある也、是は悪しき事なれは感ずまじとは思ひても、自然としのひぬ所より感する也」（同上）と宣長は記している。この「悪しく邪なる事にても感する事ある也」には、感覚的魂、悟性的魂（情緒的魂）から意識的魂も含まれていることは明らかである。「物のあはれ」はこうして人間学的観点から見ると「近代美学」の創始者アレクサンダー・ゴットリープ・バウムガルテン（一七一四―一七六二）の『エステティカ』（一七五〇）と同様の課題をもっていることが分かる。事実「物のあはれ」を知る人は「心ある人」であり、そうでない人は「心なき人」であることによって「物のあはれ」は日本人の心情の美しさを表し、同時に日本人の魂が情緒的「悟性的魂」であることを示している。イタリア人の魂は「感覚的魂」であり、フランス人は知的「悟性的魂」であり、ドイツ人は「意識的瞑想的魂」であるように思われる。

人間は肉体をもち、魂をもつ。私の「自我」はその中に生き、精神は私の「自我」の中に生きている。人間の魂の中心に不滅の自我があり、その自我に精神が降りてくる。自我は直観によって上の精神界からの知らせを受ける。自我は感覚によって下の物質界からの知らせを受ける。

シュタイナーはアカデミズムからは離れたところで自由に活動したが、生涯一度だけ国際学会で講演をしている。それは一九一一年四月八日イタリアのボローニャで行われた「第四回国際哲学会議」においての「アントロポゾフィーの心理学的基礎と認識論的立場」についての講演であった。シュタイナーはその中で「自我は実際すでに精神的には人間の外にあり、普通の自我はその写しとして人体機構に反映されているものであることを、未来の認識論は認識するであろう」と語っている。本来の自我は内界にあるのではなく、外界にあって対象の世界に遍在している、と理解することから、認識とは主客合一の世界であることが明らかにされる。高次な認識におけるイントゥイション（直観）認識のことを指している。

　人間は自らの中心の核である自我によって肉体に働きかけ、三重の肉体そのものに作用することができる。人間の自我は低次なアストラル体である欲望をコントロールし、浄化することができる。仏陀の八正道（正見、正思惟、正語、正業、正命、正精進、正念、正定）はその道を示している。それによって高次なアストラル体である「精神自我《マナス》」を発展させることができる。

　そして人間の自我はエーテル体にも作用し、人間の気質や性格までを変化させる。それによって人間の中に「生命精神《ブッディ》」を発展させることができる。

　さらに人間の自我は物質体にも作用し、人間の中に「精神人間《アートマン》」を発展させることができる。恐怖や羞恥によって顔が青くなったり、赤くなったりするように、人間の自我は物質体に作用する。こうして精神の領域も「精神自我」、「生命精神」、「精神人間」の三重のものからなっている。このような人間の精神における「精神自我、生命精神、精神人間」は、仏教においては「縁覚《マナス》、仏性《ブッディ》、大我《アートマン》」と呼ばれ、キリスト教においては「父と子と聖霊」と言われるものに対応している。それぞれ呼び方は異なるが、実体は同じものを指している。このような変革が行われるのは、いずれも人間の中の「自我」によってであり、あらゆる人の内に宿る「我あり」の存在によってである。

　こうして人間の本質は、肉体が物質体、エーテル体、アストラル体からなり、魂が感覚的魂、悟性的魂、意識的魂からなり、精神が精神自我《マナス》、生命精神《ブッディ》、精神人間《アートマン》からなることによって九つの部分からなっている。地上に生きている人間においては、アストラル体と感覚的魂は一体であり、意識的魂と精神自我は一体であって、感覚的魂、悟性的魂、意識的魂の三つの魂の中心に自我があることを考えると、人間の本質は、物質体、エーテル体、アストラル体と自我、精神自我、生命精神、精神人間の七つの部分からなる、と言うことができる。

　人間の全体が七つまたは九つの部分に分割されるのではない。人間の全体が肉体と魂と精神の三つに分節され、それぞれがさらに三つに分節されることによってそれらを繊細に体験しつつ区別しているのである。ある人、ある事柄に出会ってその時体験する魂が肉体に近い感覚魂か、精神に近い意識魂かは、どうでもよいことではない。原発再稼働をよしとするか、否とするかはそれに関わる人間の意識の問題である。経済利害に動かされて再稼働に賛成するのは悟性的魂であり、その危険を察して地球の未来を考えるのは意識的魂のなせるわざである。その時その時の魂がいかなる魂であるかに注意を払うことによって、これらはいずれも理論ではなく、現実の日々の体験の中に生きていることが分かる。

　この人間の本質の九つの区分が、人間の本質からの宇宙論、教育論、芸術論、医学論、農業論、キリスト論、転生論、歴史兆候学に至るまであらゆる領域に浸透している。全てが人間の本質から展開されるので、これをアントロポゾフィーの「曼荼羅」と呼ぶことができる。その中に人間とは何かに関する全てが含まれているからである。これはこれまでの一般的な人間論を根底から覆すものである。

物質体としての肉体から生命体としてのエーテル体が離れると、それは死を意味する。人間の死の瞬間は肉体からエーテル体が離れる劇的な瞬間である。それは老衰のように自然に離れる時と、病死や事故死、災害死のように突然離れる時もある。

私たちが夢を見るのは意識を司《つかさど》るアストラル体が夜の眠りにおいて物質体とエーテル体から離れきっていない時に半意識として映像が現れるからである。

私たちが記憶をもつのは自我によって体験が意識に刻印されるからである。痛い時、悲しい時、嬉しい時、その体験が自我に刻まれる。そうでない時は記憶に残ることはない。私たちが過酷な体験を忘れ得ないのはそのためである。

人間は精神界に故郷をもっている。そこから誰もが地上の肉体に降りてきて、地上生を送り、死後は再び肉体を離れ、精神界に帰っていく。その過程において人間は星の世界を巡り、宇宙の果てに至り、一定の時を経て再び地上に降りてくる。人間と宇宙はこのように大きな循環の中に生きている。人間は肉体と魂と精神をもつが、人間の自我は自分の肉体と魂の中に生き、自分の精神を発展させながら、地上生を終え、やがて死を迎える。私の自我は肉体を離れ、魂を浄化し、精神界に入り、そこからやがて来るべき時に再び地上の肉体に降りてくる。江戸時代の安藤昌益が『自然真営道』（一七五三）において「生死は互性にして、無始、無終なり。故に転生も生死なり」と説くのと同様である。

　このような思想は仏教においては輪廻転生として知られている。人間の本質を考える時、生前と死後を考えざるを得ない。その意味では弘法大師空海の『三教指帰』の冒頭の言葉は象徴的である。「生まれ生まれ生まれ生まれて生の初めは暗く、死に死に死に死んで死の終わりに暗し」。人間がどこから来てどこに行くのか、その生前と死後の暗い部分を問うからこそ、精神科学は秘密学とも神秘学とも言われるのである。それは外的感覚の世界に対して隠された秘密であるにすぎない。『神智学《テオゾフィー》』（一九〇四）におけるシュタイナーの定義は明解である。「肉体は遺伝の法則に従っている。魂は自らが作りだした運命の法則に従っている。人間によって作り出されたこの運命をカルマと呼ぶ。そして精神は固有のものとして固有の転生の法則に従っている」。

　シュタイナーはベルリンでは一九〇二年にブラヴァツキー夫人が指導する神智学協会のドイツ事務総長となり、エソテリック・スクールを開始する。シュタイナーが神智学協会に入ったのはそこに彼の講演活動を受け入れる基盤があったからである。

　人間の精神は死後肉体から離れた後もまだ魂とは結びついている。魂が精神を魂界につなぎ止めている。魂は死後もはや肉体ではなく、精神とだけ結びついている。肉体の力がもはや作用しなくなった時、肉体が魂と精神に対する拘束を解く。同様に魂の力が魂としてのあり方を保てなくなった時、魂が精神を高次の精神界に解き放つ。魂の死後の運命を知るにはその浄化過程を見なければならない。その際、例えば、ある人を傷つけた場合、その人が生まれ変わった時に償うことが出来るようなこの世からの因縁と、欲望のように、死後の魂を生前の特定の関係に執着させるようなこの世の因縁とを区別しなければならない。前者の場合は運命の法則を通して解決されるが、後者の場合は死後魂が自分でその因縁を浄化しなければならない。魂は死後物質界への執着を一切断つようになるまで一定の時期をもつ。欠乏の渇きに焼けつく状態は、身体を使わなければ満たせないような欲求を求めても無駄だと魂が悟るまで続く。それを「欲望の場所」カマロカと呼ぶ。ダンテは『神曲』の中で「暗闇の森」で三匹の野獣に出会い、ローマの詩人ヴェルギリウスに導かれ、地獄界を巡ってゆく。あるいは仏教では地獄の苦しみの世界が説かれている。これは誰もが死後体験する世界である。

魂界の第一の「欲望」の領域では、魂が死後この領域を通過する間に物質生活に関わる利己的な欲望を消滅させなければならない。そこで浄化される必要が大きければ大きいほど、魂は長期にわたってこの領域に引き止められる。それによって自分の中の不完全さを根絶することが出来る。魂自身がこの浄化を求める。第二の「感応」の領域ではあらゆる印象が特別の影響を受けることなく通りすぎてゆく。第三の「願望」の領域ではそれを成就させることはできないので消滅する。第四の「快と不快」の領域では自己感情の対象である肉体が失われているので、魂は肉体への執着から解放される。第五の「魂の光」の領域では社会的な福祉や教育制度に理想を見出すような人の魂でも、物質的世界を志向している限り、この領域で浄化を受ける。宗教活動を通して物質生活の向上を期待する人の魂もこの領域で浄化を受ける。第六の「魂の活動」の領域では活動的意欲に燃える人、芸術的な人、学問的研究に没頭している人でもそれが面白いと思う限り、彼らを物質界につなぎ止めている。第七の「魂の生命」の領域では、感覚的、物質的世界への執着から解放され、魂は今や魂界に吸収し尽くされ、精神は今や精神本来の領域に向かって旅立つことが出来る。

魂はこうして燃える「欲望」の領域から、「魂の光」の段階を経て、物質界への執着から最終的に解放されて自由になる時、本来の恒星の領域（宇宙）に向かって飛翔することができる。死後精神にとって束縛であったものが解消される。魂は地上生の残滓を全て捨て去ることによって、魂本来の惑星の領域に還元される。

九〇一年突如として左遷された菅原道真（八四五—九〇三）の大宰府の生活は悲惨なものであった。虚弱の彼は病に見舞われ、失意のうちに二年後の九〇三年に他界した。道真が他界すると不幸が続いた。九三〇年には請雨を議していた清涼殿に落雷し、大納言藤原清貴は即死し、天皇も病をえて崩ずると、道真の怨霊を鎮めるために、北野天満宮天神が祀られた。道真はこうして死後、太政大臣となり、神に祀られ、天満天神として人々の信仰を集めた。

シュタイナーは『死と新生の間の生命に関する隠された探求』（一九一三）の中で、人間の死後の魂は、人生の約三分の一の間、カマロカと呼ばれる魂界で、地上生を逆に辿りつつ、自分が他者に与えた苦しみを体験し、月の領域を経て、水星、金星、太陽の領域に入ってゆき、そこで人間の業の全体が裁かれるプロセスを語っている。

菅原道真の魂もカマロカの状態にある時は、地上に対する怨みや嘆きが怨霊として作用することはあっても、カマロカを脱して精神界に入ってからは、道真の怨霊は浄化され、やがて民衆の守護神として、学問の神様として崇拝されるに至った。それゆえ『道賢上人冥途記』（九四一）に描かれた菅原道真は、光まばゆい金峰山浄土に安座する姿として描かれている。菅原道真の魂は浄化された後その核となる部分はこうして精神界に入って行く。

魂の世界が浄化された後に入ってゆく精神の世界は、人間の思考と同じ素材によって構成されている。いずれにしても眼に見えない世界であるが、客観の世界であることに変わりはない。人間の思考の中に生きている素材はしかしその影にすぎない。物質界、魂界に存在するすべての事物、生きものの原像《イデー》がそこに現れてくる。

精神界に全ての原像がある。そして事物や生物の物質的存在は、この眼に見えない精神的な原像が次第に凝縮して物質界に降りてくるものの模像にすぎない。

日本の精神界は「高天原《たかまがはら》」とよばれ、『古事記』に由来する八百万《やおよろず》の神々は、地上の八百万の事物に対応する精神界の原像である。地上のあらゆるものが、海、大綿津見神《オオワタツミノカミ》、山、大山津見神《オオヤマツミノカミ》、言葉、言代主神《コトシロヌシノカミ》、思考、思兼神《オモイカネノカミ》にいたるまでその原像となる神々をもっている。

死後の人間の精神は、魂界を通過した後、精神界に入り、新しい肉体を受ける機が熟すまでそこに留まる。物質界で作用するための意図、方向は精神界からきている。地上の活動の目標と意図は精神界で形成される。地上界は創造の場であり、学習の場である。死後の精神はその眼差しを再び自分が課題を果たすべき地上に向けており、地球の発展を見守っている。

精神界の第一領域として地球に近い「月」において人間は地上の事物の精神的原像に取り巻かれている。この世で共に生きた人は精神界で再び出会う。地上の魂と魂との関わりは死後精神界でも存続する。

第二領域では地上で一緒にいた人が再び出会うか、孤独に生きるかのどちらかである。この領域は宇宙的観点から見れば「水星」の領域であり、地上において道徳的に生きたか否かによって、幸福か、不幸か、孤独かを味わう。地上で良心をもたない人間として過ごした人はこの「水星」を通過する時、病気や死の禍津日神《マガツヒノカミ》のように悪しき精神に出会うことになる。この力が地上に送られると疫病、早死のようなことが起こる。

第三領域は「金星」の領域であり、地上で社会のため、隣人のために没我的に奉仕したものが実を結ぶ。地上で宗教的態度を発展させると、至福の存在となり、他の人々と共生し、より高次な位階《ヒエラルヒア》とも共生できる。それに対して無神論者であると、ここで苦しみ、孤独を味わうことになる。

第四領域は「太陽」の領域であり、ここから一層純粋な精神界が始まる。「金星」では宗教的に近かった人、民族、人種として結ばれていた人のグループが出会うが、「太陽」では異なっている。「太陽」ではあらゆる宗教に対して、深い寛容を発展させ、至福の存在となる。人間の眼を永遠の世界根拠に向けさせつつ、人間的な創造物の原像がここに見出される。芸術家、学者、大発明家はその創造的衝動をこの領域から受け取り、その天分を高めるからこそ、再び地上に生を享けた時、人類文化のために寄与することができる。

第五領域は「火星」の領域であり、ここに生きる人間の自我は意図と目標の国にいる。この自我は前生の成果のうち物質界と魂界の不完全さと結びついている部分を取り除き、今、自我が共に生きている精神界の意図を成熟させる。精神自我《マナス》はこの領域に生きている。「火星」からは人類の進化を促進させる為に、物質的な力が送られる。戦闘的な力と混乱も世界に生ずる。人間を行動的にし、勇気を与えるのは「火星」の力の流入である。

死後の精神はさらに「木星」、「土星」へと拡大してゆく。それは進歩した魂がこれを行う。その能力、条件を獲得しなかった魂は、地球の隣の領域「月」とのみ結ばれる。他の領域にも進むが、眠ったような、無意識の状態で進む。「太陽」を超えた領域で新しい肉体の構築に必要な力が集められる。

精神界の第六領域は「木星」の領域であり、人間は全ての行為を宇宙の真実在に適った仕方で遂行することになる。

精神界の第七領域は「土星」の領域であり、人間を物質界、魂界、精神界の三つの世界の果てにまで導いてゆく。三つの世界の果てに立つ人間は自分自身の生命核を認識する。地上生の内ではなく、外に立つ観点なら地上生のこのような苦しみと不完全さこそ以前の地上生の結果であることを理解する。

人間が星々にまで広がった後、収縮が始まる。「土星、木星、火星、太陽、金星、水星、月」へと凝縮してゆく。小さくなりつつ、宇宙の精神的な力を取り入れ、ついには小さな精神の球となり、胚種の物理的な球と結ばれて精神界から結実する。生命の誕生である。

精神界と魂界、物質界との関係において、民族精神と時代精神はいかなるものか？

民族精神は目に見える形で直接現象することはない。それは例えば天照大御神《アマテラスオオミカミ》のように感性、感情、傾向等、その民族に共通のものとしてその中に生きているものである。それは感覚的には受肉しない存在である。感覚的な形姿をとって現れるものではなく、自分の体を魂体、つまりアストラル体として形成する本性である。民族精神のこの魂体は雲のような存在であり、民族の成員を包んでいる。時代精神についても同じことが言える。

シュタイナーは民族精神を、目には見えないが、現実に作用する位階《ヒエラルヒア》の存在であるという。人間よりも高い存在は、アンゲロイ（天使）であり、個人を導く存在である。人間よりも二段階高い存在はアルヒャンゲロイ（大天使）である。民族精神は、この大天使の段階に属するものであり、民族のエーテル体を支配している。シュタイナーによれば「民族とは大天使に導かれる人間のグループである」。この民族精神は地上の人間がそれぞれ異なっているように、それぞれの民族で異なっている。様々な民族は、それぞれの大天使をもっている。それぞれの民族精神は異なったエーテル・アウラをもっている。ドイツのエーテル・アウラはフランスのそれとも、イタリアのそれとも異なっている。日本のエーテル・アウラは、ヨーロッパやアメリカのエーテル・アウラとは異なっている。このエーテル・アウラは、民族の気質に作用する。胆汁質、粘液質、多血質に作用する。一般的にある民族のエーテル・アウラはこの三つの気質のいずれかに流れ込む。日本はとりわけ粘液質であるが第一次・第二次世界大戦において胆汁質でもあることを示した。

人間よりも三段階高い存在は、アルヒャイ（権天使）である。それは民族精神より高い位階に立っている。それはカントやニーチェのような人格を担う人格霊であり、時代精神を導くものである。個々の時代の偉大な方針は、現代であればミヒャエルのような、時代精神が与える。その時代精神が、民族精神に力を与え、天使によってそれが個々の人間に流れ込み、個々の人間がその使命を果たすようになる。

アルヒャイ、人格霊の指導の下に、様々な人格が時代から時代へと地上に現れてくる。この人格霊の性格をもちながら、例えば伊耶那岐神《イザナギノカミ》のようなエクスジアイ（能天使─形態霊）がいる。彼らが特定の思考様式をもたらす。彼らが脳髄の内側を刺激し、人間の思考に特定の方向を与える。それゆえ人間の思考は様々な時代に特定の思考様式をもっている。イマヌエル・カント（一七二四─一八〇四）は、彼の時代にのみ、『純粋理性批判』を生むことができた。彼と全く同時代に日本の三浦梅園（一七二三─一七八九）は、『条理の学』を生むことができた。

人間とは何かということは、このように肉体と魂と精神の、過去と現在と未来の全体として捉えることができる。

第3章　宇宙の過去と現在、未来

第2章における人間とは何かということに関するシュタイナーの考察は、その幅の広さと深みにおいて人間論の価値観を一変させるものであった。このような人間論に基づいて宇宙論が展開される。なぜなら人間の発展と宇宙の発展の間にはミクロコスモス（人間）とマクロコスモス（宇宙）の間の深い関係があるからである。

宇宙の生成と発展は、宇宙開闢論《コスモゴニー》として知られ、『創世記』や『古事記』が冒頭に論ずる世界である。

宇宙の生成と発展は、いずれにおいても人類の生成と発展と不可分に結ばれている。この宇宙がいかに生まれたかは今日の宇宙科学においてもなお謎であり、神秘に満ちている。それにもかかわらず地球の過去と現在、未来を認識することは人間の生成と発展にとって重要な意味をもっている。

現代の宇宙物理学によると、宇宙は約百三十七億年前のビッグバン（大爆発）によって始まった。ある一点から始まり、膨張を続け、超高温、高密度のものが冷えてゆく。想像もできない遥か過去の時代である。物理的感覚的なものとして論じられているが、感覚的には全く知覚し得ない過去である。

まず始めに宇宙のタネが生まれ、それが急激に膨張して大爆発が起きた。それから銀河系が生まれ、遠心分離運動によって太陽系が生まれた。この宇宙のゆらぎと呼ばれる小さなタネが発見されたのは一九九二年である。このタネが生まれ、ビッグバンが起こった。それがどのように起こったか。私たちには知り得ないことである。その背景に巨大な力が作用していたことは事実であろう。この宇宙のタネはどこから生まれたのか。現代の宇宙物理学からその答えは得られない。

それ以前のカント・ラプラス理論では、宇宙の塵が集まって星雲となり、太陽系となる。高温の星雲ガスが冷却収縮し、廻転を早めて環を生ずる。

地球の生成を精神科学的に辿ると、物質的なものの背後には精神的なものがある。現在の地球を果てしなく遡行していくと物質的なものが存在し始める時点に至る。

この物質的なものは精神的なものから生まれている。それ以前は精神的なものだけが存在していた。この精神的なものが物質的なものに凝縮する。その精神的なものとは何か？

宇宙を単なる物理的実体（塵）と見るのではなく、その背後には、精神的・霊的存在が生きていると感ずる時、大宇宙は精神の位階《ヒエラルヒア》の世界そのものである。目に見えない精神界の実体が位階《ヒエラルヒア》として存在し、神道においては高天原、仏教においては兜率天、道教においては崑崙山と呼ばれる精神界にそれぞれの霊的存在の位階《ヒエラルヒア》が生きている。星々の世界がそれである。

星々はかつて人間に語りかけた。
その沈黙は宇宙の運命である。
その沈黙に気づくことは
地上の人間の苦しみとなるだろう。
しかしその無言の静けさの中で
人間が星々に語りかけるものが熟してくる。
その語りに気づくことは
精神の人間の力となるだろう。

（ルドルフ・シュタイナー講演一九二二年十二月二十五日
「星界の人間に対する関係と人間の星界に対する関係」）

キリスト教のエソテリーク（秘教）において、星々の世界は天使の位階《ヒエラルヒア》を意味している。それは三重の位階《ヒエラルヒア》をもち、人間のすぐ上の第三位階《ヒエラルヒア》をアンゲロイ（天使―生命霊）、アルヒャンゲロイ（大天使―火霊）、アルヒャイ（権天使―人格霊）と呼んでいる。アンゲロイは人間の個人の転生を導き、アルヒャンゲロイは民族を導き、アルヒャイは時代を導く天使の位階《ヒエラルヒア》である。この第三位階《ヒエラルヒア》の天使たちは、その上の第二位階《ヒエラルヒア》に奉仕しつつ、第二位階《ヒエラルヒア》からの助力を受けている。それがエクスジアイ（能天使―形態霊）、ディナーミス（力天使―運動霊）、キリオテテス（主天使―叡智霊）の存在である。この第二位階《ヒエラルヒア》の天使たちは、その上の第一位階《ヒエラルヒア》に奉仕しつつ、第一位階《ヒエラルヒア》からの助力を得ている。それがトローネ（座天使―意志霊）、ケルビーム（智天使―調和霊）、セラフィーム（熾天使―愛霊）の存在である。

これら九つの天使の位階《ヒエラルヒア》は、ヨーロッパのキリスト教のエソテリークの中で、ディオニシウス・プソイド・アレオパギータの『天上と教会のヒエラルヒア』に由来し、パウロの弟子ディオニシウス・アレオパギータから伝承されたものである。これはヨーロッパ中世の伝統の中で、トマス・アクィナスのような人によっても聖書と同格の権威をもって伝えられたものである。九つの天使の位階をヨーロッパの教会の伝統にそって呼びつつも、シュタイナーはそれぞれの天使の機能を付け加えた。例えばセラフィームは熾天使であるが、愛霊でもあるように。

これら様々な諸精神が宇宙の生成の始めから、宇宙と人間の発展のために、霊的力を注いできた。第一位階《ヒエラルヒア》、セラフィーム（熾天使―愛霊）、ケルビーム（智天使―調和霊）、トローネ（座天使―意志霊）が初めに作用した。宇宙のタネが始めにあり、ビッグバンがあったとしたら、それを生み出したのはトローネ（座天使―意志霊）であるに違いない。

『古事記』においては天之御中主神《アメノミナカヌシノカミ》、高皇産霊神《タカミムスビノカミ》、神皇産霊神《カミムスビノカミ》が初めに作用した。平田篤胤は『古道天元顕幽分属図』を著し、日本の神々の三重の位階《ヒエラルヒア》を指摘している。上述の三神が第一の位階《ヒエラルヒア》の存在であり、第二の位階《ヒエラルヒア》は伊耶那岐神《イザナギカミ》と伊耶那美神《イザナミカミ》の一群であり、キリオテテス（主天使―叡知霊）、ディナーミス（力天使―運動霊）、エクスジアイ（能天使―形態霊）の働きとして「国生み」が行われる。
そして第三の位階《ヒエラルヒア》は、天照大御神《アマテラスオオミカミ》、須佐之男命《スサノオノミコト》、月読命《ツキヨミノミコト》の一群であり、アルヒャイ（権天使―人格霊）、アルヒャンゲロイ（大天使―火霊）、アンゲロイ（天使―生命霊）の働きによって、天岩戸開きから天孫降臨が行われる。それぞれの国によって呼び方は違うにしても作用の仕方は同じである。ギリシャ、ローマ、ゲルマンの神々は、かつての時代の天使たちであり、日本の神々も同じである。

地球の生成を辿ってゆくと、物質的なものが存在し始める時点に至る。この物質的なものは精神的なものから生まれてきている。それ以前は精神的なものだけが存在していた。この精神的なものが物質的なものに凝縮してゆく。物質的な地球は精神的な宇宙から凝縮して発展して来た。

その全ては物理的に眼に見える世界ではないから、物理的に証明されるものではない。超感覚的プロセスを認識するためには超感覚的認識器官としてのイントゥイション（直観）による他はない。

この宇宙は単なる塵の塊《かたまり》ではない。肉体と魂と精神をもつ生きた生体である。植物や動物、人間のように、宇宙も生まれ、成長し、発展し、衰退し、死滅し、再生して蘇る。地球と宇宙の発展もこのようなプロセスを既に何度か繰り返してきた、とシュタイナーは言う。こうして宇宙は人間にもたとえられる有機体である。

地球の発展を遡ると、あらゆる物質の起源として純粋な精神的状態に至る。さらに遡ってゆくと、その精神的なものは既に物質として存在していたものが死滅した後の状態であり、地球は太古の遊星の再生体として現れてくる。しかも、三つの先行する遊星の生成と発展、衰退と崩壊、再生の各段階を経てきたものである。それぞれの遊星間には純粋に精神的なものだけが存在する大休止状態《プララーヤ》がある。

物質的なものは原初に遡れば遡るほど繊細なものとなる。今日の姿で人間が登場したのは第四の遊星体においてである。前章で考察したような物質体、エーテル体、アストラル体をもった人間が自我を受け入れるまでに成長したのは第四再生体（現代の地球）においてである。

最初の遊星受肉を「土星期」の地球と呼ぶことができる。第二の遊星受肉を「太陽期」の地球、第三の遊星受肉を「月期」の地球と呼ぶことができる。そして第四の遊星受肉を「地球期」の地球と呼ぶことができる。これらは現在の太陽系の呼び名ではなく、地球が経てきたそれぞれの過去の発展段階をシュタイナーはそう呼んでいるのである。

今日の人間がもつ四つの構成要素、物質体、エーテル体、アストラル体と自我のうち最も古いのは物質体であり、最も完成度が高い。それは土星期に既に存在していた。現在の人間の物質体の萌芽である。物質体は土星期に発展し、エーテル体を受け入れるまでに成熟した。そのためには土星は死滅し、太陽として再生しなければならない。エーテル体を組み込むことによって物質体も変化する。物質体は第二の完成度を持つ。太陽期から月期へ発展すると人間の祖先はアストラル体を組み込む。地球期において初めて物質体、エーテル体、アストラル体からなる人間の祖先に、自我が組み込まれた。それによって物質体は第四の完成度をもち、エーテル体は第三の、アストラル体は第二の、自我は第一の完成度をもつという。

叡智によって構築された心臓、脳の驚異の構造など、物質体は高度な段階に達している。大腿骨は最小の部材で関節において最適の摩擦が行われ、叡智にあふれた構成を持つ。一方、エーテル体は物質体に次いでその完成度は高い。快と苦、欲望と激情の担い手であるアストラル体はまだ不安定なものであり、無意味な欲望や情熱が働いている。人間の自我は地球期となった今初めて発展し始めている。病気の大半はアストラル体の狂いがエーテル体に伝えられ、エーテル体が物質体の調和を破壊することに起因する。アストラル体は未完成なので物質体の完成を破壊する。享楽、欲望が宿るのはアストラル体の中であり、それが物質体の調和を破壊する。日本では安藤昌益が『自然真営道』（一七五三）において「克真に於いて病有ること無く」と指摘している通りである。

土星期には鉱物、植物、動物はまだ存在していなかった。当時から存在していたのは人間だけであった。人間のうちでも物質体だけであった。物質体を持たない存在は今も当時も存在している。それは天使であり、目に見えない超感覚的存在である。

土星期の中期は熱からのみ成り、固体も気体も液体もない状態であった。高温部と低温部が交互に作用している。熱は気体よりも一層微細な物質である。気体は凝縮した熱であり、液体は凝縮した気体であり、固体は凝縮した液体である。

当時は動物、植物、鉱物が存在する条件が欠けていた。物質体と鉱物を区別する必要がある。この物質体は微細で希薄なエーテル状の熱体であった。土星全体がこのような熱体から成り立っている。現在の人間の肉体は熱体に気体、液体、固体が組み込まれて形成されたものである。要素に分解して考えると人間の肉体は確かにそのように見える。

人間の原型である「ファントーム」が土星期において最も鈍い意識の形態で現れる。今の鉱物の意識と変わらない。この意識が内的存在と物質界を調和させる。人間は土星の生命の写しのように現れる。精神人間《アートマン》の最初の萌芽が与えられる。

土星進化の全体はトローネ（座天使―意志霊）からキリオテテス（主天使―叡智霊）、ディナーミス（力天使―運動霊）からエクスジアイ（能天使―形態霊）によって育まれる過程である。土星発展期には盛んになる上昇期と衰退する下降期がある。上昇期は熱状態が形成されるまで続き、下降期は光の動きとともに始まる。人間ファントームがトローネ（座天使―意志霊）によって姿を与えられると精神存在は退潮してゆく。消滅し、大休止期を迎え、人間の萌芽は解体する。全てが土星の中心に吸収され、消えてゆく。その種子だけが残る。人間の萌芽は再び目覚めるまで大宇宙に休らう。

目覚めの時が来るとキリオテテス（主天使―叡智霊）のエーテル体の力は、内から生命を流出させ、他の存在に生命を授けることが出来るようになる。人間の萌芽は土星のプロセスをもう一度反復する。この第二の発展期は太陽段階である。人間はより高次な意識段階に高められる。現在の意識と比較すると無意識であり、夢のない眠りであり、植物の眠りである。超感覚的な認識によれば無意識は存在せず、様々な意識段階があるだけである。万有の全ては意識を持つ。太陽期に入ってエーテル体が組み込まれることによってより高次な意識に到達する。休止期間が終わると土星が宇宙の長い眠りから目覚め、太陽が生まれる。

人間は土星期に達した発展を太陽に適合させる。つまり、土星期が繰り返される。その後キリオテテス（主天使―叡智霊）がエーテル体を物質体に流入させる。物質体がエーテル体の担い手となり、第二の完成度に高められる。エーテル体は第一の完成度に高められる。キリオテテス（主天使—叡智霊）がエーテル体を流入させると、太陽が光り始める。

土星は熱体からのみ成り立っていた。太陽期にこの熱体が気体に凝縮した。これはディナーミス（力天使—運動霊）の働きの後である。人間の物質体は組み込まれた気体をもつ熱体と呼ぶことができる。休止期の後、これにエクスジアイ（能天使—形態霊）の働きが加わる。それによって変化していた気体に持続的な形を与えることができる。

太陽期の地球は生成と発展を遂げ、やがて衰え、死滅し、大休止《プララーヤ》を経て、再生して月期を迎える。ディナーミス（力天使—運動霊）が地球の第三再生体に「アストラル体」を加える。それによって月期の物質体は第三の発展を遂げ、エーテル体は第二の発展を遂げる。エクスジアイ（能天使—形態霊）が加わり、願望、欲望の萌芽が生まれ、月体は水体となる。「全ての発展はまず周囲の生命から自立的存在が分離する。分離された存在の中に周囲が反映し、分離された存在が自立的に発展することに本質がある」（『神秘学概論』）。

太陽存在と月存在の分離によって明暗が生まれ、太陽への反抗が生まれる。植動物や動物人間が生まれる。アルヒャイ（権天使—人格霊）からインスピレーションが生まれ、アルヒャンゲロイ（大天使—火霊）からエーテル体に体液と養分が与えられ、記憶、形象意識、夢意識が生まれる。アンゲロイ（天使—生命霊）から、感覚、眠りと目覚め、死と生、雲のような集団的自我が生まれる。エーテル体は神経組織を生み、精神自我の萌芽が生まれる。太陽と月が合体し、キリオテテス（主天使—叡智霊）から叡智のコスモスが生まれる。ディナーミス（力天使—運動霊）はアストラル体に感覚魂の萌芽を、エーテル体に悟性魂の萌芽を与える。

月期の地球は生成と発展を遂げ、やがて衰え、死滅し、大休止《プララーヤ》を経て、再び再生して現在の地球期を迎える。ここにエクスジアイ（能天使―形態霊）が加わり、地球の第四再生体に初めて人間の「自我」が加わる。

人間の物質体は第四の発展を遂げ、今日の人体の萌芽が生まれる。人間のエーテル体は第三の発展を遂げ、人間のアストラル体は第二の発展を遂げ、人間の自我は今はじめて生まれたばかりである。それゆえ一番未完成であり、虚弱なものである。その自我の発展が地球の課題である。人間の生成と宇宙の発展はこのように一体であり、精神界の全位階《ヒエラルヒア》が人類の生成の為にその萌芽から力を注いでいるのである。それによって人間は未来において第十番目の天使になりうるのである。

日本において「宇宙の生成」はどのように起きたであろうか。二十八歳の舎人《とねり》、稗田阿礼《ひえだのあれ》によって口述された『古事記』の内容は、日本の神々の系譜が古代アトランティスからの無限の記憶力によって想起されたものである。

その第一段落には「天地初めて発けし時、高天原に成りし神の名は、『天之《アメノ》御中主神《ミナカヌシノカミ》』、次に『高皇産霊神《タカミムスビノカミ》』、次に『神皇産霊神《カミムスビノカミ》』。この三柱の神は、みな独神と成りまして、身を隠したまひき」とある。身を隠したまひき、とは目に見えない超感覚的・神的存在であることを語っている。これが宇宙の生成と発展を告げる日本の創世記の始まりである。

第二段落には「次に国稚く浮ける脂の如くして、海月なす漂へる時、葦牙の如く萌え騰るものによりて成りし神の名は、『宇摩志阿斯訶備比古遅神《ウマシアシカビヒコジノカミ》』、次に『天之常立神《アメノトコタチノカミ》』、この二柱の神もみな独神と成りまして、身を隠したまひき」とある。「宇摩志阿斯訶備比古遅神《ウマシアシカビヒコジノカミ》」とは植物の発芽を促す生命体（エーテル体）が、これに加わる段階を示している。

　第三段落には「次に成りし神の名は、『国之常立神《クニノトコタチノカミ》』、次に『豊雲野神《トヨクモヌノカミ》』、この二柱の神も独神と成りまして、身を隠したまひき」とある。「豊雲野神《トヨクモヌノカミ》」とは、実りの神、結実体（アストラル体）がこれに加わる段階を示している。

　第四段落は、「次に成りし神の名は、『宇比地爾神《ウイジニノカミ》』、『妹須比智爾神《イモスイジニノカミ》』、次に『角杙神《ツノグイノカミ》』、次に『妹活杙神《イモイクグイノカミ》』、次に『意富斗能地神《オホトノジノカミ》』、次に『妹大斗乃弁神《イモオオトノベノカミ》』、次に『於母陀流神《オモダルノカミ》』、次に『妹阿夜訶志古泥神《イモアヤカシコネノカミ》』、次に『伊耶那岐神《イザナギノカミ》』、次に『妹伊耶那美神《イモイザナミノカミ》』」とある。「宇比地邇神《ウイジニノカミ》」、「妹須比智邇神《イモスイジニノカミ》」とは、土の神、砂の神であり、大地が加わって現在の地球に至ったことを示している。やがて天から淤能《おの》碁呂島《ころじま》が離れ、「伊耶那岐神《イザナギノカミ》」と「伊耶那美神《イザナミノカミ》」の国生みによって、大八嶋が生まれる。このプロセスは、地球から太陽が分離した時期を示している。

　そして、「天岩戸開き」を経て「天孫降臨」に至るプロセスが正に、地球から月が分離する時期であり、日本民族の誕生の時を示している。人間は、八百万の神々のふところから生まれた。人間は神々の世界と全く一体の状態であった。「邇邇芸命《ニニギノミコト》」は、日本人の典型として、「天照大御神」から「八咫の鏡」を与えられ、「この鏡をもはら我が御魂として、我を拝《いつ》くがごとく拝《いつき》まつれ」と言われる。これは「天照大御神」による日本人への「神的自我」の賦与である。鏡は、見る人自身を映し、見る人の自我を映すからである。ここで初めて人間に「自我」が加わった。『古事記』の中にそれを読むことができる。

現在の地球は再生した古い月であり、地球が叡智に満ちたものとして現れてくるのは、当時キリオテテス（主天使—叡智霊）によって貫かれたからである。地球期の初めは火球であり、それに大気と水が組み込まれる。そこから自立的な天体が分離する。それが太陽である。水にまで凝縮する物質をもはや耐え難いために高次な存在は地球を離れ、太陽に住み、外から地球に作用するようになる。それが太陽が地球から分離する「ヒパボレイア（ギリシャ神話の地名）期」（六億年前）である。太陽の分離前に人間によって捨てられなければならなかったものが動物界の祖先である。太陽と地球の分離の際にも類似のことが起こった。水の要素からあるものが生まれた。地球が太陽に向かうと太陽のアストラル的なものを刺激して地球のエーテル的なものから生命体を形成した。それが現在の植物界の祖先である。

人間は地上で個体化された魂の存在になった。月上でディナーミス（力天使—運動霊）によって人間に流入したアストラル体は地上では感覚的魂、悟性的魂、意識的魂に分節される。その意識的魂がさらに進歩し地上生においてふさわしい肉体を作った時、エクスジアイ（能天使—形態霊）が火から閃光を与えた。こうして人間の中に自我の火が点された。地球の鉱物界もまた普遍的な人類の発展からの放逐によって生まれた。その形象は月が地球から分かれた時硬化して残留したものである。

このプロセスは、地球から太陽が分離する時期を指している。地球の凝縮過程はさらに続き、水の要素に土、固体が加わる。それによって地球が硬化し始める。魂が去った人体は益々硬化してゆく。地球に戻ってくる人間の魂は自分が合体すべき肉体を見出せないことになる。その硬化に貢献したものが分離される。それが月である。高次な存在が地球の内からではなく、外から作用することになる。それによって男女の分離の萌芽が始まった。地球は繊細な状態になり、人体はしなやかになった。月の分離の時期がレムリア期の始まりである。

月が地球から分離し、諸民族が生まれるレムリア期（四億年前）がここから始まる。古い月時代に月の本性を保存していた精神存在が人間の発展に関与してきた。その月の本性とは古い月の発展の間に太陽精神に背いたものであり、人間はそれによって自由な意識状態に導かれた。この太陽に反する力が人間のアストラル体に作用し、それに自立性を付与する力を与えた。この古い月の本性をもった存在が人間に近づき、人間を誘惑することになる。人間は自分の認識の主人になる。アストラル体がこの支配の出発点となった。自我はそれによって絶えずアストラル体に依存することになる。こうして人間は未来において自分の本性の中の低次な要素の絶えざる影響にさらされることになった。

シュタイナーは「月読命《ツクヨミノミコト》」に対応するこの月存在を「ルーチフェル精神」と呼んでいる。これが人間の意識に自由の可能性を与えたのであり、同時に誤りと悪の可能性をも与えることになった。その欲望と激情によって生きることで病気の可能性も生まれた。人間は今や、植え付けられたアストラル的な要素によって地上の印象を受け入れ、肉体を破壊する諸力と結ばれた。人間自身によって引き起こされる死が登場する。人間のエーテル体は物質体とアストラル体の間に組み込まれている為に、ルーチフェルの影響からは引き離される。このエーテル体の一部は物質体の外にあり、高次な存在によってのみ支配され、人間の自我によっては支配されないことになる。エーテル体の一部がアストラル体と一体であったなら、人間は身につけた超感覚的力を、自分の為に使ったであろう。人間はその時太陽存在から全く解放されたであろう。その自我は完全な地球自我になったであろう。人間の魂は地上生において集団的自我を感じていた。夜、自我とアストラル体は物質体とエーテル体から離れ、アンゲロイ（天使―生命霊）、アルヒャンゲロイ（大天使―火霊）、アルヒャイ（権天使―人格霊）の世界に入る。この時、エクスジアイ（能天使―形態霊）、ディナーミス（力天使―運動霊）、キリオテテス（主天使―叡智霊）、トローネ（座天使―意志霊）も物質体とエーテル体に作用することができる。こうして昼の間アストラル体の誤りによって人間に加えられた有害な作用が再び善きものに変えられる。

初めて受肉する魂は高次な精神界で得た体験によってのみ規定されるが、何度も受肉した魂は以前の地上生での諸関係に規定される。

再受肉とともに人間の業《カルマ》が生ずる。自立的・論理的思考はこの時代の人間にはまだ始まったばかりであった。それに対して記憶能力はほとんど無限であった。ルーチフェルの作用を受ける前は人間の魂は高次な精神存在の意図によって行うべき事柄が初めから決められていた。この予見的意識は、地上の知覚にヴェールが掛けられ、太陽存在の本来の力が隠された時に失われた。今や未来は不確かなものになった。不安の感情が現れた。シュタイナーはこの存在をアーリマンと呼んでいる。ゲーテなら「メフィストフェレス」と呼ぶ存在である。低次の人間にとってエーテル体はルーチフエルの影響に十分抵抗できる程守られてはいなかった。彼らは自我の火花を気ままに拡大し、周囲に有害な火の作用を生み出した。その結果、巨大な地球の破局が起こった。火の嵐で地球の大部分が崩壊し、誤りに満ちた人間も滅びた。誤りに触れなかったごく一部が破壊的な人間の影響から守られた地域に救われた。新しい人類の為に特にふさわしい住処として今日の大西洋におおわれた土地があった。そこに誤りから純粋に守られた人間が移住した。現代のヨーロッパ、アフリカ、アメリカの間の地域をアトランティスと呼ぶ。

アトランティスに先行する時代はレムリア期（四億年前）と呼ばれる。また月の力がまだその主力を拡げなかった時代をヒパボレイア期（六億年前）と呼ぶ。その前に最初の時代であるポラール期（四十六億年前）がある。ルーチフェルの作用前の時代はパラダイス（楽園）と呼ばれ、地上への降下を聖書は〃楽園からの追放〃と呼んでいる。アトランティスの発展の中期に次第に人類に災いが作用し始めた。高次な存在が自然力を支配する法則、隠された認識への洞察を獲得すると、彼らはそれを誤った欲望のために利用した。その結果人類の著しい堕落が生じた。悪が益々拡がった。成長力、生殖力が母体から切り離され、自立的に使われ、大気と水に作用する力と共働し、人間の行為が強力な、破壊的な自然力を解き放った。それが大気と水の破局によるアトランティスの破壊（二万年前）を導いた。これに対応するのが「ノアの方舟」伝説である。アトランティス人は嵐で滅びないように、移動しなければならなかった。当時、地球はこの嵐によって新しい顔をもった。一方ではヨーロッパ、アジア、アフリカが次第に現代の形を取るようになった。他方にはアメリカである。これらの土地に向かって大移動が起こった。現代にとって特に重要なのはアトランティスから東に向かった移動である。様々な人種がそこに居住地を定めた。

　この一群の中から七人の聖者が選ばれ、彼らが後アトランティスの時代にアジア南部、特に古代インドに移住した。インドには大部分の人に超感覚界の体験を求める強烈な心、情緒の傾向が存在していた。超感覚界への憧れはインド人の魂の根本気分であった。この超感覚界に人間の故郷があると人々は感じた。超感覚界が真の世界で、感覚的世界は幻影《マーヤ》であると感じた。こうして超感覚的な叡智に貫かれた文化が生まれた。インドの叡智の書『ヴェーダ』に含まれているものは、偉大な師によって太古に生まれた高い叡智の本来の姿ではなく、弱いなごりだけである。普通インド人と呼んでいる民族は、はるか後の前三〇〇〇年頃形成された歴史の発展段階に対応している。プラトン年によれば太古の、前七二二七年から前五〇六七年までの文化期である。プラトン年とはギリシャの天文学者ヒッパルコス（前一九〇―前一二〇）に由来するもので、太陽は地球の周りの黄道十二宮を二千百六十年ずつ二万五千九百二十年かけて巡っている。以下の各文化期においてローマ建国（前七四七年）から二千百六十年のリズムはこのプラトン年によっている。

　その後インドから西への民族移動の結果として生まれたのが原ペルシャと呼ばれる第二後アトランティス文化である（前五〇六七年から前二九〇七年まで）。彼らは超感覚的世界にのみ向かっていたのではない。彼らは大地を愛好し、感覚的世界に対する素質をもっていた。この民族に与えられた原ペルシャの精神文化の指導者はツァラトゥストラまたはゾロアスターとして知られる存在である。感覚的＝物質的世界に対する傾向によってルーチフェル存在との完全な融合という危険が人間に迫っていた。ツァラトゥストラは秘儀の伝授を受け、高度な太陽存在の啓示を与えられた。ツァラトゥストラが光の精神として啓示したのは地上に顕現する前のキリストの精神である。それに対して、彼はアーリマンの中に人間の魂に破壊的に作用する力を見た。原ペルシャ民族に明らかにされるのは、人間の魂が感覚的＝物質的世界に向けられている限り、光の神の力と敵対者との戦いがどのように起こるかであった。敵対者が人間を深淵に導くのではなく、光の神の力によっていかに人間を善なるものに向けるかである。

後アトランティスの第三文化期は民族移動によって南西アジアと北アフリカに合流した民族の元に生まれた。カルデア・バビロニア・エジプトに形成された文化である（前二九〇七年から前七四七年まで）。この民族には原ペルシャ人とは別の形で物質的＝感覚的な世界に対する感覚が形成された。前のアトランティスの時代から生まれた思考力は悟性的能力に基礎を与える精神の萌芽から多くを受け入れた。第三文化期の民族は超感覚的能力を大部分失っていた。魂は感覚界に精神の啓示を求め、この世界から生まれる文化手段の発明と発見によってさらに自己を形成しなければならない。物質的＝感覚的世界から、その背後にある精神的なものの法則を探求することによって人間の科学・学問が生まれた（太陽暦前二七八一年）。エジプト人にとって大地は彼の仕事場である。ヘルメスはツァラトゥストラの秘儀を受け入れることによって、エジプト民族の指導のための正しい道を見出すことができた。

ヘルメスが教えたことは、精神的な諸力の意図によって地上の諸力を使う限り、彼は死後これらの諸力と一体になることができるということであった。誕生と死の間にこの方向で熱心に作用した人は高次な太陽存在オシリスと一体になることができる。

ローマ建国から第四後アトランティスのギリシャ・ラテン文化期が始まる（前七四七年から一四一三年まで）。この民族は感覚界の中に精神的なものを完璧に表現したいという衝動をもった。ギリシャ芸術はこの衝動の結果である。精神の眼でギリシャ神殿を見るだけでよい。ギリシャ神殿は「精神の家」である。ギリシャ人は死後の生を影の存在と感じていた。「影の国の王であるよりは地上の農奴でありたい」（『オデュッセイア』）と感覚界に向かう英雄アキレウスは語る。シナイ山の稲妻と雷の中にモーゼは物理的現象を見るだけでなく、その精神の啓示を見た。モーゼはアストラル的な直観によって自我の超人間的なものを知覚した。キリストとともに人間の姿をもった高度な太陽存在が現れた。「ゴルゴタの秘蹟」が起こって十字架上の死を苦しんだ時、キリストは魂が死後滞在する世界に現れ、アーリマンの力を封じ込めた。この瞬間からギリシャ人によって影の国と呼ばれた領域が精神の稲妻によって貫かれ、再び光がやってきたとシュタイナーは言う。

第四のギリシャ・ラテン文化期は次第に解体すべきであった。それが現代の第五後アトランティス（ゲルマン）文化期である（一四一三年から三五七三年まで）。ゲーテの『ファウスト』におけるごとく、人間の胸には二つの世界が生きている。一方は感覚的－物質的存在に向かい、他方は感情と感覚によって精神的なものの啓示に向かう。魂の分裂の萌芽はキリストの教えがヨーロッパに流れ込んだ時、既に存在していた。外的学問と精神的認識の対立はこの事実の結果である。脳髄に道具をもつ人間の能力が物質生活に一方的に向かったことによって現代の科学技術が可能になった。この物質文化の起源はヨーロッパ民族にのみあり得た。自然科学の発展は当然の帰結である。人間はそれによって物質的な自由を獲得したが、精神界との結び付きを失ったのである。

それでも現代において既に第六後アトランティス文化期の朝焼けが始まっている（三五七三年から五七三三年まで）。現代においてすでに萌芽として発展できるものは人間の胸の中の二つの側面――物質文化と精神生活を結び付ける意図である。そのために必要なものは、一方では精神的な直観の成果を理解することであり、他方では感覚界の観察において精神の啓示が認識されることである。第六（スラヴ）文化期は両者の調和を十分発展させることになる。

〝光の思想家シュタイナー〟の宇宙論はこうして地球の過去、現在、未来を展望する壮大なものである。宇宙論としての地球期はさらに木星期、金星期へと発展してゆく。これから先は未来の「預言の書」としての『ヨハネ黙示録』において繰り広げられる世界である。

第4章　歴史兆候学

近代の歴史は人類の発展にとって極めて重要な意味をもっている。シュタイナーはこれを『歴史兆候学』（一九一八）という観点から考察している。「歴史兆候学」とは見慣れぬ言葉である。歴史が、あるものの兆候として現れてくる。それが語られたのは第一次世界大戦とロシア革命の最中であった。教科書的に歴史と呼ばれるものは人類の発展において重要なものではなく、シュタイナーはそれを単なる兆候と見る。それによって出来事のさらなる深みを洞察することができる。そこに人類生成の本来のものが現れている。歴史的出来事が現代まで、いかに影響を及ぼしているかは人間の自我の発展と自己認識によって明らかになる。

一四一三年から第五文化期が始まる。日本では世阿弥が『花鏡』（一四一八）を書く頃である。人間の魂の在り方全体が大きく変わる。人類は誰もがそれに気づくことなくその敷居をゆったりと越えてゆく。

ローマ法王と結びついたカトリシズムはローマ帝国から広がった。カトリシズムは近代に至るまで普遍衝動であった。カトリシズムとは普遍を意味する言葉である。人間は中世において家系や階級に分節され、その中にカトリシズムが浸透していった。

十三世紀から十五世紀にいたる人間の魂はまだ「悟性的魂」の時代であった。十五世紀までの人間の悟性は鋭いが、まだ自立的な思考ではない。自立的な思考は「意識的魂」からやってくる。ローマ法王とカトリシズムによって普遍衝動が広がり、集合的魂が見られる。至る所にカトリシズムの普遍衝動がヨーロッパ文化に流れ込んでくる。

そこに転期がやってくる。一三〇九年ローマ法王がローマからアヴィニョンに移される。「アヴィニョンの幽閉」である。以前は国王が法王をローマからどこかへ移すことなど考えられなかった。一三一二年に「神殿騎士団」が解散される。別の兆候はモンゴルの大移動からやってくる。

アヴィニョンの幽閉は人間の行為であるが、アジアからヨーロッパへのモンゴルの大移動は「自然現象のようであった」とシュタイナーは言う。一二四一年のリーグニッツの戦いがそれである。日本では文永の役（一二七四年）と弘安の役（一二八一年）がそれに続く。

さらなる重要な転期は一四二九年のフランスのジャンヌ・ダルクによる「オルレアンの解放」である。ジャンヌ・ダルクが聞いたのは「フランスを救え」という大天使ミヒャエルの声であった。法王の普遍衝動がヨーロッパの民衆を解放せざるを得なくなった時、国民的なものが登場してきた。

フランス国民とイギリス国民の差がそこにはっきり現れてくる。意識的魂の時代が到来する。イタリアにおいても、イタリアの国民意識が普遍的なローマ法王から解放される。その全ては悟性的魂から意識的魂への発展の〝兆候〟であった。

イギリスにおいては一四五二年から一四八五年に議会主義の萌芽が生まれる。一四一五年にはコンスタンツの宗教裁判で教皇政治を批判したボヘミアのフス（一三六九—一四一五）が処刑される。意識的魂の時代の始まりである。カトリシズムの普遍衝動に対する抵抗であり、ローマの普遍衝動によってもたらされた悟性的魂に対する意識的魂の反抗である。

イタリアではサヴォナローラ（一四五二—一四九八）が現れ、教会の堕落を批判し、人々に悔い改めよ、さもなくば神の罰はフィレンツェから全イタリアに下るであろう、と叫んだために、教皇アレクサンダー六世によって破門され、処刑された。

マルティン・ルター（一四八三—一五四六）が九十五ヶ条の提題をヴィッテンベルク城教会の扉に張り出したのは一五一七年であった。免罪符制度を批判し、罪の赦しは神の意志にのみ基づくことを反復論証した。ルターの『キリスト者の自由』（一五二〇）は「キリスト者は全ての者の上に立つ自由な君主であって何人にも従属しない」と宣言する。

アングリカン・チャーチ（イギリス国教会）がローマから独立するのは一五三四年である。個人的なものが国民的なものと結ばれ、意識的魂が個人的衝動と結ばれ、議会主義に向かう。

フランスでは国民衝動が強くなり、フランス民族を法王から解放した。それが法王の「アヴィニヨンの幽閉」である。イギリスでも国民衝動が生まれる。同時に個人衝動が生まれる。西欧の文化全体が普遍衝動《カトリシズム》のローマから解放されてゆく。

スペインはまだ殻の中にいてデカダンス（頽廃）に陥る。外的歴史はその背後にあるものの兆候にすぎない。通常の発展を遂げている存在と並んで、後退したものが存在する。ウィクリフ、フス、ルター、カルヴァンに見られる衝動はそれらとの戦いである。

この戦いの兆候が、スペインのフェリペ二世に対するオランダの抵抗である。一五八八年、スペインの無敵艦隊が敗れる。それは解放された個人への抑圧としてスペインから来るものが反撃されたことを意味する。全ては意識的魂として発展する個の、悟性的魂として残されたものに対する反乱である。悟性的魂の結果が意識的魂ではない。意識的魂と悟性的魂の闘いである。

一六一八年から一六四八年の三十年戦争は、ボヘミアの新教徒に対するオーストリア・ハプスブルク家の弾圧と、カトリシズムに対する純粋な信条の命題から生まれたものである。この戦争は一六四八年のヴェストファーレンの和平で終わる。プロテスタントとカトリックの対立はどうであろうか。原因と結果の関係ではない、とシュタイナーは言う。

三十年戦争によってフランス、イギリスが国民国家になる衝動が西から東へ移っていった。スイス、オランダ、オーストリア、プロシャ（プロイセン）が独立する。国民衝動と個の解放が合体する。日本でも国家統一が行われるのは一五八〇年以降のことである。

フランスでは国民的衝動が内に向かい、人間の内面を捉えるようになる。人間の魂の変容はやがてルイ十四世の時代にフランス革命を導いた。一八〇五年ナポレオンはトラファルガーの戦いに敗れ、ヨーロッパ大陸の内側に向かう。

イギリスでは国民衝動が外に向かい、自由主義が世界に出てゆく。一六〇〇年に東インド会社が生まれ、一五八四年にはアメリカのヴァージニア州に進出する。一七七六年に十三州が独立宣言を行う。アメリカの支配権が確立し、北アメリカでローマニズム（ローマ体制の文化）がアングロサクソンによって反撃される。アメリカ連邦議会が開かれるのは一七八九年である。

イギリスでは個人の解放が行われ、個人を世界に運び出す。フランスでは個人の解放が根を下ろす。両者とも国民的な理念から出発している。フランスでは三十年戦争から国民国家思想が強化される。フランス国家の栄光と没落をルイ十四世に見ることができる。フランスの国民国家の懐《ふところ》から個人の解放への萌芽が発展する。一七八九年のフランス革命は人間生活に三つの衝動をもたらした。自由と平等と友愛である。自由は人間の魂との関係に適用される。平等は人間の精神との関係に適用される。友愛は人間の肉体との関係に適用される。フランス共和国において自由、平等、友愛を生きる時、自由は国家の下に置かれるから、混乱が生ずる。

魂に自由を、精神に平等を、肉体に友愛を与えるべきこの時代の課題がフランス革命でスローガンとして登場し、混乱を導いた。フランス革命によって振子が一方的に唯心的な方向に傾いた。それはやがて反対方向の力を生む。

フランス革命に現れたものは社会的な肉体を欠いた第五後アトランティス文化期の魂である、とシュタイナーは言う。フランス革命は人類の発展のリズムに矛盾する形で登場した。ナポレオンにおいて初めて人間のリズムにかなった肉体に出会う。

ナポレオン（一七六九―一八二一）は支配権を得るまでに七年の準備を必要とした。それから十四年の栄光があり、七年のセントヘレナへの流刑がある。ナポレオンの魂の行方は不明である。革命は肉体なき魂であり、ナポレオンは魂なき肉体である。時代のあらゆる矛盾から沸き立つ肉体である。ある魂が地上に受肉しようとして肉体なしに現れる。それが十八世紀の革命家たちのもとで騒ぎ立てる。しかし肉体を見出すことはできない。そして外的にある肉体が魂に近づくが、その肉体は魂を見出すことが出来ない。それがナポレオンである。歴史的生成の重要な衝動がその中にある。歴史の兆候学としてこれを見る必要がある、とシュタイナーは言う。

十九世紀にイギリスは平穏に自由主義の理想に従った。意識的魂の時代の兆候はそれ以前に始まっていた。十字軍の深い衝動が先行した。人々はなぜオリエントへ、聖墳墓へ向かったのか？エルサレムに向かったのは古きものを見出し、それをローマとは別の形で発展させようとしたからである。新しい意識的魂の時代の理念に向かって努力したのではない。十字軍とともに意識的魂の時代が予感される。しかし生産的なものではなかった。十字軍と共に神殿騎士団が生まれる。神殿騎士団はヨーロッパに影響し、ローマ教会に敵対しつつオクルトな結社として作用した。ローマは孤立し、やがてイエズス会と結ばれる。イエズス会の設立は一五三四年であった。外的にはローマのイル・ジェズ教会の誕生であり、バロック建築の誕生でもある。

意識的魂の時代が到来する。悟性的魂がそれに抵抗する。人間は自立し人格として解放される。人間は意識的魂を求めて大海に出てゆく。ローマはこれを悟性的魂に留めようとする。あるいは全てをラディカルに破壊する。一方では自由、平等、友愛が嵐のように起こる。他方ではこれを抑えようとする。一方では意識的魂の衝動があり、自由、平等、友愛がカオスとして現れる。他方では意識的魂への目覚めを消そうとする。

個体の解放に向かうものと、国民性から普遍的人間性に向かうものがある。イギリスにおいて島国から他者への非干渉の原理が、自由主義の基本原理として発展する。

十八世紀から十九世紀半ばまでリベラリズムが発展し、十九世紀後半に死滅する。十九世紀半ばより、精神は入眠状態に入り、精神の働きが弱まる。外的感覚界のみが作用するようになる。十九世紀半ばより、自己意識的な社会主義があらゆる形をとって現れる。科学が精神の仮面をまとう。それはイデオロギーという名の死の学問である。ラッサール、マルクス、エンゲルスがこの死せる学問を構築し、その理論が実践される。それが時代の兆候である。

近代の社会主義には三つの確信がある。それは史的唯物論と剰余価値論、階級闘争論であり、当時何百万人もの人々の確信となった。シュタイナーはラッサールやマルクスの理論に大きな価値を置いていた訳ではない。しかし何百万の人々の魂が選んでいるものに価値を置いた。これが近代の歴史の兆候である。

〝万国の労働者よ、団結せよ！〟は国際的な原理であり、ローマの国際性と同様、社会主義の国際性である。人類全体としてはまだ感覚的魂の進化の段階にある。これが社会主義の発展をうながす。社会主義は第五文化期に少しずつ出来上がっていく。紀元三〇〇〇年までには正しい社会形成が地球全体で見られるようになるであろう、とシュタイナーは言う。社会主義の普及が東ヨーロッパで起こったのは驚くにあたらない、と。

キリストは精神であるという観点は、意識的魂の文化と関連している。社会主義は感覚的魂の中に生きている。意識的魂の文化と感覚的魂の文化が交差し合っている。第五文化期に二つの極があり、一方には個人主義が、他方には社会主義がある。社会主義の本来の衝動は友愛を発展させることにある。「社会主義の発展と平衡して精神的な事柄に関して絶対的な思想の自由がなければならない」（『歴史兆候学』）。

近代の歴史的発展の最も重要な兆候の一つは社会主義である。自然科学的思考方法の歴史的な意味を考える必要がある。自然科学はしかしローマ・カトリシズムの普遍衝動に対する十分な反対衝動ではない。しかしそれでも普遍的自然に向かう思考、自然秩序に向かう文明人の思考は反対の衝動を形成する。アメリカの発見、火薬の発明、印刷術の発明は人間を発明、発見の旅に導いた。自然科学が技術に置き換えられ、生み出されたものが植民地の獲得を導いた。

自然科学が技術に置き換えられた時、機械時代が始まる。それが意識的魂の時代である。意識的魂の時代は三〇〇〇年代に終わり、人類は〝精神自我〟の時代に入ってゆく。自然科学的思考は死せるもの、幽霊のごときものしか捉えられない。あらゆる領域で人間は観察から実験へと向かった。近代人は社会秩序にも技術としての実験の成果を持ち込み、死を生み出した。植民地に、産業に、工場に、金融に、死をもたらした。

現代の技術が死の萌芽でしかないとしたら、なぜ技術が登場したのであろうか？　意識的魂をその反動として発展させる為である、とシュタイナーは言う。この洞察を現代人は少しでも理解できるであろうか？　自立的意識と死をもたらすものは結びついている。意識的魂の時代は環境破壊をもたらす。議会主義は人格としての個の確立を意味するが、多数決の投票によって終わる。個の確立によって始まり、個の消滅によって終わる。個の誕生によって始まり、死によって終わる。民主主義とは単なる数の問題になってしまった。議会制民主主義は今日至る所でその瓦礫の上に立っている。

ロシアにおいてビザンティンの宗教的な構造の残滓がスラヴの血の衝動とアジア主義から溶接さ

れる、とシュタイナーは言う。ロシアには〝精神自我〟の萌芽があるからこそ意識的魂の時代に多くの死をもたらすものが登場した。ロマノフ王朝の崩壊やスターリンによる粛正、プーチンの独裁などにそれが顕著に現れている。

意識的魂の時代には、人間が眠っている間神々は人間の魂を離れた。以前は神々が魂に滴《したた》り降りてきていたにもかかわらず。歴史兆候学を超感覚的な認識の背景をもって追求しなければ、歴史についての本当の直観をうることはないであろう。

一九一七年十月のロシア革命は「歴史兆候学」から誠実に学ぼうとする人にとって極めて大きな意味をもっている。ロシア革命においても新しい理念が問題であった。この新しい理念が東ヨーロッパの農民の間に流入する。この民族の中に第六スラヴ文化期の〝精神自我〟の萌芽がある。ツァーリズム（ロシア帝政）崩壊の後、全く非生産的なブルジョア階級が登場した。ロシア革命は圧力ではなく、吸引の問題である、とシュタイナーは言う。「精神的に」真空状態になったところに異質なものが流れ込んだ。メンシェヴィキ（多数派）は理念を欠いていた。そこに真空状態が生まれ、ボルシェヴィキ（過激派）が流入した。ロシアに根をもたない思想が入ってきた。プロレタリアこそ近代の産物である。一八四〇年から一八七〇年代終わりまでブルジョア社会は眠りこけ、時代精神ミヒャエルの登場によっても、政治的に自由な理念の衝動を理解しなかった。闇が広がった。

第四ギリシャ・ラテン文化期に人間はキリストの誕生と死を見た。第五文化期にはそれを歴史の中に見ている。人間は内面において悪を見ている。それは第六文化期で外に向かい、悪が外面に出てくる。誕生と死が内から外へ向かうように第五文化期では内側で発展する悪が第六文化期では外に向かう。第五文化期の人間は悪からゴルゴタの秘蹟の刷新に向かう。キリストが死によって第四文化期に現れたように、悪の体験によってキリストが再び現れる状態が生まれる。広島と長崎やアウシュヴィッツのような悲惨な悪の体験がそれである。

マリア・クレビール・ダルムシュテッター（一八九二―一九四三）というユダヤ系ドイツ人がいた。一九四〇年に二千人のユダヤ人と共にマンハイムからピレネーの収容所グルスに移送され、そこで十四ヶ月を過ごした。一九四二年八月その収容所を追われ、全員が「ユダヤ人問題の最終解決」としてアウシュヴィッツに送られた。

マリア・クレビール・ダルムシュテッターはシュタイナーのエソテリックな弟子であった。彼女自身はグルスで嘆くことなく、運命の中で最善を尽くし、弱った仲間を助けようとしていた。ポーランドへの最後の冬の旅は、ユダヤ人でいっぱいの貨物車の中で、空気も水も食物もない殉教の旅であった。九百九十七人のユダヤ人と共にマリア・クレビール・ダルムシュテッターは一九四三年二月十三日、冬の長い旅を終え、貨物車から追い出され、地下のガス室に送られた。彼女が過ごした最後の日々に唱えていた言葉がある。

それは「定礎の言葉」の一節であった。

精神の内省を行え。
魂の平衡の中で。

波うつ
宇宙の生成の行為が、
自分の自我を
宇宙の自我に
結びつける。
そしてお前は真に感ずるであろう。
人間の魂の活動の中で。

なぜならキリストの意志が回りに支配しているから。
宇宙のリズムの中で、魂に恵みを与えつつ：
あなた方光の精神《エクスシアイ・デュナミス・キュリオテテス》よ
東から燃え立たせますように
西から形成されるものが。
このものが語る：
キリストにおいて死が生となる。

彼女は「この危険の中で、この唯一のリズムが、すべてに対する答えを与えてくれる」、そして「このような叡知への避難所に安らぐことが許されるとは、何と幸運なことか！」と書き添えていた。完璧な自我の破壊という悪魔的な試みに対し、彼女はこの祈りを唱えつつ、毅然として地下のガス室に入って行った。

意識的魂の時代に人類の発展にとって重要な意味を持つ二つの秘儀があるという。それは〝死の秘儀〟と〝悪の秘儀〟である。人間に死をもたらす悪の力の課題は人間に意識的魂の十分な能力を与えることである。死の秘儀は第五文化期の発展と内的に関連している。それは人間に正確に考えさせる力を導く。第五文化期の初め以来あらゆる人間の潜在意識の中に悪への傾向がある。過激に言えば精神界への敷居を超える人は、誰もが潜在意識の中で第五文化期に属する限り、それへの傾向をもたない人は存在しない、とシュタイナーは言う。宇宙には悪の力が支配している。人間はそれを受け入れる。受け入れつつ精神的生命を意識的魂で体験する萌芽を自らに植え付けている。悪の力は悪い行動を起こすためにあるのではなく、人間が意識的魂の段階で精神的生命へと入ってゆくために存在している。人類がこのようなテーマにどこまで迫りうるかが問われているのである。

「歴史兆候学」は日本においてはどうであろうか？

第四文化期から第五文化期への移行は日本においてはどのように行われたであろうか。日本においては十四世紀に様々な兆候が現れている。一三五四年に近江の土一揆が起こり、南北朝の争乱が起きている。古いものが打ち壊され、新しいものが生まれる兆候である。それ以前の栄西や道元による禅宗の導入は悟性的魂の頂点を示し、法然や親鸞による浄土思想の導入も情緒的魂の頂点を示している。典型的なのは世阿弥であり、蓮如の存在である。

世阿弥は父観阿弥から大きな影響を受けた。観阿弥は、一座の棟梁として伊賀を離れ、春日神社に仕え、大和申楽は独自のスタイルを形成した。一座の中にあって世阿弥は常に父を意識し、「私」を意識し続けた。「類」としての座の中の「個」としての「私」の意識は、世阿弥の中に強烈な「自我」を生み出した。

『花鏡』（一四一八）において、世阿弥は能の演技者が自分だけを見ている場合は「我見」であり、自分を離れて自分を見ることのできる状態を「離見の見」と呼んでいる。

「見所より見る所の風姿は、我が離見也。しかれば、我が眼の見る所は、我見也。離見の見にはあらず」。見物の側から見る演者の姿は演者自身の目を離れた客観的な見方である。とすれば演者自身の目で見る自己の姿は主観的なもので我見に過ぎない、心眼で客観的に自己の姿を見る見方ではない、という意味である。これは近代の自我の誕生を物語っている。演技者の自我が自分を離れて自分を見ることができるのは、それだけ目覚めた自我意識がそこになければならない。これこそが近代人の意識の特長であり、日本の近代の始まりと言える。

蓮如（一四一五―一四九九）は浄土真宗中興の祖として知られる人である。親鸞によって開かれた浄土真宗が時代精神によって変革をとげ、近世に入ってゆく日本の精神史にとって蓮如の演じた役割は極めて大きい。

一四二八年十三歳の時、「正長土一揆」が起こり、蓮如は大きな衝撃を受けた。この人々は本当に悪い人なのか、という素朴な疑問が彼のうちに生まれた。そしてさびれた本願寺を再興するために、同時に悲惨な民衆を救うために、十五歳の時浄土真宗の教えを弘める決意を固めた。

蓮如は各地に「講」を作り、それぞれの自治管理が生まれた。「講」は自己に目覚め、人間的なものに目覚めた人たちの集まりになった。「四五人ノ衆、寄合談合セヨ、必ズ五人ハ五人ナガラ、意巧ニ聞クモノナル間、能々談合スベキの由、仰ラレ候」（『蓮如上人御一代聞書』）。「寄合」「談合」は人々の心を開いた。ひたすら働いてきた農民、町民は、沈黙を破って語り始めた。それは「もろもろの苦しみあることなくただもろもろの楽しみを受く」（『浄土三部経』）という浄土思想に支えられ、人々の間に喜びが生まれた。人々は相互に自己を語り、人生を語り始めた。身分の違う者同士が話し始めた。平等に、そして自由に自らのことを語り始めた。寄合は次第に活気を帯び、相互に「心底もきこえ」始める。「普遍的人間的なもの」が響き始める。日本の歴史の中で初めて自由と平等と友愛の精神が萌芽として生まれた。これは意識的魂の時代（一四一三年）に入って初めて可能なことであった。蓮如は民衆が目覚めかけているのを見て、「純粋に人間的なもの」が目覚めるように導くことを自分の使命と考えた。「物ヲ言ヘ物ヲ言ヘ」は、民衆の自我を目覚めさせる呼び声であった。その信の一念は蓮如にとって「ひたすらな惟《おもい》」である。それが一人一人の自己に目覚めることを意味している。このような個としての自覚は孤独の中で体験される。蓮如こそ不遇な幼年時代から、少年時代、青年時代を経て、孤独の中を潜り抜けた人であった。だからこそ、苦しむ民衆に「我在り」を目覚めさせた、と言えるであろう。

一四一二年蓮如と同時代に、フランスではジャンヌ・ダルクが生まれた。ジャンヌ・ダルクは百年戦争の末に「フランスを救え」という天使の声を聞き、一四二九年にイギリス軍を破ってオルレアンを解放した。国民的なものが生まれ、個的な意識が芽生えた。それは中世から近世への分岐点であり、人間の意識が中世の魂から近世の魂へと移行してゆく時代であった。十九歳で生涯を終えたジャンヌ・ダルクの闘いと、八十四歳で生涯を終えた蓮如の闘いは、このような時代の転機に現れた同質の闘いであり、精神の解放であったと見ることができる。

現代が直面している課題にテロリズムがある。他民族に対する排除の思想があり、それに対する報復がさらなる報復を呼んでいる。パリのテロ、ブリュッセルのテロ、シリアからの難民問題、北朝鮮の拉致問題からミサイル発射等、ウクライナへの侵攻に至るまで、時代は次第に危険な段階を迎えつつある。サミュエル・ハンチントンが警告を発した異文明間の大規模な戦争という『文明の衝突』（一九九六）は次第に現実味を帯びてきた。国内では集団的自衛権を巡る安全保障問題として、憲法九条が危機にさらされ、日本が再び戦争に巻き込まれる可能性が高まった。地震と隣り合わせの原発の再稼働は財界と政界の癒着によって進められ、国民の真の声は無視されている。放射能の汚染はいっこうに止まらず、放射性物質の最終処理は未解決のままである。これら全てに対し、私たちは何をなし得るのか？

悪に直面した世界の変容と自己認識の問いはこのように差し迫った時代状況から発せられている。悪は世界においていかなる使命を持つか？　悪が存在するのはその使命を持っているからである。一見逆説のようにも受け取れる問いであるが、逆説ではない。これこそが歴史兆候学のテーマである。

愛があるところに争いが生まれる。愛の登場が争いをもたらす。しかし愛は戦いを克服もする。戦争を調和に変える。叡智が愛に貫かれるところから地球の発展が始まる。善を感ずるために悪を感ずることができなければならない。悪なしに善の自由な選択もない。自由もない。善を選ぶことができるために悪を眼前にする必要がある。自己愛は普遍愛にならなければならない。その時悪が克服される。自由と悪は同じところから生まれる。

これが人間の発展における悪の起源である。悪は置きかえられた善である。悪は必要な発展過程である。悪が存在しているから世界は不完全だ、と言うことはできない。それどころか正にそれゆえに完全なのである。宇宙の創造者は善を発展させるために悪を必要とする（『悪の起源』一九〇六）。悪は逆向きの善である。凄まじい破壊的なエネルギーをもっている。それがテロリズムの本質である。

天台智顗の『法華玄義』（五九三）には、「悪の中に善あり、善成ずれば還って悪を破す」「悪はこれ善の資なり。悪無ければ亦善も無し」という善悪不二論が展開されている。この大乗仏教における善悪不二論は、悪は悪のためにあるのではなく、善を目覚めさせ、人間の魂を発展させるために存在していることを教えている。悪と不二の善こそは最澄の生涯を貫くテーマであった。「悪無ければ亦善も無し」は、極めて現代的な意味をもっている。

第5章　社会有機体の三分節

資本主義も社会主義も行き詰まってから既に半世紀は経過している。隔差社会が生まれ、ナショナリズムが台頭し、経済戦争が始まって、テロリズムから民族戦争の気配が感じられる。ルドルフ・シュタイナーは当時の社会問題、政治問題にも深い関心をもっていた。彼の思想が単なる精神論だけに終わるならば、それほど大きな力をもつことはなかったであろう。精神の世界は物質の世界と分ちがたく結ばれ、かつ相互に交流し合っていることにその思想の本質がある。精神と物質は二元論ではなく、物質の中に精神を見るという一元論である。四十歳代に入るシュタイナーの思想は精神科学の構築から社会問題に向かう。当時の時代状況としても十九世紀末は社会問題が山積していた。その状況は今日でも変わらない。問題が多様化しているだけである。

「社会問題は時々刻々の世界史的発展の中で常に新たに解決されねばならない」。シュタイナーはこうして「現実的な判断を獲得する為には、あらゆる社会制度の根底に横たわる〝原思想〟に還らざるを得ない。今日、このことを理解することがどうしても必要である」（『社会問題の核心』）と言う。この原思想とは自然界に対する原植物や原動物のように、原型を求める思想であり、理念的な原型から様々な現象が生まれてくることを意味している。

十九世紀末のベルリンは特別であった。一八九九年から一九〇四年までシュタイナーはウィルヘルム・リープクネヒトの創設になる「ベルリン労働者養成学校」の講師に招かれた。シュタイナーは当時ワイマールからベルリンに移り、『文芸雑誌』の編集や講演活動を展開していた。シュタイナーはそこで歴史と弁論の授業を担当している。

労働者養成学校は唯物史観を教える学校であったが、シュタイナーは彼独自の歴史観を講義した。労働者はこぞってシュタイナーの講義を聴きに訪れ、「グーテンベルク記念祭」には七千人の聴衆が集まり、学校側は彼の思想を危険視し、やがて彼を学校から追放してしまう。

シュタイナーはマルクスやエンゲルスの思想を「部分真理」と見ている。「実際私はカール・マルクスに深く驚嘆している。それは彼の思想の鋭さゆえにであり、近代のプロレタリアートの思考に対する彼の偉大なる包括的感情のゆえにであり、近代資本主義の自己崩壊に対する彼の批判的な見解のゆえにであり、また彼のいくたの天才的な資質のゆえにである」（『社会有機体の新しい形成』）。

シュタイナーは、マルクス思想そのものに多くの価値をおいたのではなく、一八四八年の『共産党宣言』以来、当時何百万人もの人々がこの思想に捉えられていた、という事実に価値を置いた。「現代のプロレタリアの中には真の精神生活への深い憧れが生きていることを、ブルジョア的な境界で立ち止まるのではなく、あらゆる人間の魂に滴るような精神生活への憧れが生きていることを、長年の経験から私は知っている」（一九一九年四月二十六日ダイムラー工場の労働者のための講演)。当時の労働者が求めていたのは、パンでもイデオロギーでもなく、本当の精神への憧れであった。

ヨーロッパはやがて一九一四年の第一次世界大戦と一九一七年のロシア革命を迎え、第一次世界大戦の終結に向かってゆく。とりわけその戦後処理について、ヨーロッパをその極度の混乱から救うためにシュタイナーは一九一九年「ドイツ国民及び文化世界に」というアピールを提案した。それには哲学者パウル・ナトルプ（一八五四―一九二四）や文学者ヘルマン・ヘッセ（一八七七―一九六二）、女流作家ガブリエレ・ロイター（一八五九―一九四一）らも署名した。原理的にはこの理念の欠如が世界大戦を引き起こし、この理念の実現こそが大戦後のヨーロッパ社会を救済する唯一のものであることを訴えている。

「今や大戦の不幸から私たちの認識が熟さなければならない。私たちは可能なる社会有機体への意志を発展させなければならない」(「ドイツ国民及び文化世界に」)。

シュタイナーは同時に『社会問題の核心』を発表する。それが「三分節社会有機体論」である。精神科学者ルドルフ・シュタイナーが社会有機体論を唱えたこと自体極めて新鮮であった。一般の社会思想家がもちえない観点をそのうちに含んでいたからである。精神科学の観点から見た社会論と言えよう。

「これまでの歴史的発展期においては、政治生活および精神生活は経済生活の〝上部構造〟であった。未来においては経済的流通とは別様に、これらもまた社会有機体の中の自立的な部分にならなければならない」(同上書)。

三分節社会有機体論とは政治・経済・文化の三領域におけるそれぞれの自立的な分節の思想である。

「人間が階級や国家に社会的に編入されるのではなく、社会有機体そのものが社会的に組織されなければならない」（同上書）。

社会有機体を構成する三つの領域がある。それは精神（文化）と政治（法）と経済の三つの領域である。三分節の構想は、シュタイナーが哲学者フランツ・ブレンターノ（一八三八―一九一七）への追悼論文を含む「魂の謎」（一九一七）において、人間の身体と精神の相互依存性について長年思索を重ねてきたものである。それは人体の構成における神経感覚組織と、呼吸血液・律動組織と手足の新陳代謝組織とがそれぞれ分節を持ちながら、人体の有機体を構成していることの指摘であった。その人体における三分節が同時に人間の思考と感情と意志の三分節にも対応し、政治、経済、文化の社会有機体にも対応していることを指摘するものである。人間の思考が神経・感覚組織に対応し、人間の感情が呼吸・血液・律動組織に対応し、人間の意志が手足・新陳代謝組織に対応していることは画期的な発見である。これは東洋において古くから天・地・人として知られる三分節、人間の肉体と魂と精神の三分節にも対応している。

第一は精神生活の領域である。

「現代人は国家機構および経済力に依存しすぎた精神生活を展開してきた。私たちの社会生活の混乱はこの精神生活の国家および経済への依存関係から生じてきている」（同上書）。

教育問題について言えば、現職にある教育者のみが教育問題を論じうるのであり、国家や経済界が学校の教育的編成を試みることなどは、人間の自由なる精神生活を侵害するものである。教育や思想、表現の自由が国家的、政治的意図の下に規制されたり、弾圧されたりすることは本来あり得ない。日本においては福沢諭吉や内村鑑三にその闘いが見られる。

それは同時に宗教や精神活動の領域でもある。この領域は他の政治や経済の領域から影響を受けることなく、自由でなければならない。精神生活はしかし今日でも政治や経済の束縛を受け、思想統制を受けたり、経済界の影響を受けたりしている。精神生活はこれらから自由でなければならない。

国家神道は精神生活が政治生活と混同されるところから生じた。あるいは芸術における社会主義リアリズムは精神の領域である芸術が政治の領域と混同されたところに生まれている。精神の自由は政治的に規制されてはならない。教科書問題は自由であるべき精神の領域に政治が関与することによって生ずる。教育への国家管理は精神の自由の侵害である。靖国神社参拝は本来、精神の領域の課題であるにもかかわらず、政治問題と混同されて混乱が生ずる。祈りの世界がナショナリズムと混同されると混乱が生ずるのは当然である。

第二は政治生活、法生活の領域である。ここでは人間対人間の法的平等だけが求められ、それは他の二領域からも全く自立したものでなければならない。つまり、思想や能力の相違を超えて人間対人間の平等がなければならない。これまでの国家は自らの感知すべき限界をしばしば大きく踏み越えて思想・教育問題や経済問題にもその権力を振るってきた。政治的、法的生活はしかし人間対人間の法的平等にのみ関与すべきである。

会社の雇用者と被雇用者の間も法的には平等であり、支配、被支配の関係ではない。人と人との仕事の分担、分業の契約であり、その契約においてあらゆる人は平等である。北朝鮮と韓国は同一民族でありながら、つまり民族精神は同じでありながら政治的イデオロギーによって北と南に分断されている。二国間の経済はそれ自体の法則によって発展すべきところで、政治的利害によってその流通が妨げられている。アフリカにおけるアパルトヘイト（人種隔離政策）は、法の下にあって、本来ありえないことである。儒教文化の影響の下に身分制度が残存するアジアにおいても、蓮如や安藤昌益、福沢諭吉らによってあらゆる人は平等であることが認識されている。

第三は経済生活の領域である。ここでは商品の生産と流通、販売が行われ、弱者を助ける友愛の精神が日本の伝統においては〝講〟のような形で残っている。その運用においては経済の実務が、精神と政治の領域から影響を受けることなく、それ自体自立的に行われる。工場は現職の労働者によって管理される。経済を外部から規制したり、振興したりするならば、それは経済の健全な発展を阻害し、政治と経済の悪しき癒着を生むことになる。社会主義経済は、経済の領域の課題であるが、政治の社会主義と混同されることによってその固有の発展が制約された。政界と経済界の癒着は多くの不健全な問題を今日も生んでいる。政治的賄賂や経済界に有利な税法等、枚挙にいとまがない。いずれも政治と経済の明確な分節によってそれ自体の法則に従うべきである。

カール・マルクスが説くように、労働力は商品ではあり得ないにも関わらず、時間給のように売買されて商品化されている。その労働に対して賃金が払われるのではなく、ある商品を作る為に必要とされる経費が支払われる。

「近代の資本主義的経済秩序は、基本的には、ただ商品を認めるだけである。労働力の商品的性格は、本質的には労働力が経済プロセスの中へ全面的に編入されることに由来している。労働力を経済プロセスから引き離す可能性を見出さない限り、人間の労働力から商品的性格を取り除くことは不可能である」（同上書）。

工場の機械のような生産手段は資本家の利益追求の為の道具ではなく、社会全体の為にそれを必要とする人に提供される。

「生産手段の共有化のかわりに社会有機体の内部ではこの生産手段の循環が求められる。そしてこの循環がもっともよく共同体に寄与できる人に常に新たにその生産手段を提供する」（同上書）。

それが社会主義国のように国家から行われるのではなく、自由な共同体によって行われる事はいかにして可能であろうか？　資本は滞ることなく常に流れていなければならない。

剰余価値は生み出される必要がある。それは資本家の利益として蓄積されるのではなく、子供や老人のように生産できない人を助ける為に、あるいは教育や芸術の文化活動を支えるために必要である。

「剰余価値は個人やグループの不当な享楽のために生み出されるのではなく、社会有機体に心的、物的善を供給できるものを増すために生み出される」（同上書）。

「資本に基づいて活動する個的能力の自由な発展が労働力の商品化を導いたのではなく、政治的生活、あるいは経済の循環を通して、この資本の諸力が停滞し、私的財産として蓄積されてしまうことによってこうした状態が導かれた」（同上書）。

資本が共同体の為にではなく、私的利潤の追求のために蓄積され始めると、人間の個的能力の発展は妨げられ、労働力は商品に転落せざるを得なくなる。シュタイナーはカール・マルクスと共にこの中に近代プロレタリアートの最大の悲劇を見ていた。あらゆる人間の個的相違、個的能力の自由な発展を重んずるシュタイナーが最も恐れたのは、こうした資本の凝固によって自由な個的能力からその力の発揚の機会、資源が奪われ、労働力が商品化することであった。同時に国家社会主義の場合のように個的能力が全体意志によって規制され、各個人の自由な創意が失われてゆくことであった。「全体意志というものは個人的、人間的能力の成果を共同社会から奪い取ってしまうがゆえに、反社会的に作用せざるを得ない」（同上書）。

土地は商品ではなく、生産手段としてそれを必要とする人が自由に使えるように提供されるべきである。大化の改新（六四五）において日本人は誰もが「ひとしなみに口分田を与えられていた」ことを想起すべきであろう。

今日の時代状況からすれば私たちは資本主義でも社会主義でもない時代に生きている。その予見は一九一九年に既に行われていた。

「人類のための偉大なる決断を無意識に本能から成熟させるものが社会主義として登場した。しかし大多数の人間が、物質的な社会主義に理念的な精神主義をつけ加えるまで世界は混沌から抜け出すことはないであろう」（『意識問題としての社会問題』）。

シュタイナーが意図したことはヘーゲル主義とマルクス主義の止揚《アウフヘーベン》であり、精神と物質の統合であり、一体化である。このことをシュタイナーは「ヘーゲルとマルクス、精神化された社会主義における平衡」と題する一九一九年の講演の中で語っている。ロシア革命直後のことであった。「皆さんが若し真理に至ろうとするならば、皆さんは理想主義者か現実主義者、唯物論者か観念論者である訳にはいかないだろう。皆さんは一者であると同時に他者でもなければならない。皆さんは精神を精神として、物質の中にも見出す程に徹底して精神を求めなければならない。そして皆さんはあくまでも物質を通して精神を見出すことができるよう物質を見通さなければならない。もはや観念論か唯物論かを争うことではなく、両者の平衡を見出すことが現代の課題である。なぜならヘーゲル主義（観念論）とマルクス主義（唯物論）という両極は既にその使命を果たし終えたからである。それらはあったし、それらは開花した。今や真に両者の平衡を作り出せるものが見出されなければならない」（「ヘーゲルとマルクス、精神化された社会主義における平衡」一九一九）。

この社会有機体三層構造の実現の為に、一九一九年五月にブント（同盟）がシュトゥットガルトで組織され、この理念の実現の為に、社会有機体三分節運動が南ドイツを中心に繰り広げられた。シュタイナーはこの同盟の為の政治講演をドイツ中の諸都市で行い、各地の工場評議会、労働組合からの依頼も受けて、精力的に政治講演を展開した。

その内容は社会生活の政治、経済、文化の全領域における完全自治管理を説くものであったため、ナチスの前身からもしばしば妨害を被るに至り、一九二二年五月にはついにミュンヘンの「ホテル四季」の集会で暗殺の危機にまで遭遇している。当時その場にいあわせた哲学者ビュッヒェンバッハは彼がその時いかにしてシュタイナーを舞台裏に避難させたかを語った。一九六八年ドルナッハで私が「自由の哲学」の講義を受けていた時のことである。

シュタイナーは当時ナチズムの到来を既に文字通り予告し、悲しげに次のように語っていた。「中央ヨーロッパの大多数の人々が既に背負っている鉤十字『ナチズム』の凱旋行列が何を意味するかを人々は知っている。けれどもこの極めて重要な兆候によって今日の歴史的生成の秘密がいかなるものを予示しているかに人々は耳を傾けようとしていない」(同上講演)。

第一次世界大戦の破局の出発点にあるセルビア＝オーストリアの矛盾は、この統一国家の政治的境界が、ある時点から民族生活にとっては文化の境界ではあり得なくなったことの現れである。自立した政治的国家の境界から自立した精神生活がこの境界を越えて発展できたならば、それが民族の目標とも一致していたならば、精神生活に根ざした矛盾が政治的破局に暴発することはなかったであろう、とシュタイナーは言う。

第一次世界大戦中、ゲーテアヌムの建設のために十七ヶ国もの国々から協働者が集まっていた。近くのアルザス・ロレーヌ地方から大砲の音が聞こえる中で行われたシュタイナーの講演の最後は次のようなマントラをもって終わるのが常であった。

戦う者の勇気から
戦場の血から
死者の苦しみから
民族の犠牲の行為から

精神の実りが生まれる。
魂は精神を意識して
その意味を精神界に向ける。

第一次世界大戦の終結にあたり、バイエルン王国参議オットー・レルヒェンフェルトはシュタイナーの三分節論について「一切を解決する名案である」と言い、この理念の実現が健全な生命を取り戻す、と理解を示した。オーストリアの政務長官の弟ハードヴィッヒ・ポルツァー・ホーデッツとレルヒェンフェルトがドイツとオーストリアの政府要人と接触し、バーデン共和国のマックス皇太子に三分節論を提案した。ホーデッツは「来るべき時代の重要な提案だ」と言い、オーストリア皇帝も「その思想の意義を十分認めた」が、新しい思想を受け入れる下地が世の中にはなかった。シュタイナーは一九一四年夏、ドイツの参謀総長ヘルムート・フォン・モルトケにも会ってこの構想について語っている。

一九一七年七月のシュタイナーの覚書《メモランダム》によれば、「いかなる民族も他者の支配下に束縛されてはならない」「地球全体の解放された民族は正しい共同体の感情をもって確固たる同盟を結ばなければならない」と言う。アメリカの参戦によってそれが現実となるべきことをウッドロウ・ウィルソンは書いている。イギリスをよく知る人の間では前世紀から「来るべき世界戦争」について語られていた。アングロ＝アメリカ人種が世界の支配権をもつ出来事としてそれについて語っていた。「来るべき戦争」を不可避と考えていた人々は、ヨーロッパの本当の歴史的民族の力を考慮に入れていた。彼らはヨーロッパのスラヴ民族の本質を考慮に入れていた。このスラヴ民族の理想を利用してアングロ＝アメリカニズムはその民族のエゴイズムに役立つものにしようとした。彼らはローマニズムの没落を考慮に入れ、その廃墟の上に自分たちの勢力を広げようとしていた。それゆえアングロ＝アメリカニズムの支配を人類の解放、民主主義と呼んでいる。この戦争は中部ヨーロッパの視点から、東に向かっては民族戦争であり、西に向かっては、つまりイギリス＝アメリカに向かっては、経済戦争であった。民族の解放は可能である。それはしかし人間の解放の結果であって、基礎ではない。人間が解放されれば、民族も解放される。普遍的＝人間的関係及び、それと関連する民族の自由の問題は、その基礎として人間の個的自由を要求している。本当の個的自由とともに、民族の解放も必然的に生まれる。政治的＝経済的関係によって抑えられることなく、人間はある民族に、ある宗教に、普遍的人間的な情熱から生ずる諸関係に、信条告白することができる、とシュタイナーは指摘した。

三分節の構想はインターナショナルな関係においても重要である。三つの領域のどれもが他国の対応する領域に対して自立的な関係をもつことができる。経済的な関係は他国のそれに対して生ずるが、法国家がそれに影響を与えることはない。逆に法国家の関係は経済関係からは全く独立した関係を作る。この独立性によって衝突が生じた場合はバランスを取るように作用する。各国の精神の機関は共通の人類の精神から生まれる関係に入ることができる。国家から独立した精神生活は精神的な指導の承認が精神的機関の管理に依存するのではなく、法的国家に依存する場合は不可能である。この関連においては全く明らかなインターナショナルな学問の業績と他の精神的領域との間に何の相違もない。ユネスコのような機関が想定されている。

　ある精神領域は民族に固有の言語と直接関係するすべてを示す。民族意識もこの領域に属する。ある言語領域の人間は自分の民族文化を認めさせる為に、国家力や経済力を利用しようとしなければ他の言語領域の人間と不自然な関係に陥ることはない。ある民族文化、例えばスラヴ文化のように他の文化に対して大きな広がりをもつ文化であれば、ロシアのようにそれが精神の機関によってのみ生ずるならばその広がりは正しいものである。社会有機体三分節には言語と民族文化の共通性から発展した側面から、北朝鮮や韓国、ウクライナにおけるように鋭い抵抗が生じている。この抵抗は人類が意識的に全体として理解されなければならない目標のところで消えてゆく。民族、国家及び経済の間の多様な関係が作られ、人類のどの部分も他の部分と結ばれ、一方は他方の生活を共感するようになる。

「社会有機体の全体的な統一はこれら三組織の自立的な発展からのみ生ずるであろう」(同上書)。

　精神生活における自由と、政治生活における平等、経済生活における友愛が、社会有機体を支える三本の自立的な柱である。自由、平等、友愛は十八世紀のフランス革命におけるスローガンであった。それが実現されなかったのは、それぞれの領域が明確に分節されていなかったからである。精神生活における自由と、政治生活における平等と、経済生活における友愛が目標とされるべきである。それが精神生活に、自由ではなく平等が求められると社会主義になり、政治生活に、平等ではなく自由が求められるとアナーキズムになり、経済生活に、友愛ではなく自由が求められると弱肉強食になってしまう。

シュタイナーは自由、平等、友愛の理想は実現されるまでにまだ長い時間を要すると考えていた。自由、平等、友愛といっても、一共和国内部の自由、平等、友愛であってみれば、所詮は妥協の産物であることに変わりはない。それ以上にシュタイナーには資本主義の限界と社会主義の限界は明らかであったから、そのいずれでもない三分節社会有機体論が理解されるにはまだ時間が必要であった。個人主義を超えた社会主義は人類の目標であるにしても、精神と思想の自由がないところに未来がある筈はない。『自由の哲学』における倫理的個体主義に基づいた、精神化された社会主義こそ目指されるべき未来像である。倫理的個体主義とは他者の自由をも尊重する個体主義のことである。

一九一九年四月二十三日シュタイナーは「社会・教育問題の精神科学的考察」の中で三分節社会有機体論の精神的な背景について語っている。精神文化において人間は生前からの遺産を食い尽くしている。人間はその本質の中に生前からの遺産をもっている。政治生活は物質界における人間の交流に必要なものを形成する。つまり誕生と死の間の生涯に対して意味をもつ。経済生活は友愛を発展させ、良き萌芽を死後に運ぶ、と。

第三文化期、エジプト・カルデア期に生まれた国家はテオクラティー（神権国家）であるが、この神権国家は次第に消滅した。それが繰り返しとして再びやって来る。地上の政治（法）生活において人間はアルヒャンゲロイ（大天使）の支配を受ける。超感覚的な生活の反対が地上的法（政治）生活に刻印される。この地上に生きる法生活において人間と親しくなる大天使の指導が働きかける。時代精神アルヒャイ（権天使）は人間の経済的な循環の担い手となり、この力がますます経済生活の中で支配的になる。

この経済生活が本当に組織される時、それが連合組織、生産と消費の協同組合のようなものとなる。十五世紀半ばより、商品の生産と利潤にのみ基づいた傾向が発展した。それからの逆転が必要である。経済の循環が自立すると、未来においては商品の分配と消費が問題となる。消費によって生産がコントロールされる連合が生まれる。社会主義がこれを行うと有機体が麻痺してしまう。

精神の位階《ヒエラルヒア》の世界からの作用としては、第一にアンゲロイ（天使）が人間と親しくなると自立的な精神生活が現れる。第二にアルヒャンゲロイ（大天使）が人間と親しくなると自立的な政治生活が現れてくる。第三にアルヒャイ（権天使）が人間と親しくなると自立的な経済生活が現れてくる。位階論から展開される社会論はそれぞれの領域において目に見えない働きを意識的なものにし、その真相を明らかにするのである。

一番実現しやすいのが精神生活の自立である。人間が不幸に陥らないなら第五後アトランティス文化期の終わりには自立的な精神生活が出来上がっている。第六後アトランティス文化期の終わりまでには新しいテオクラティー（神権国家）が出来上がっている。第七後アトランティス文化期の終わりには本当の社会的な共同社会が出来上がっている。そこでは皆が同じように幸福でなければ、不幸に感ずるように、個人が他者の犠牲の上に幸福を買い取るのではなく、誰もが幸福に感ずるような共同社会が出来上がっている、とシュタイナーは言う。

社会有機体の目標は全人類に有効なものであり、いずれの社会有機体によっても実現されうるものである。民族同盟は現実的な根本衝動から生まれてくる。法的政治の観点から一方的に設定される必要はない。この分節と関わる人は人類の共通の目標の為に活動することになる。それがミヒャエル時代の目標である。

一九一九年四月二十二日シュタイナーは「三分節は十年後に実現されるのではなく、今日すでにどこからでも実現される。人間の救済の為に活動したければペシミズムに陥ってはならない。自分の仕事を信頼し、自分が正しいと思うことを実現できると本当に考える勇気をもたねばならない」と語った。

「この三分節を過激に理解し、実現するまじめな意志と勇気をもつ人が、益々多くなるなら、今日の実際的な生活のどこからでも三分節は実現される」、そして「共産主義の回り道を経ることによって三分節に到達できるならば、それも認めざるをえないだろう」(同上)。

「最も重要なのは人間の思考と感情と意志の世界の革命なのである」。このようにシュタイナーが語ったのはロシア革命の二年後であり、その後の経過を見てのことであった。

シュタイナーは『社会の未来』(一九一九)において三分節社会有機体の国民的、国際的生命について語っている。「ナショナリズムとは、共に体験されたエゴイズムである。ナショナリズムは精神的なものにまで運び上げられたエゴイズムである」と。エゴイズムから人間は同胞と共に働く。他者と行う多くがエゴイズムに基づく。それでいて最も高貴なものに属する。母親の愛情がそうである。エゴイズムに基づいている。それが人類の共生における最も高貴なものを生みだす。インターナショナリズムは愛と比較される。ナショナリズムはエゴイズムの最高の形式だ。自分の民族と結びついている。インターナショナリズムは他の民族を愛する。消費はエゴイズムであり、生産は愛である。流通は両者のバランスである。いかにしてエゴイズムを克服するかではなく、いかにしてエゴイズムを発展させながら正当な利他主義を発展させるかが問題となる、と。

　核戦争や環境破壊、原発危機を地球上に抱えた今日、私たちは改めてシュタイナーの言葉に耳を傾ける。

　一九二四年七月十九日、アルンハイムの講演においてシュタイナーは、「闇の時代《カリ・ユガ》の終焉後最初の一世紀が流れた二十世紀の過程の中で、人類はあらゆる文明の墓場の前に立つか、知性が精神性と結ばれる人間の魂の中で、ミヒャエル衝動のためのミヒャエルの戦いが遂行される時代の初めに立つかのどちらかである」と語っている。

　この言葉は今日益々現実的なものになっている。

第6章　教育の未来(ワルドルフ教育)

現代において教育のテーマほど価値の転換を要する分野はない。「三分節社会有機体論」において精神生活の自由が論じられた。政治からも、経済からも独立した「自由な精神生活」がその基盤である。教育の分野はまさに精神の自由から生まれる領域である。

シュタイナーのアントロポゾフィーは初め理念的なものとして認識論や人間論、宇宙論に広がっていった。精神科学の活動はやがて様々な生活領域へと広がっていく。第一次世界大戦直後に始まった「自由ワルドルフ学校」は中でもとりわけ注目されるものである。ドイツのシュトゥットガルトのタバコ会社「ワルドルフ・アストリア」の社長エミール・モルトによってシュタイナーに新しい学校の設立が要請された。第一次世界大戦終結からワイマール共和国成立までの短期間に奇跡的に生まれた「自由ワルドルフ学校」である。

開校に当たってシュタイナーは一九一九年八月二十一日から九月五日まで「教育の基礎としての普遍人間学」と「教授法の実際」、「カリキュラムと演習」の連続講義を行った。そこでワルドルフ教育の主題が語られている。とりわけ重要なのは教育における精神界との結びつきである。開校にあたってシュタイナーが語ったのは、精神界の委託を受けてこの仕事をする、という姿勢である。つまり子供の教育は単に地上的なことではない、教育とは精神界の存在への祈りである、教師一人一人の上に、アンゲロイ（天使）がいて、力を送っている。教員会議の集まりの上にアルヒャンゲロイ（大天使）がいて、勇気の器を作っている。そこに高みからアルヒャイ（権天使―人格霊・時代精神）の光が降りてくる。それがイマジネーション、インスピレーション、イントゥイションの力である。この課題の重要性を感じ取るように、この教育が宇宙秩序のための祝祭行為であるように、という祈りであった。

それは人類を第一次世界大戦直後の困窮と悲惨から救出し、この教育を通して人類をより高い進化の段階に導こうとする良き精神の名における行為であった。シュタイナーは運命が定めた場所において祝祭的な宇宙の関連の中で働くことの意味を説いている。それは今日の地球の第五文化期の課題である、と。第五文化期とは一四一三年に始まる近、現代の文化期を指している。単なる知識を教える第四文化期の悟性的魂の時代の教育ではなく、現代と未来の意識的魂の時代の教育である、と。この目標が既にワルドルフ教育の深い本質を語っている。精神科学者ルドルフ・シュタイナーでなければもち得ない観点である。

子供が新しい存在形式をもつとは、子供の精神存在がアストラル体とエーテル体、肉体を身にまとうことである。子供が生まれる前に高次な存在によって配慮されてきた事柄を教師が地上で継続する、という姿勢が教育と授業に正しい気分を与えるという。誕生前は精神と魂が一体である。人間の高次な存在は超感覚界に存在する。これらが人間の魂に浸透してゆく。それが意識的魂、悟性的魂、感覚的魂として地上に降り、アストラル体、エーテル体、肉体と結びつく。教育の課題は、精神＝魂を肉体と結びつけることにある。儒教で言えば魂魄が一体になるプロセスである。

それゆえ子供にとって重要なのはまず呼吸であり、それによって肉体の中に神経感覚組織との調和が生まれ、精神＝魂が降りてくる。また血液循環によって新陳代謝が促される。眠りと目覚めのリズムが生まれる。それによって地上の体験は眠りの間、精神と魂の世界に持ち込まれる。

人間の魂の本質は全宇宙と関連している。教育の課題は人間の表象、感情、意志を育てることである。表象とは像、イメージの性格をもっている。「我思うゆえに我在り」ではなく、「我思うゆえに表象あり」である。何かの表象である。思考は存在ではなく、表象であるからである。「表象は誕生前、受胎前、私たちによって体験されたあらゆる体験の映像である」。これは何を意味するか？　これはプラトン以来のあらゆる価値の転換である。普通の鏡像が空間的に鏡像として生まれるように、死と新生の間の人間の生命が今の生涯に映し出されるという。この反映が表象である。表象をもつということが誕生前の存在があることを証明しているという。表象は誕生前の存在を映し出す映像であるからである。プラトンが『メノン』の中で「学ぶと我々が呼んでいることは想起に他ならない」というのはこのことを指している。果たして私はそれを体験しているか？　私の表象は過去生から来ている。そうでなければ表象は存在しえない。プラトンは『メノン』において幾何学を学んだこともない少年が全てを理解できるのは、その表象を生前からもっているからであると言う。

他方、意志とは、死後、精神＝魂の現実となるものの萌芽に他ならない。意志とは未来に向けて現実となるものへの一歩である。意志とは非常に精神的なものである。意志は未来に向かい、死後に現れる。この意志に人間は共感によって結びつく。ヘーゲルは『精神現象学』において、「死してなお残るものは精神である」と書いている。

魂の世界の素材は共感と反感である。人間は精神界にずっととどまっていることはできなかったからこそしかるべき時に物質界に降りてきた。そして物質界の中に埋没しているからこそ精神的なものに反感を持つ。誕生前の精神的な現実を反映し、反感を持っているからこそ誕生前の体験を表象に変化させるという。

私たちの感情の世界は、日常的な体験においても共感と反感の海であり、拡散と収縮の相互作用である。表象活動はその都度集中し、拡散し、共感と反感に出会う。記憶は高められた反感である。像を表象し、記憶の中に投げ返し、その像を固定し、概念を生む。表象は反感に基づき、意志は共感に基づいている。

共感から想像力、ファンタジー、イマジネーションが生まれる。神経は生命の死滅に向かい、物質化に向かう。血液は常に生命を精神化しようとする。神経が中断され飛躍するところで、共感と反感が出会う。人間の本質からすれば脳髄と脊髄は固体化されたアストラル体であり、血液は固体化されたエーテル体である。

肉体は固体化された物質体である。交感神経は器官を形成するエーテル体に対応し、脊髄神経は筋肉を形成するアストラル体に対応し、脳神経は骨を形成する自我に対応している。教育と医学が底辺で結ばれていることが分かる。これが新しい人間学である。

表象や概念だけを育てると子供を誕生前の過去に引き戻すことになる。イマジネーション、ファンタジー、共感を育てると子供を死後の未来に向ける。

全ての教育の行為は誕生前の精神界での高次な存在による超感覚的活動の継続であり、表象活動は、誕生または受胎前に私たちが体験したことに由来するという。

意志とは遂行された感情であり、感情とは抑えられた意志である。魂の主要な部分は生まれる以前から身体まで降りてきている。人間の本質からすれば精神自我《マナス》はまだ萌芽としてしか存在していない。生命精神《ブッディ》は遥か未来に発展する。精神人間《アートマン》は僅かな素質としてしか存在していない。地上生ではこの三つは萌芽としてのみ存在し、死と新生の間に高次な位階《ヒエラルヒア》の庇護の下で進化する。

意志の現れ方は広汎であり、第一に本能があり、動物の体形にそれが現れている。第二にエーテル体の作用によって、本能が衝動になる。本能がそれによって内面化される。第三にアストラル体の作用によって衝動が欲望になる。第四に自我の作用によって欲望が動機になる。それによってその人の内面を知る事ができる。第五に精神自我の作用によって動機が願望となる。第六に生命精神の作用によって願望が意図になる。第七に精神人間の作用によって意図が決断になる。それによって人間は死後の世界に入ってゆく。意志の世界はこのように多様性をもち、本能から決断に至るまでの諸段階が存在する。それによって人間は自分が今いかなる意志の段階にいるかを認識することができる。これは私たちによって日々体験されることである。

表象（認識活動）が神経系、意志が血液系の働きであるとすれば、感情はどうであろうか。思考と意志の中間部に感情の領域がある。感情の働きが意志活動の方に流れてゆくと熱狂的な愛情となり、感情の働きが思考活動の方に流れてゆくと好ましい花の香りを味わう。感情はまだ成熟していない認識であり、成熟していない意志である。血管と神経が触れ合うところに感情が生まれる。意志と感情と認識を魂の観点から考察し、共感と反感の観点から考察するとこのようになる。

同じ意志と感情と認識を精神の観点から考察するとどうであろうか。認識は自我が中心である。意識的な活動であり、思考による認識は目覚めである。意志の場合は異なっている。意志は無意識の働きであり、眠りの状態である。感情は意志と思考の中間であり、目覚めと眠りの中間であって、夢の状態である。このことから感情豊かな子供は夢見がちな子供である。強い感情を通して働きかけるとそれが明るい認識を目覚めさせる。自分の中に閉じこもっている子供は意志の傾向をもっている。生まれつき感受性がないように見える子供は意志が特別強い子供かもしれない。思考する認識が後になって目覚めてくる意志型の子供は愚かに見えるだけである。その子供の意志を目覚めさせるために働きかける。強く意志に働きかける。Der Mensch ist gut.（人間は善い）と語りながら歩く訓練をする。意志の要素全体を認識における知的要素と結びつける。ここにワルドルフ教育の深い秘密がある。

私たちの目覚めた自我は映像《イメージ》の中に生きている。認識する思考は映像の中に生きる。感情と結びついた自我は映像だけではなく、夢の状態で入ってくる。意志と結びついた自我は眠りの中でのみ自己を体験する。

思考する自我は認識する思考として働き、常に映像の中でイマジネーションとして働いている。夢見の感情はインスピレーションを体験している。それが意識化されるとおぼろげに精神界を体験する。眠れる意志は無意識のイントゥイションである。ゲーテは『ファウスト』第二部を歩きながら口述したという。無意識の意志的行動を行いながら、イントゥイションを引き出した。頭部は眠れる意志の働きから独立していなければならない。このような観察は一般的な人間学の枠を超えている。しかし極めて現実的である。

子供は体的、中年は魂的、老人は精神的である、とシュタイナーは言う。子供においては意志と感情が結びつく。あるきっかけによって思わず手が出てしまう。老人においては思考と感情が結びつく。思慮深くなる。人間の一生では感情はまず意志と結びつき、後に意志から切り離されて思考と結びつく。教育では感情が意志から分離する過程を配慮する。思わず手が出るのではなく、意識的に手が出るようになる。人生の後半では意志から離れた感情が認識する思考と結びつく。老人の語る概念はあたたかいひびきを持つ。人間の意志と感情と思考が成長の過程において変容していく。

知覚は感情的な性質を含んだ意志の働きである。知覚は認識する思考と似ているのではなく、感情する意志もしくは意志する感情と似ている。感覚の領域は意志する感情であり、感情する意志である。

記憶とは表象の複合の目覚めであり、忘却とは表象の複合の眠りである。

一生うとうとして過ごすような人がいる。外からの印象を正しく受け取らず、印象を通過させ、それを自我と結びつけないような人がいる。記憶は本来眠っている意志が無意識の中で表象を捉え、それを意識の表面にもたらすことによって生まれる。記憶の活力も眠れる意志によって提供される。自我とアストラル体は眠りの間、肉体とエーテル体を離れ、目覚めによって肉体とエーテル体に戻ってくる。

人間は一般に視覚、聴覚、嗅覚、味覚、触覚の五つの感覚をもっている。動物の感覚ではなく、人間の感覚であるから感覚の領域はそれ以上に拡大される。五感に加え、生命感覚、運動感覚、平衡感覚を認めることができる。総じて触覚、生命感覚、運動感覚、平衡感覚は意志的感覚である。これに嗅覚、味覚、視覚、温度感覚を加えるとこれらは感情的感覚である。これに聴覚、言語感覚、自我感覚、思考感覚を加えるとこれらは認識的感覚である。自我感覚とは、他人の自我を知覚する感覚である。他人の自我の知覚は認識行為である。自分の自我の知覚は意志の行為である。共感が高まると他人の中で眠り込み、反感が高まると他人の中で目覚める。思考感覚とは、他者の思考内容の知覚である。言語感覚は他者の言語を知覚する感覚である。

以上によって人間の感覚は五感覚ではなく、十二感覚にまで拡大される。私たちが体験するのは世界の十二の異なる側面である。赤い円を眺める時、視覚によって色彩を、運動感覚によって形態を別々に知覚し、二つを結合して色の形を見る。自我感覚が体験することを他の十一感覚と結びつける。シュタイナーのこの「十二感覚論」はあらゆる価値の転換として、やがて一般的なものになるであろう。

人が作り上げる概念は死んでいる。概念の死骸を子供に植え込んではならない。子供に与えるべき概念は子供の中で種子のように成長できるような概念である。多くの定義づけを行うことは生きた授業の死を意味する。畏敬や尊敬の概念、祈りの気分のようなものを与えることが望ましい。子供のとき正しく祈ることのなかった老人は他者を本当に祝福することはできない。

歯の生え変わりまでの人間は過去の精神界での体験を物質界で実現しようとしてこの過去の体験を地上に持ち込んでいる。精神界への帰依の態度が周囲を模倣させている。歯の生え変わり前、「世界は道徳的である」。子供は精神界の過去の中に生きている。過去が前面に出ている。思春期までは「世界は美しい」。授業は芸術体験であり、現在が前面に出ている。思春期以後「世界は真実でなければならない」。授業は学問的性格をもつ。未来への衝動が前面に出る。

子供は歯の生え変わりまでは模倣する存在である。七歳から思春期までは権威の元で、思春期になって初めて自分の判断に基づいて周囲との関係を認識するようになる。これがワルドルフ教育のあらゆる価値の転換としての未来の教育の源泉である。

七歳まで歯に働きかけていた成長の力が魂の力に変化する。ここにワルドルフ教育のもう一つの秘密がある。低学年での読み書きの学習の中で魂の形成がなされるように、初等科高学年の十二歳から十五歳までに発達する魂の全ては、想像力に訴える。低学年の初めのうちは読み書きによって知性を発達させ、判断力は十二歳からとし、この判断力に想像力を持ち込むことが重要である。幾何学や算数も想像力に訴える。想像力を育てながら、感情にも訴える。想像力はいつも新鮮であり、感情を生き生きと保つ。

先生は生徒の前で不機嫌な態度を取るべきではない。想像力を養い、真理への勇気をもち、真理への責任感を持つ。これが教育の根幹とも言える三つの力であるとシュタイナーは言う。それはどのように実践されるのか。

普遍人間学に基づいたワルドルフ教育の実際において、学校の授業は普遍的な宇宙秩序にふさわしいように形成される。文部科学省の学習指導要領によるのではない。宇宙秩序の進化の法則によるのである。あらゆる価値の転換としてこれをみると両者の間にどれほど大きな乖離があることか。方法論としてまず問われるのは精神＝魂としての人間と、身体としての人間をいかに調和させるかである。朱子学の意味からすれば、魂と魄をいかに調和させるか、と言ってもよい。

読み書きは、地上の慣習に基づく地上的な衝動である。計算は、精神界にとって意味を持つ半地上的な衝動である。芸術活動（音楽、素描）は精神＝魂に入る超地上的な衝動である、とシュタイナーは言う。

書き方を教える時、芸術的なフォルメンの線描から始める。Fisch（魚）のfを学ぶ時、以前の文化期に戻り、魚の絵を描きながらfを学ぶように、授業を芸術的な要素で満たす。芸術的なものは意志の本性に作用するからである。読み書きのような地上の慣習に関わる事柄は人間の頭部にしか作用しない。つまり表象にしか作用しない。それゆえ絵画・線描から始める。音楽も楽器のどれかを習うようにする。慣習でしかない事柄を人間全体で感じ取れるように感情を育成する。全人間を問題にするのである。頭だけの人間ではない。芸術教育だけではなく、授業全体が芸術的なものとなる。それがワルドルフの根幹である。

方法論が芸術的であり、筆記体を線描から学び、次に活字体へと進む。子供が目で見たものを自分の手に伝える。見たものを手で再現する。目の活動に全人間が関わるような方法である。

全体から個別へ向かう。二十四の紙切れがある。四つの山を作る。九、五、七、三の山を作る。そこで足し算を学ぶ。二つの山を作る。こちらに三つの、残りは二十一。そこで引き算を学ぶ。

七歳から十四歳は権威の感情が自ずと先生から流れるようにする。子供は先生の言葉に耳を傾ける。意志、感情、思考が共に働くように教育する。意志を芸術的手段によって正しく強化する。そのために絵画・音楽から始める。自然模倣ではない。子供を以前のエジプト、ギリシャ、ラテン文化期に連れ戻す。コリント式柱頭のアカンサスの葉は自然模倣ではなく、内的フォルムの形成から生まれてきたことを学ぶ。それはシュタイナーが『新しい建築様式への道』（一九一四）で語ったことである。

内的合法則性というものに対する感情は七歳から十四歳でなければ発達できない。人間は音楽家として生まれている。音楽的リズムを通して音楽的に世界と関わるように生まれついている。三歳、四歳には音楽的能力が強く働く。子供は踊りと結びつく。オイリュトミーは肢体の重さを克服する。オイリュトミーとはシュタイナーによって生み出された「見える言葉」、「見える歌」と言われる新しい運動芸術である。それが一切の音楽的なものの素質になる。個々の感覚、音楽的な耳や彫塑的な眼は音楽的なものから生ずるという。

芸術的な行為に入ってゆく時、人間の奥深くに素質として宿るものを上位の神経感覚部分に取り入れる。音楽の手段、線描または彫塑の手段を用いて感情を知的なものに導いていく。彫塑的なものに導く時、彫塑的形態を手で辿るように指導する。素描する時は眼の中の意志の力で形態を辿るように指導する。くぼめた手の上で物体の形を感じ取る。円の曲線を眼で辿り、自分の眼で円を描いてみる。全人の働きを呼び起こす。人間の下部を上部の神経感覚部分にもたらす意味を意識する。教育活動を感覚、感情、意志をもって行う。自我とアストラル体は発達しつつある。エーテル体と肉体は遺伝を通して既に成長している。肉体とエーテル体は頭部から下部へ向かって育成される。頭部は人体を創造する力を下方へ放射している。頭部を正しく育成することは身体全体の成長力によい影響を与える。自我とアストラル体は下方から上方へ育成される。三歳から四歳まで基本的にオイリュトミーを行うと力強い自我感情が生まれてくる。

オイリュトミーの影響を受け、自我感情が存在の隅々にまで流れ込む。子供が話を多く聞き、喜んだり、悲しんだりする時、下部人間がアストラル体を育成する。ショックを受けた時、その余韻を肢体の隅々で受ける。感情に没頭すると、全体に作用する。心と頭部だけではなく、アストラル体に作用し、全人が感動を受ける。

アッシジの聖フランチェスコのような聖人伝説や童話の話をするのはどうだろうか。子供に概念的に働きかけるのではなく、子供の全存在に働きかけることになる。それは自我とアストラル体を下部から上部に向かって教育する行為である。頭と心は後からついてくる。人間全体が喜んだり、悲しんだりすることによって、子供と全面的に結びつく。

死後の魂の存続について、十四歳以前はいかなる概念を与えても意味はない。蝶が蛹《さなぎ》から抜け出すのは存在形態の変化であり、子供の魂も同じである。まず魂は神的な宇宙秩序によって生み出されたことを知る。大自然は至る所で精神的＝魂的なものの比喩を示している。理解でき、信じることもできる例証を大自然は子供の魂に伝える。十四歳以前の子供は耳から耳へと伝えられる概念ではなく、魂から魂への伝達を必要とする。

全ての母音は事物に対する共感であり、魂の営みである。内なる魂の営みを感じることはもっぱら共感の働きである。

外から反感が結びつくと子音から生ずるものが生まれる。子音を母音と結びつける時、反感を共感と結びつける。舌、唇、顎は事物を寄せつけないための反感の器官として働く。母音は私たち自身と関わる。子音は事物と関わる。言語は母音から成り立つ限り、音楽的なものを含む。言語は子音から成り立つ限り、彫塑的・絵画的なものを含む。語る言葉の中で音楽的要素と彫塑的要素が統合される。言語は人間と宇宙の関係であり、子供はそれに対し畏敬の念を向ける。

人間の呼吸は一分間に約十八回で一日の呼吸数は十八×六十×二十四＝二万五九二〇回である。人間の平均寿命を七十二年とすると七十二×三百六十＝二万五九二〇回の眠りと目覚めを繰り返す。これは前述の「プラトン年」（六九頁参照）に対応している。プラトン年とはギリシャの天文学者ヒッパルコスが発見した二万五九二〇年である。プラトン年とは春分点が七十二年に一度、二一六〇年に三十度、二万五九二〇年に三百六十度、即ち一周するその周期のことを指す。私たちの一日の呼吸数と一生涯の日数が宇宙全体の一年と同じ数を繰り返している。人間存在を一つの宇宙的事象として把握すると、私たちの一日は宇宙の一呼吸である。人間と宇宙との関係をこのように認識することができる。

人間の感情の中に誕生と死の間のものを見、人間の表象の中に生まれる以前のものを見、人間の意志の中に死後のものを見る時、宇宙感情が生まれる。人間を三重の存在と見る。誕生以前の事柄は表象となって入っている。死後の事柄は萌芽として意志の中に存在する。意志に関わるすべてを育成するためには教育の中に特別の愛情が働いていなければならない。

授業は芸術的に形成される。授業の中に全人を、意志の働きを生かす必要がある。人間の中の死んだ部分、硬直した部分を生き生きと蘇らせる。教育者としての課題は絶えず死せるものを蘇生させることであり、死に抗する力を育成することである。それはいかにして可能であろうか？

芸術的な仕方で人間に働きかける二つの方向がある。彫塑的造形的な方向と音楽的詩的な方向である。見える歌といわれるオイリュトミーの中でこそ、この二つは実際統合できる。まだ発端に過ぎないが、音楽的なものと可視的なものが統合される。完全に調和した人間の本性の中には彫塑的造形的な要素が含まれている。人間の中の意志への働きはこの傾向をもつ。人間がもっぱら知性の人間であるとしたら表象だけとなり、次第に死せる存在となる。概念の中の死滅への傾向を彫塑的造形的な想像力で蘇らせる。概念や表象の育成を行うのと並行して彫塑的造形的な要素を活用する人間の真の統一が行われる。彫塑的造形的感覚を養うために、色彩の世界に親しむ。

赤色は心を励ます。青色は心の静けさであり、沈潜する気分を体験することができる。色のついた紙に別な色を重ねる。ゲーテアヌムの小ドームの天井画では青色から内面性の天使が生まれる。オレンジ色は輝きの感情であり、外へ向かい、攻撃的な働きをもつ。警告を与える天使が背後から語りかける。素描は本質的に死せるものを描く。色彩で描くのは、死んだものを蘇らせるからである。緑色を描き、青色を描くと、その境界から水平線が生まれてくる。

芸術から工芸に移行する。椅子を作る。建築の力学的な要素を学ぶ。音楽的要素として三、四歳で踊りへの傾向をもつ。ディオニュソス的なものがアポロン的なものによって調和される。各人の本性は一定方向に決められている。非音楽的な子供も音楽的活動の全てに同席させる。旋律と和音を聞き分ける音楽の土台の上に芸術全体を構築する。彫塑的造形的なものは人間の個体化の為に必要であり、音楽的詩的なものは統一を作る。音楽的文学的なものは社会生活を促進する。子供の心の中に音楽と詩への欲求と喜びが育成される。

優れた朗唱は音楽的要素を強調する朗唱である。シラーは詩作の際、初めにメロディーを浮かべたという。その中へ言葉を沈める。詩句は拍子、リズム、韻、詩の根底にある音楽的なものの中から生じてくる。「死から新生までの生命」である意志を目覚ます。シュタイナーの連続講演は交響曲にすることもできる、という。詩を頭で理解させようとして文法上の問題に注意を促すと魂を殺してしまう。歌うことで自分と世界との関わりを知る。歌うことは世界の創造であり、偉大な叡知である。韻律をメロディーの中に生かし、韻律がアリア（独唱曲）風に歌われる。世界そのものの音楽的要素を生き生きと感じ取る。彫塑的造形的なものの美を鑑賞し、音楽的なものの中で、私たちは美になる。彫塑的造形的なものの中で人間は天界の秩序の形成者となる。音楽的なものの中で私たち人間は創造者である。未来を作る本当の芸術家である。宇宙事象と結びつくことで授業は祝祭となり、神事を行うことになる。

野山へ出かける。博物学の授業は外で自然の美を観察し、教室で死んだ自然を分析する。カブトムシを見て喜ぶ。その歩きぶり、かわいらしさを味わう。子供を外に連れ出す。カブトムシの生物学的説明は教室の中で行う。音楽も同じである。自分で自然と共に創造行為を行う。音楽の意志的要素である。

今日、小学校、中学校、高等学校等の授業計画は一冊の本になり、授業計画として、また教師がどうあるべきか等、あらゆる規則が示され、教育は国の定めた法律に支配されている。「学習指導要領」がそれである。

教育制度を唯物主義的傾向から救い、授業計画を教師の手で作る必要がある。七歳、八歳、九歳、十歳に相応《ふさわ》しい授業を子供自身から読み取る必要がある。

授業計画は学校生活を三つの時期に分けている。

九歳までの時期には慣習から生じた書き方、読み方を取り上げる。十二歳までの時期には同時に子供の判断力に訴えることも必要になる。

動物、植物をこの時期に取り上げるのは子供が人間と自然の類似を本能的に感じ取っているからであり、イカ、二十日鼠、羊と人間、人間と植物界との類似等を説明しつつ授業の多くを行う。

学校生活の第二期には感情のこもった表象内容に入っていく。本能的に動物や植物を身近なものと感ずる。自分を猫と感じたり、狼と感じたり、獅子と感じたり、鷹と感じたりすることができる。

九歳から博物誌の授業を始めると動物に対する親和感が生まれてくる。少し後になると植物に対する親和感と出会う。鉱物の理解は最後であり、知的判断力が要求される。鉱物を受容するには例えば塩でさえもそれを分解しなければならない。九歳―十一歳には本能と判断力との間に均衡が生まれる。植物界を扱う時は表面的な類比をしないで人間と植物の間の魂の親和関係を問題にする。知的合理的な理解は後になってからである。十二歳を重視し、以降は子供の理解力に教師は心を向ける。

子供の多様性に目を向けると子供は四つの基本類型に分けられる。それは子供の気質、人間の気質を理解するのに有効な助けである。四つの基本類型とは、多血質、憂鬱質、粘液質、胆汁質である。

思い悩む子供は自我が強く、内側に働き、憂鬱質を示す。自分の中に強い意志を持ち、外に向かう子供はアストラル体が支配的であり、胆汁質を示す。興味が変化しやすい子供はエーテル体が支配的であり、多血質を示す。不活発な子供は身体が支配的であり、粘液質を示す。

これはギリシャの医師ヒポクラテスに由来する人間観である。ミケランジェロは『メディチ家の礼拝堂』（一五二四）において、行動的なジュリアーノ・デ・メディチの下に昼と夜、胆汁質と粘液質の彫像をおき、それに向かい合う瞑想的なロレンツォ・イル・マニフィコの下に朝と夕、多血質と憂鬱質の彫像をおいている。それは冥界と地上界と天上界を構成するネオ・プラトニズム（新プラトン主義）の思想の表現であり、四つの類型に基づくミクロコスモスとしての人間の洞察である。

気質を理解して、教師はクラスの子供を四つのグループに分ける。何かを示そうとして感覚に訴え、多血質のグループに見せたことを憂鬱質の子供に示す。あるグループに欠けているものを他のグループによって補う。それによって二つのグループが互いに興味を持つようになる。忍耐強くなる。それが習慣となる。正反対の気質の特徴を子供に植え付けるのは良くない。多血質の子供の特徴を否定するようなしつけ方は悪影響を与える。その気質を尊重し、その気質にふさわしい仕方で多くを与えることができる。子供の過剰な素質が緩和され、他の三つの気質と調和するようになる。

胆汁質の子供が、暴れてインク壺を投げつけても、先生は粘液質の平静な態度を取り、全く興奮しないようにする。その子供と熱心に話し合う。「君は今インク壺を壊してしまったね」と言い、翌日そのことについて話す。自分はそのことについて関心をもっている、と言ってその場面を再現する。そしてインク壺を投げて壊すのは悪いことだ、と言う。粗暴な子供に対して多くの成果を上げることができる。多血質と粘液質は同じ人間の中で両立する。粘液質から胆汁質への移行は滅多にない。憂鬱質と多血質も北極と南極のような違いである。教室では粘液質のグループの対極に胆汁質のグループを座らせる。その間に憂鬱質と多血質の子供を座らせる。内なる魂の働きが重要であり、「魂から魂への教育」にとっては地下の通路が重要である。

気質と音楽との関係について、粘液質はオルガンとピアノ、合唱を好み、多血質は管楽器、オーケストラを、胆汁質は打楽器、独奏楽器を、憂鬱質は弦楽器、独唱を好む傾向にある。

気質と算数との関係について言えば、足し算は粘液質、引き算は憂鬱質、掛け算は多血質、割り算は胆汁質の子供に適している。

授業を集中的に行うことが重要である。時間割は不要になる。四十分授業であれば時間がくれば全てを消去してしまう。子供の魂に恐ろしい混乱を引き起こすことになる。

連続的なエポック授業は読み方、書き方、計算を午前中六―八週行う。この集中授業には一時間半以上は費やさない。それに三十分の説話の時間を加え、さらに一時間半の芸術の授業を加える。意志の訓練のために芸術的なものを学ぶ。十二歳までの子供には一日に三時間半以上授業を行う必要はない。

シュタイナーはこのように連続講義を終え、結びの言葉を添えている。

教師は全体でも細部でも職務を意識的に遂行し、どんな言葉を発する時も、考え方、感じ方を表す時も、それが生徒たちの魂に深い影響を与えることをよくわきまえること。

教師として世の中のこと、世俗的なこと、人間臭いことにも興味をもち、心を閉ざしてはならない。どんな大事件にも日常瑣事にも興味を抱く。

教師は虚偽に対して決して妥協しない真実の人間であることが求められる。

教師にとっての黄金律は、教師の心は枯れてはならず、すえてもならない。みずみずしい新鮮な魂の気分を保つべきことである。

ワルドルフ学校のあり方は、教師が内面で経験することによって決まってくる。ワルドルフ学校は人々がここで学んだことを魂に本当に受け入れられるかどうかにその未来がかかっている。

シュタイナーが代表するこの精神運動にとってこの学校の成功は将来一つの証明になるだろう。

今日ワルドルフ学校が世界中に千二百校を越えていることにそれが表れている。シュタイナー自身にとってこのワルドルフ学校は、運営資金に至るまで本当にゾルゲン・キント（〝世話の焼ける子供〟）であった。

現代の精神運動には宇宙を導く霊的存在の力が結びついていることを忘れないように。この良き霊的存在の力を信ずる時、その力は私たちに霊感を与え続けるであろう。

現代の教育現場にこのような理解が浸透するならば、あらゆる価値の転換が行われ、教育の現場から社会全体が変わっていく。

第2部　芸術と生命

第7章　芸術とは何か

ルドルフ・シュタイナーの思想が芸術の領域を含んでいることは特別の意味を持っている。アントロポゾフィーの運動は一九〇七年のミュンヘン会議以来これまでの理念的な運動から芸術の運動へと発展していった。それは一九〇七年のミュンヘンの神智学会議の会場設計に始まる。これが後のゲーテアヌム建築に発展する萌芽であった。ここから神智学、後のアントロポゾフィー運動に芸術活動が加わったのである。

初めに近代技術そのものをどのように見ていたか。この問いから技術 Kunst と語源を同じくする芸術 Kunst の使命も明らかになってくる。近代科学はルネサンス以来自然科学という形を取って発展してきた。シュタイナーの技術論は二様の側面から捉えられている。近代は自然科学の発展により自然を支配してきた。その行為の第一段階は自然秩序の破壊である。第二段階は自然から取り出した物質を自然法則によって再構成し、これを「機械」に作り替えることであった。つまり自然破壊と機械製造の中に近代技術の本質がある。これは一つの外面的な見方であって、これにもう一つの内面的な見方が対置される。

あらゆる自然存在の中には根源的な霊的存在が宿っている。人間が自然を破壊する時、彼は自然からその霊を追放している。自然法則から機械を作り上げる時、彼は再びある霊的存在をその中に移し入れている。つまり機械は普通考えられているように無精神なものではなく、機械もまた精神存在を宿している為に、それに囲まれている現代人の魂を限りなく荒廃させることが出来る。機械の中に宿るこの精神存在をシュタイナーは「アーリマン」と名づけた。この「アーリマン」とはゾロアスター教で暗黒の悪魔を意味するが、現実には高次な位階《ヒエラルヒア》から墜落した存在であり、シュタイナーはこれに独自の意味を与え、機械や技術が万能とされる冷徹な唯物の世界を代表させている。機械的・技術的なものがいかに近代自然科学の輝かしい成果であろうとも、それによって自然環境のみならず、人間の心や精神がいかに破壊され、荒廃させられるかをシュタイナーは技術の根源に遡って洞察しているのである。それでは十九世紀後半のジョン・ラスキンやウィリアム・モリスの「知的ラッダイト（破壊）」のように、機械技術が生み出したものを根底から否定すべきであったのか。もしそうであったなら、それは現代生活からの逃避であろう。シュタイナーは自然科学の発生から機械文明の今日にいたるまでのプロセスを世界史の必然的な「運命」と見、近代人はこれを避けることなく引き受けざるを得ず、その為にはこうした機械文明に耐えうるほどに現代人の自我の力をかつてない程に強化する必要がある、と考えたのである。

いっぽう芸術もまた、第一段階においては自然から素材を取り出すことによって自然をある意味では破壊しながら、第二段階においてそれを作品へと作り変えてゆく。それは物質的なものを精神的なものによって変革する行為である。芸術によって人間に作用するこの精神存在をシュタイナーは「ルーチフェル」と名づけた。「ルーチフェル」とは旧約聖書の『イザヤ書』に出てくる悪魔を意味するが、シュタイナーはこれにも独自の意味を与え、美的感動や感覚による唯心的な世界を代表させている。現実には高次な位階《ヒエラルヒア》が墜落した存在であり、技術におけるアーリマンの、まさしく対極の世界である。この対照は、芸術と技術が語源的にも同じ「アート」から生じていることを考える時、一つの包括的なヴィジョンを結ぶことになる。つまり両者が一体であったかつての状態から、まず芸術としてルーチフェルが開花し、やがて近代においてはその均衡を保つべく技術としてのアーリマンが台頭してきた。両者は時計の振子のように両極間を行き交いながら歴史の全体を貫いている。そして自然の霊との関連が人間の中にはもう見出せないほどにアーリマン化のプロセスが頂点に達した近代において、これを補うために何が来なければならないか。しかり、芸術である。『近代絵画』におけるル・コルビュジエの問題意識はまさにここにあったのである。フリードリッヒ・ニーチェの『悲劇の誕生』におけるアポロンとディオニュソスの対立は、アポロン的夢幻としての造形芸術と、ディオニュソス的陶酔としての音楽という、共に芸術の内部での対立であったが、ここでは芸術全体が技術全体と平衡を取り合っている。現代人の自我は両者の間の振子運動を完全に制御しうるほどにその精神力を強化することができなければ、機械に一方的に身を委ねるか、それとも近代文明から逃避し、美の秘境に逃れるかのいずれかの道を歩まざるを得なくなってしまう。

シュタイナーの芸術観は、このようにまず近代技術の対極に立つものであったが、同時にそれは近代の主知主義的学問の対極に立つものでもあった。人間の精神活動の全域は思惟のみならず、感情、意志によっても活力を与えられなければならない。「頭脳への道は心を通って開かれなければならない」と書いたのはフリードリッヒ・シラー（『人間の美的教育についての書簡』）であるが、この問題は実は美学の根本問題にも関わっている。

美学は十八世紀半ばのアレキサンダー・ゴットリープ・バウムガルテン以来、論理的認識の学ではなく、感覚的認識の学であった。それは概念に基づくのではなく、「美しい」と感ずる感覚と感情に基づかなければならない。感覚や感情による認識は久しく曖昧で低次なものとされてきた。このこと自体すでに悟性を万能とする近代の主知主義をものがたっている。それゆえ「感覚的認識の学」としての美学の成立そのものは、理性主義に対する感覚の反逆を意味しており、美学とは美学本来の伝統からしても感覚論に基づかざるをえない。しかし感覚とはいえ、視覚・聴覚・触覚・味覚・嗅覚の五感のみによって私たちの美的体験を包括しようとすることは不可能である。近代の心理学もこれら五感にさらに温度感覚・生命感覚・運動感覚・平衡感覚を加えている。しかしこれら九感覚は動物もまた所有している諸感覚であろう。それゆえ、自我をもち、思惟能力があり、言語活動を行う人間の固有性に対してもそれにふさわしい諸感覚の領域を想定しなければ、人間の感覚論を完結することはできないであろう。シュタイナーは精神科学的な観点から人間学を新たに基礎づけるために一九一〇年頃から感覚論の問題に取り組み始めた。そして既知の感覚論の領域を大幅に拡大する必要に迫られたのである。そこから生まれたのが先の「十二感覚論」である。これは先の九感覚にさらに「言語感覚」「思考感覚」「自我感覚」を加えたものである。深い美的体験はこれら諸感覚体験が同時に共鳴し合う場合に生ずるが、シュタイナーはこの共感覚体験がさらに生理機能にも深く関わっていることを明らかにした。集中して音楽を鑑賞しているうちに汗をかいたり、悲劇の体験によって涙を伴う深いカタルシスを覚えたりする場合がそれである。生理機能はその時すでに心的なものとなり、感覚機能は生き生きとしたものになっている。主知主義的な文化の下では諸感覚そのものが抑圧され、その本来の豊かさを失っているが、芸術体験はこうした死せる諸感覚を生き生きと蘇らせるのである。感覚の世界が蘇るや否や、これらの諸感覚を支配している私たちの自我もまたひからびた抽象の世界から蘇ることができる。美学的な課題はこうして現代の精神状況にとっても感覚の蘇生という決定的な意味をもつのである。

シュタイナーの生涯約六千回におよぶ講演活動の第一回が一八八八年十一月九日のウィーンの「ゲーテ協会」で行われた「新しい美学の父としてのゲーテ」であった。芸術と創作に関わる学問、「美学」は誕生からまだ日が浅い。アレクサンダー・ゴットリープ・バウムガルテンが『エステティカ』を書いたのは一七五〇年だからである。ドイツではヴィンケルマンやレッシングの時代である。一八八八年当時支配的なのはヘーゲルの美学であった。シュタイナーはこの講演の中でドイツの観念論美学に対し徹底した批判を加えている。後のある講演の中では近代美学ほど芸術の問題を扱いながら芸術の本質から遠ざかったものはない、と言い切っているほどであった。

ヘーゲルの定義によれば、「美とは理念の感覚的顕現である」。理念が感覚的に顕現する時、それが美だという。この定義によれば芸術の自立的な意味はどこにあるかが問題となる。ヘーゲルの美学によっては芸術の自立的意味を捉えることはできない。なぜなら理念が主役であり、その理念が感覚的に現れることを美と呼んでいるからである。シェリングにとってもあらゆる感覚的な美は、知覚できない、かの無限の美の反映であり、永遠なるものが真かつ美であるとされる限り、芸術と学問の目的は共に永遠の真理ということになる。美学はこうして、芸術作品を研究対象とする「芸術学」へと解消されていった。

それに対してシュタイナーは、美とは感覚的現実的な衣をまとった神的なものではなく、神的な衣をまとった感覚的・現実的なものであるという。つまり美とは感覚的・現実的なものであり、それが理念のごとく現れる。このような定義から出発する美学はまだ存在しない。それが二十七歳のシュタイナーのウィーン・ゲーテ協会での最初の講演であった。シュタイナーはそれを「ゲーテ的世界観の美学」と名づける。これは未来の美学である、と。

その後一九二三年に彼は、美を輝くもの、内部を外部に現すもの、その本質を輝きによって啓示するものと定義し、美の反対を求めるとすれば、それは隠すもの、その本質を外部に現さないものであるとした（『世界的使命を帯びた芸術的なもの』）。その美の定義は『芸術作品の起源』（一九三六）におけるマルティン・ハイデガーの定義に先駆けている。

美と芸術の問題にとってはいずれにしても「感覚的なもの」と「超感覚的なもの」との関係が重要である。単に「感覚的なもの」はそのままでは美にも芸術にもなりえない。なぜならそこには美を美たらしめ、芸術を芸術たらしめる「超感覚的なもの」が欠けているからである。同様に単に「超感覚的なもの」もそのままでは美にも芸術にもなりえない。なぜなら、そこには「超感覚的なもの」を現象させる「感覚的なもの」が欠けているからである。

この「感覚的なもの」と「超感覚的なもの」に関して、シュタイナーは芸術家が容易に陥りやすい二つの原罪について語っている。第一の原罪は「感覚的なもの」を再現または模倣することであり、第二の原罪は「超感覚的なもの」を芸術によって表現しようとすることである。これらは芸術の創作においても享受においても容易に陥りやすい根源的な誤りであるという意味で「原罪」と呼ばれたのである。より具体的にいえば、第一の原罪は「模倣芸術」に向かい、第二の原罪は「観念芸術」に向かう。

芸術を生み出す源泉の側にも「感覚的なもの」と「超感覚的なもの」の二つがある。その一つは芸術家に外からやってくる「自然の啓示」であり、他の一つは芸術家の内面からやってくる「ヴィジョン」である。多くの優れた芸術家とその作品を見れば、それらが作家の内的ヴィジョンから生まれてきたものであるか、それとも外からの自然の啓示から生まれてきたものであるかのどちらかであろう。シュタイナーはラファエロの時代とセザンヌやホドラー、クリムトの近代とでは状況は全く異なるが、原理的にはやはりこの二つの潮流が無意識に求められてきた、と言っている。そして内的ヴィジョンが形をとろうとして生まれてくる芸術を「表現主義」と呼び、自然の啓示を分解し、それを再構成することによって生まれてくる芸術を「印象主義」と呼んだのである。それが「表現派」と「印象派」のそれぞれの芸術の本質規定にもなっている。いずれの場合にも芸術によって実現されるのは「感覚的なもの」でも「超感覚的なもの」でもなく、ひとえに「感覚的＝超感覚的なもの」であった。これこそが二つの原罪に陥ることなく、かつ芸術が芸術たりうる唯一の地点なのである。

「感覚的なもの」と「超感覚的なもの」とに関わりつつ、前者をできる限り排除して後者の圧倒的な体験を導こうとする見者と芸術家との関係はどうであろうか。

芸術家と見者の間には古来親密な関係がある。「ぼくはヴォワイアンであらねばならない、自らをヴォワイヤンたらしめねばならぬ、というのです。『詩人』は凡ゆる感覚の、長期にわたる、大がかりな、そして理由のある錯乱を通じてヴォワイヤンとなるのです」。

詩人アルチュール・ランボーは一八七一年五月十五日、友人ポール・ドメニーに宛ててこのように書いた。この文章の後半にはいかにもランボーらしいレトリックが秘められている。つまり、これが「〝我れ〟とは他者なり」といった「ヴォワイヤン（見者）・ランボー」の言葉であれば、「錯乱」は「制御」に置き換えられなければならないであろう。「錯乱」によって見者になる道は本来、閉ざされているからである。それが可能であるならば、幻視と透視を区別するすべはないことになる。あるいはこの引用の後半が、やがて『地獄の季節』や『イリュミナシオン』にいたる「詩人ランボー」の言葉であれば、「ヴォワイヤン」は「詩人」に置き換えられなければならなかったであろう。その時この引用の後半は、詩人ランボーの詩源についての見事な自己開明となるだろう。しかしランボーの「錯乱」はやはり錯乱であり、「ヴォワイヤン」はやはりヴォワイヤンでなければならなかった。芸術家と見者の世界が微妙に交錯し合うランボーの本領がそこにあったからである。

感覚的なものの背後に超感覚的なものを透視する見者への憧れは、ランボーに限らず多くの優れた芸術家たちに共通して認められるものである。近代の芸術家の中に例を求めるだけでもゲーテやシラー、ノヴァーリス、ブレイク、ストリンドベルク、カフカ、イェイツ、ポー、ドストエフスキー、ボードレール、ゴッホ、ムンク、モンドリアン、クレーからカンディンスキーにいたるまで枚挙にいとまがない。

芸術家の内的ヴィジョンと見者の内的ヴィジョンはどのように交差し、どのような関係にあるのだろうか。シュルレアリスムの画家マックス・エルンストは「画家は彼の内部で見えるものを描き、客観的な形をそれに与えねばならない」（『絵画の彼岸』）と言う。そしてパウル・クレーは「芸術は眼に見えるものを再現するのではなく、見えるようにする」（『造形思考』）と書いている。自らが見者であり芸術家でもあったシュタイナーは、芸術家のヴィジョンと見者のヴィジョンの間には多くの親密な関係があることを認めながらも両者の体験には、ある決定的な相違があることを指摘している。芸術家の創作や芸術作品の享受において人間は感覚を通して外界に向かうが、見者の認識にとっては外界からの知覚や表象は可能な限り排除される。それは禅やヨガをはじめとする多くのメディテーションの基本的な前提である。それゆえ見者が芸術作品に対する時、感覚界に対する時と同じ態度をとるとすれば、見者の作品体験は無意味なことになる。なぜなら見者にとってはあらゆる知覚および表象を排除することが原則であるにもかかわらず、芸術作品も知覚および表象の対象として見者の眼前にあるからである。しかし芸術作品は単に「感覚的なもの」ではなく、「感覚的＝超感覚的なものの実現」であるから、「感覚的なもの」の中の「超感覚的なもの」は、あらゆる感覚印象を排除し、「超感覚的なもの」を体験しようとする見者にとっても重要な意味をもつことになる。それどころか霊的能力が衰えた現代においては芸術を通して霊的世界が感受されることもある、とシュタイナーは指摘する。

そして見者の世界においては、普通の知覚や表象は停止するが、感情や意志はなお働いており、概念的思惟とは異なった別の思惟がそこに生まれてくる。シュタイナーはこれを「フォルム思考」と名づけ、普通の「概念思考」から区別した。このフォルム思考はパウル・クレーが「造形思考」と呼んだものと同じものである。したがってそれは建築や彫刻、絵画によって表現されるものと深く関わっている。ここでは抽象的思惟は沈黙し、建築家や彫刻家がフォルムによって思考するような、いわゆる「対象的思惟」が現れてくる。精神的な世界を認識しようとする時、見者は概念思考によらず、フォルム思考によってこれを把握する。建築家や彫刻家はそれゆえ、シュタイナーによれば、見者が霊的世界を体験するための過渡的役割を果たしている。両者の差異は、建築的・彫刻的フォルムの創造が潜在的な衝動から行われるのに対し、見者はこの衝動を霊的世界の認識のために全く意識的に自ら生み出すことにある。

見者が芸術家を妨げるのではなく、見者は芸術家に新しい光を投げかけ、芸術家は見者に暖かさを与える。こうして両者の間に「橋」が架けられるべきことをシュタイナーは説いたのである。

このような橋を架けようとした人に、画家ピエト・モンドリアンやヴァシリー・カンディンスキーがいる。モンドリアンは一九〇九年アムステルダムにおいて「神智学協会」に入会した。その期間は少なくとも一九一七年までは続くが、それはオランダの神智学者シェーンメカースとの交流によるものであった。モンドリアンのアトリエには神智学協会の創設者ブラヴァツキー夫人の肖像がかけられていたという。モンドリアンと神智学との関係で特に重要なのは、彼が一九一四年以来《海》の連作を試みながら自ら書き記した創作ノートであり、そこに展開された以下のごとき思想である。それは神智学がいかに深くモンドリアンの心をとらえていたかをよく示すのみならず、今世紀初頭の抽象絵画の成立過程そのものにとって極めて重要な意味をもっている。「エーテルは物質界に浸透し物質界に作用する。かくして精神的なものが現実の中に浸透する。芸術における精神的なものに近づくためには現実をできるだけわずかに利用することになるだろう。なぜなら現実は精神とは反対の位置にあるからである。かくして基本的フォルムを使用する理由は理論的に説明される。それらのフォルムは抽象的になり、私たちは抽象芸術の前に立つことになる」(ミシェル・スーフォー『ピエト・モンドリアン』)。ミシェル・スーフォー(一九〇一―一九九九)はデ・スティルやモンドリアンの伝記作家として知られる。

「現実をできるだけわずかに」とは文字通り具象を少なくの意であり、抽象へ向かうことを意味していた。つまりモンドリアンは今世紀初頭の抽象絵画の成立根拠そのものを神智学思想に求めていたのである。ミシェル・スーフォーの伝えるところでは、蔵書を持たないことで有名なモンドリアンの死後発見された僅かな本は、クリシュナムルティの『主の足下に』とシュタイナーの『神秘と秘教(マクロコスモスの中のミクロコスモス)』およびシェーンメカースの『新しい世界像』だけであったという。

モンドリアンよりもはるかに密接な関係をシュタイナーに対してもったのはカンディンスキーであった。彼の評伝作家として知られるヴィル・グローマンはシュタイナーのカンディンスキーへの影響を次のように指摘している。「彼(カンディンスキー)の《アリエルの場面》(『ファウスト』)は彼が一九〇八年三月二十六日、ベルリンにおいてシュタイナーの講演を聞いた後で描かれたものである。シュタイナーがロシアの哲学者ウラジーミル・ソロヴィヨフの神秘的・宗教的かつ神智学的理念に接近するという理由から、一九一四年までの数年間はシュタイナーのカンディンスキーへの影響がみとめられよう。色彩心理の分野でもシュタイナーとの関連がある」（『ヴァシリー・カンディンスキー』）。しかしシュタイナーとカンディンスキー、見者と芸術家との関連についてはヴァールブルク研究所のシィクステン・リングボムの『奏でる宇宙』以上に優れた研究書はないであろう。リングボムはこの本の中で、カンディンスキーとシュタイナーとの関係のみならず、ブラヴァツキー、アニー・ベサント、エドゥアール・シュレー、リードビーターなど多くの神智学思想家とカンディンスキーとの内密な関係を明らかにしているからである。彼の詳細な研究によれば、ミュンヘン市立美術館の「カンディンスキー・ミュンター文庫」には一九〇八年頃カンディンスキーによってとられたノートが残されており、その中にはシュタイナーの『ルーチフェル＝グノーシス』（一九〇四）からの長い引用が含まれ、カンディンスキーがもっていたシュタイナーの『神智学』のコピーの余白には、シュタイナーによる人間の七つの区分に彼が番号を振りながら熱心に読んだ跡や、多くのアンダーラインが残されているという。象徴派作家たちは神智学思想から多大な霊感を受けており、シュレーやブラヴァツキーの著作はアレクサンダー・スクリャービンやストラヴィンスキーのような作曲家にも影響を与え、アーノルド・シェーンベルクの《ヤコブの梯子》は一九一〇年から上演されたシュタイナーの神秘劇に依っているのではないか、とリングボムは指摘する。パウル・クレーやアレクセイ・ヤヴレンスキー、ガブリエレ・ミュンター、マリアンネ・フォン・ヴェレフキンもシュタイナーには関心をもっていたが、自らの立場を貫きながらシュタイナーに最も近づいたのがカンディンスキーであった。彼はシュタイナーの講演から刺激を受けて《アリエルの場面》以外にも数点の色刷木版画を制作したが、その中の一枚に『響き』に発表された《指さす人》がある。カンディンスキーをシュタイナーの講演に誘ったのは、女流画家マリア・ストラコッシ・ギースラーであることは知られている。彼女がある時この《指さす人》をシュタイナーに見せたところ、シュタイナーは「この人は何かを知っています。彼は見える人ですか」と尋ねたという。《指さす人》の右側にあるのが彼の「エーテル体」と「アストラル体」であり、頭上にあるのが彼の高次な「自我」であるとすれば、これはシュタイナーの『神智学』に展開された「人間の本質」をテーマにしたものと見ることができるからである。しかし芸術作品のモチーフをこのように説明することによって「超感覚的なもの」の表現という先の第二の原罪に陥らないようにしなければならない。芸術にとっては「感覚的＝超感覚的なもの」の純粋体験が妨げられてはならないからである。カンディンスキーの回想によれば、彼が『芸術における精神的なもの』（一九一二）を書いたのは、「物質的なものや抽象的なもののうちに在る精神的なものを体験する能力を目覚めさせることが主な目的であった」。これは紛れもなく見者の世界からの発言である。カンディンスキーにとっては、自然から解放され純粋に精神的なものを志向する過程で抽象絵画が必然的に生まれてきたのであり、逆にいえば、「透視能力をもった見者は抽象絵画からしばしばコスミックな印象を感じ取るであろう」（『二つの傾向』）ということになる。抽象絵画と見者の世界との関係はカンディンスキーにとってはこのように「一なるもの」であった。

ルドルフ・シュタイナーの思想が芸術の領域を含んでいることは特別の意味を持っている。それはシュタイナーが学問と芸術を対比させ、芸術の中に特別の意味と役割を見ていたからである。それは近代の学問が抽象的・概念的なものになり、本来の生命を失いかけているという認識から、この干涸びた学問を芸術によって蘇らせようとする試みでもある。ヤーコプ・ブルクハルトやハインリッヒ・ヴェルフリンのような人が芸術論を展開し、それを芸術学として発展させた場合がそうである。シュタイナーはそれを学問全体にまで拡大し、芸術の側から学問を蘇らせようとした。

——私たちの前に雪に覆われた広大な平野が広がっている。河も湖も凍っている。海岸も凍り、木も雪とつららに覆われている。夕方、太陽は既に沈み、夕焼けの黄金の輝きを残している。ここに二人の女性がたたずんでいる。一人の女性は手足をすくめ、〝おお寒い！〟と語る。もう一人の女性は雪に覆われた平原を眺め忘我の状態で〝周りの景色のなんと美しいこと！〟と語る。暖かさが彼女の心に流れ込むのを感ずる。なぜなら彼女は物理的な寒さとその影響のすべてを忘れ、その内面で凍てつく光景の異常な美しさに圧倒されているからである。太陽は沈み、やがて夕焼けも消えてゆく。二人の女性は深い眠りに陥る。自分の体で凍えを感じた女性にとっては死ぬかもしれない深い眠りに。なんと美しいという感情の名残《なご》りが手足を温め、内的にそれを保っている女性も眠りに沈む。この女性は夕焼けの輝きから生まれた若者からお前は芸術だ！　という言葉を聞く。彼女は景色から得た全印象を持って眠りに入ってゆく。彼女はそこで星界のアストラル的なイマジネーションを体験する。彼女の内的感覚が目覚めた時、霊的形姿が現れた。

物質界では平衡感覚と呼ばれるこの存在は位階《ヒエラルヒア》の世界に由来する存在である。〝お前がこの平衡感覚から自由になると地上の束縛から自由になる〟。それによって女性は精神に満たされた形姿と一つになった。静けさが運動に変わり、運動が静けさに変わった。そこに輪舞が生まれる。女性は言う。

私は今、舞踏芸術になる。私が属する位階《ヒエラルヒア》はディナーミス（力天使―運動霊）だ。あなたは私をエクスジアイ（能天使―形態霊）に導いた。

別の霊的形姿が現れる。私はアルヒャンゲロイ（大天使―火霊）の領域から降りてきた。自己運動感覚と呼ぶものだ。お前の本質を私の本質と合体させよ。お前はミミーク芸術となる。ミミーク（身振り）の芸術家の手本となる。

別の霊的形姿が現れ、アルヒャイ（権天使―人格霊）と呼ばれる領域にまで降りてきた。生命感覚と呼ぶもので自分の人格を感ずる。彫刻芸術の典型となる。人格霊によって人間の魂に入り、エクスジアイ（能天使―形態霊）にまで至る。変化するイマジネーションの造形の海から、〝ミロのヴィーナス〟の典型のようなものが生まれてくる。アストラルなイマジネーションの世界の、変容するうねる海からある姿が現れる。アストラルな映像から「ラオコーン」の姿が現れる。

エクスジアイ（能天使―形態霊）の領域に作用してこの魂は精神存在と一体になった。それによって建築芸術の典型となった。精神界から下へとピラミッドのように広がってくる精神の神殿となる。ギリシャ神殿は上方にのぼり、細くなり、第三の形、ゴシックのドームが生まれる。

別の存在が現れ、私は直観というセラフィーム（熾天使—愛霊）から降りてきたイントゥイションであると言う。直観の名を担うセラフィームは人間に絵画のファンタジーを与える。魂が形態を通して語る。色彩を通して色彩の内部が語る。イマジネーションの波打つ海から風景画が浮かんでくる。イマジネーションの波打つ世界からレオナルド・ダ・ヴィンチの〝聖晩餐〟の絵が生まれてくる。

別の存在が現れてくる。〝私の名はインスピレーションだ。ケルビームの領域からやってきた〟。調和霊である。音楽のファンタジーが来る。地球上でこの能力が開けると音楽的ファンタジーとして生きる。人間の魂の中に強力な世界として生きるあらゆる感情があなたの能力によって集まり、そのシンフォニーの音楽作品に流れ込む。かつてウラノスが自分の感情をガイアの愛の火に燃え立たせ、クロノスが精神の存在として彼の中に生きるものをゼウスの光によって照らそうとしたように、深い体験がケルビームとの接触によって生まれた。

女性の魂はさらにイマジネーションの世界に入ってゆく。それは意志霊の世界であり、トローネの領域である。この時地上の人間は文学と詩のファンタジーを体験する。地上で詩として生きるものはイマジネーションの反映像だ。イマジネーションの鏡像を詩文学の中に見る。人間に演劇術の可能性を与える。叙情詩として世代から世代に受け継がれたものが現れる。人類の旅が叙事詩としてまとめられ　彼女が目覚めた時、他の女性は何も体験しなかったので、ほとんど硬化していた。それが人間の学問であることに気づいた。彼女は他の女性を暖かさで包み、得た印象によって暖めた。彼女は今半ば凍てついた学問の救済者とならねばならないことを理解した。先ず芸術によって夜の夢からもたらされたものによって、再び朝焼けを見て自分のイマジネーションのシンボルを見た。美の朝焼けによってのみ、あなたは認識の国に入ってゆく（シラー）。美の朝焼けとは、美の感性から入って初めて認識の国に入ることができる、という意味である。

これは一九〇九年十月二十八日ベルリンで行われたシュタイナーの「芸術の本質」と題する講演からの要旨である。近代における芸術と学問の違いが明確に現れている。その上でシュタイナーの芸術の体系が天上の位階《ヒエラルヒア》の世界から展開されていることに注目しよう。カントやヘーゲル、ショーペンハウアーやテオドール・フィッシャー等によって展開される芸術の体系とは大きく異なり、芸術の源泉が精神界にあることを語る点で、他に類を見ない。

シュタイナーはまた、一九一四年の『神秘的叡知の光の中の芸術』において芸術の体系について人間の本質から考察している。それぞれの芸術の本質が人間の本質から展開される。

人間の本質から最も離れた芸術は建築である。建築は人間の外的要求に奉仕しなければならない。建築を最も外的芸術と見るのは、ヘーゲルやショーペンハウアーと同様である。シュタイナーは「建築芸術は人間の内面の法則性と呼ぶものから解き放たれたものである」という。人間の中で最も外的なものは物質体である。物質体とは純粋な空間体である。建築的な物質の組み合わせの中に法則として存在するものは全て人体の中に見出される。人体の法則を外部の空間に投影したものが建築芸術である。

私たちがエーテル体の法則を物質体におろす時、彫刻が生まれる。それゆえ彫刻は生命の外見を目覚めさせる。それに自我とアストラル体が加われば、完全な生命をもつことになる。彫刻の法則はエーテル体の法則である。

私たちがアストラル体を一段下のエーテル体におろす時、空間的なものが生まれるのではなく、図像が生まれる。つまり絵画が生まれる。絵画はアストラル体の法則を含む芸術である。

そして私たちが自我を一段下のアストラル体におろす時、音楽が生まれる。音楽は自我の法則を含むが、普通の散文的な生命を生きるのではなく、無意識の、アストラル体の中に降りていって、自我がアストラル体の表面下に沈み、アストラル体の法則の中で泳ぎ、波打つものとなる。

そして私たちの精神自我が自我に下りてゆく時、文学が生まれる。今日ではまだ予感されるだけの精神自我によって自我の中に沈む時、文学が生まれる。若き詩人が老成した人物のように語りかけるのはその為である。

そして生命精神が精神自我に沈められる時、遥か未来に完成される芸術が生まれる。それがオイリュトミーである。オイリュトミーは今日必然的なものとして、人類の進化に登場すべきものである、とシュタイナーは言う。そして第七の芸術は精神人間が生命精神に降りてくる時に生まれるが、その芸術の場はまだ未来の為に開かれている。

このような人間の本質から発展させた芸術論は、ライプツィヒの芸術学者アウグスト・シュマルゾウ（一八五三―一九三六）に近いものは見られるが、これほどのものは他に類を見ないであろう。最も外的な建築芸術から最も内的なオイリュトミーにいたるまで、その芸術の体系はひたすら人間の本質から展開されているからである。

〝光の思想家ルドルフ・シュタイナー〟の芸術論は理論に留まることなく、神秘劇から、第一ゲーテアヌムと第二ゲーテアヌムの建築、彫刻、絵画、オイリュトミーの領域までを含んでいる。あらゆる価値の転換は芸術作品においても文字通り実践されているのである。

第8章　神秘劇

ルドルフ・シュタイナーが四つの神秘劇を書いたのは一九一〇年から一九一三年にかけてのことであった。この神秘劇は「バラ十字神秘劇」という副題をもっている。それはクリスチャン・ローゼンクロイツという人物に基づいたローゼンクロイツァー（「バラ十字会」）神秘劇であることを意味している。クリスチャン・ローゼンクロイツは十四世紀の知られざる霊的指導者であり（第15章参照）、彼に由来するものがローゼンクロイツァー（「バラ十字会」）として今日にまでその名を伝えられている。アントロポゾフィーはこの流れの中にあり、シュタイナーはクリスチャン・ローゼンクロイツを意識魂の時代に相応《ふさわ》しい現代と未来の優れた霊的指導者と見ている。シュタイナーが演劇活動を通して伝えたかったものは何なのか？

四つの神秘劇の中には同一の登場人物が繰り返し現れてくる。その一人がヨハネス・トマジウスという画家であり、芸術家である。彼は画家として、芸術家として、精神の共同体を作ろうとして、修行の道に入ってゆく。しかし画家としての創造的エネルギーは、ローゼンクロイツァーの修行によって次第に削がれていく。霊的修行の方がより強い作用をもつからであろうか？

この神秘劇の登場人物は、それぞれが個人の自我の発展の中で同時に人類の精神的発展に関わっている。人は誰もが自らの魂の発展を通して歩んでゆく道をもち、その意味では、誰もが主人公のヨハネス・トマジウスでありうる。つまり現代のどこにもいる人間としてヨハネス・トマジウスが描かれている。

マリアはヨハネスと深い関係をもち、相互に惹かれ合っている。マリアと知り合う前にヨハネスにはもう一人の女性がいた。ヨハネスはしかしマリアに惹かれ、精神的修行に入ることによって、もう一人の女性と別れる。そのためにその女性は苦しんで他界する。ヨハネスは良心の呵責を感じ、それがヨハネスに「魂の試練」をもたらす。まず「伝授の門」に入ってゆき、精神の修行において苦しみが生まれる。

マリアは霊的認識の段階では、登場人物の誰よりも進歩している。マリアはキリストに貫かれた魂である。自分がヨハネスを助けようとすると、芸術家としてのヨハネスの自立性をそこなうことになる。ヨハネスがマリアの意見を聞いて作品を作るようになるからである。二人は愛し合っているが、お互いの発展のためには別れなければならない。マリアはまた、自分の家の前に捨てられていた子供を育てるが、その捨子が自分になつかないことを嘆く。それは過去生からの因縁によるものと導師ベネディクトゥスに教えられる。

カペジウスは歴史哲学教授として人間の「思考の質」を問う。「死んだ思考」ではなく、萌芽として発展してゆく「生きた思考」を求める。カペジウスはしかし、「新しい思考」に入ってゆけない。

ストラーダは自然科学者であるが、幼少の頃修道院で育てられた。修道士になる直前に自然科学に目覚め、自然科学者になる。彼は自然科学的方法であらゆるものを見る。輪廻転生も論理的な思考によって原因と結果の因果律と考えた。人間の肉体に原因と結果があるように、魂にも原因と結果があり、精神にも精神の法則があって、原因と結果がある。誰もが自分の原因である輪廻転生を論理として受け入れざるをえない。ヨハネスとマリア、カペジウスとストラーダが第一神秘劇から第四神秘劇まで繰り返し登場しては、転生の糸を紡いでゆく。

それにベネディクトゥスというバラ十字会の精神的指導者がいて、それぞれの人物が危機を迎えるたびに霊的指導を与える。フェリックス・バルデとフェリチア夫人がこれに加わる。シュタイナーが一八七九年に出会った薬草集めのコグツキーに由来する人物である。彼は独得な自然哲学をもっていて、自然からの霊感を大切にする人物である。

テオドーラは、第一神秘劇に出てくる女性の見者で、キリストのエーテル的顕現を体験し、それについて語る時、皆がそれに感動する。ストラーダは、正反対の立場にいるが、心の奥では大きな衝撃を受け、第三神秘劇では、テオドーラと結婚する。

カペジウスはプラトン的な思想の持ち主だが、過去生においてカルマの重荷を担っている。彼は中世において神殿騎士団に入るために自分の妻子を捨てた。そして自分は神殿騎士団の第一教師として鉱山師トーマスと彼の婚約者チリに会う。そしてその二人はかつて自分が捨てた息子と娘であることを知る。自分が捨てた妻子に償いたいと思うが今それはかなわない。鉱山師トーマスは自分とチリは実の兄妹であることを知る。チリは鉱山監督ヨーゼフ・キューネに養女として育てられた。

彼はフェリックス・バルデの過去生である。
現代の多くの課題が至る所でぶつかり合い、和を結ぶことがないのは、過去のさまざまなカルマの結びつきが混乱しているからである。誰もが第一神秘劇の「伝授の門」に入ってゆき、霊的修業に向かう。マリアとヨハネスは早い時期に精神の眼が開け、ある段階に達する。それによって過去生が浮びあがり、「魂の試練」（第二神秘劇）を迎える。

第一神秘劇の主人公はヨハネスだが、第二神秘劇の主人公はカペジウスである。神殿騎士団に入るために妻子を捨て、そのために良心の呵責、葛藤、矛盾が押し寄せてくる。さらに中世においては騎士団と教会が二派に分かれ、相互に敵対していた。カペジウスの過去生は神殿騎士団の第一教師で、息子の鉱山師トーマスは教会の側に立っている。彼は中世においてもマリアの過去生であるドミニコ会僧侶と出会っている。過去生においても、ヨハネスはトーマスとして僧侶マリアに依存している。マリアは教会側に立ち、ドミニコ会のアリストテレス派の僧侶である。娘のチリは騎士団のヨーゼフ・キューネ（フェリックス・バルデの過去生）の養女であり、その二人が結婚しようとしている。トーマス（ヨハネス）は騎士団とは一緒に仕事はできない、と言う。自分は父親に会えたことは嬉しいが、世界観の溝を埋めることはできない。親子が完全に別れる。父親は息子に会えても、自分は騎士団の側にいるために、教会側にいる息子と一緒に仕事はできない。ここに親子の悲劇が生まれる。しかもそれに僧侶（マリア）が作用している。マリアには、自分の側にトーマスがいるために、親子を別れさせてしまったという「魂の試練」が加わる。

ストラーダは第一神秘劇においては修道院で育ち、自然科学者になる人物である。彼は中世においてはユダヤ人シモンであり、村人から嘲笑されている。しかし、自然科学的な薬草の知識によって人々を治癒し、助ける人物でもあった。

トーマスは教会の側に立っていて、シモンは神殿騎士団の側に立っている。シモンはそこで苦しみつつ、孤独で排斥されながら生きている。

ベネディクトゥスはここでも指導者として影響を与えている。誰もが「伝授の門」をくぐり、「魂の試練」を経て、「敷居の守護者」の前に導かれる。準備ができていない人は、そこから先に進むことはできない。それが「敷居の守護者」という第三神秘劇の主題である。

第三神秘劇のテーマは文字通り「敷居の守護者」との出会いであり、その敷居を越えてゆくと、精神界だけが存在する。そこで死者の魂と出会い、高次な存在と出会う。ヨハネスは、自分のドッペルゲンガー（分身）と出会い、様々な精神存在に出会う。それを経て「魂の目覚め」に入ってゆく。感覚界を離れて精神界に入ってゆくプロセスである。守護者との出会いを経て、「魂の目覚め」に向かう時、その目覚めとは、「宇宙の真夜中」への目覚めであり、そのような目覚めの劇的な場面が描かれる。それを最初に体験するのはマリアである。その宇宙の真夜中の体験とは、死後の魂が地上を離れて月に向かい、カマロカの時を経て水星の領域、金星の領域、太陽の領域を経て、火星、木星、土星の領域を経て、宇宙の果てに至る。そこが宇宙の真夜中の、目覚めの時点であり、そこから次の生涯を展望し、誰もが転生の契機を得て、自分のカルマを作りながら、地上に下りてゆく時を待つ。魂が星界を遍歴し、最後に土星の彼方の領域に到達することが、宇宙の真夜中の体験である。それぞれの人間がそこに達し、そこでの目覚めを体験する。太陽神殿の中で、魂の裁きが行われ、それぞれの魂が太陽の司祭によって計量される。

第四神秘劇では、さらに以前の転生の過程として、エジプト時代が展開される。紀元前一三〇〇年の一神教に向かったエクナトンの時代が繰り広げられる。エジプト時代の秘儀の伝授に与《あずか》るマリアは、新信者として登場し、ヨハネスはまだ神殿に入ることも許されない名前もないエジプト女として登場する。

カペジウスはエジプトの秘儀参入の司祭として登場し、ストラーダは火の要素の代表として舞台に立っている。そこでエジプトの秘儀伝授が行われる。エジプトの秘儀参入においてマリアの過去生である新信者は、余りに早く自我に目覚め、自分は今喜んで肉体の中に下りてゆく、と言う。それは秘儀参入の早すぎた成就であり、当時の秘儀の伝統の中では許されないことであった。それゆえ最高の司祭ヒラリウスによって、聖なる秘儀の冒瀆だ、と非難される。それを指導した司祭はカペジウスの過去生であり、自分の誤りを認めながらも新信者（マリア）は自分の思想を語ったのだ、と弁護し、早すぎたために秘儀が成就しなかったことを認める。エジプトの秘儀の伝授はその弊害を後世にもたらした。

エジプト女（ヨハネス）は中世において鉱山師トーマスとして登場し、現代において初めて画家ヨハネス・トマジウスになる。名前をもつということは、その人の個体が、自我として目覚め、意識的魂が精神自我として目覚めていることの証しである。エジプト時代は第三文化期である。第三文化期の秘儀の伝授は、第三文化期に相応《ふさわ》しいものであるべきなのに、第四文化期のギリシャ・ラテン文化期の早すぎた自我の降下を生むとすれば、それによってエジプト時代の秘儀参入が成就しなかったのは当然である。その結果が現代にまでもちこまれ、ヨハネスとマリアはいつも結ばれているようで、いつも引き裂かれている。離れようとして、自立できないことに苦しむ。その時、間に入って二人を引き裂くのはいつもルーチフェルであり、アーリマンである。

エジプト時代の秘儀参入は第四神秘劇に現れているにしても、ギリシャ時代の秘儀参入はどうであったか。シュタイナーはそのために第五神秘劇を書くつもりであった。しかし第一次世界大戦の勃発によってそれは実現しなかった。そのあとも実現されることはなかった。しかしシュタイナーは第一、第二、第三、第四神秘劇を一九一〇年、一九一一年、一九一二年、一九一三年に書くことによって一九二四年から一九二五年の時点を予見した劇を書いていた。第四神秘劇は第一神秘劇（一九一〇年）の十四年後に設定されているからである。一九二五年はシュタイナーが地上を去る年である。それゆえ神秘劇はその時点ですでに終わっていた、と言えるであろう。しかも主人公の一人ストラーダにはモデルがいたと言われている。シュタイナー自身『カルマ論』の中で、ギデオン・スピッカーという修道士がいて、後に自然科学者になり、大学教授になった人物について語っている。その人が実際一九一二年に亡くなった。一九一三年の神秘劇、第四神秘劇の最後にストラーダは事業に挫折する。トマジウスは思考人間、カペジウスは感情人間であるのに対し、ストラーダは意志人間である。しかしストラーダの計画は実現しない。カペジウスは事業に参加しないと手を引き、ヨハネスも本当は一緒に仕事をしたいと思いつつ離れてゆく。工場の経営者ヒラリウスはそれでもその仕事を実現できるのはストラーダだけだ、と言う。しかし技術的な発明がうまく行かず、計画を変更せざるをえなくなる。そして「起こるべきことが起こるだろう」と予見していたストラーダは、第四神秘劇の最後に突然死を迎える。「ストラーダが死んだ」という知らせが来る。その兆候は現れていた。ストラーダは手紙を残してゆく。ベネディクトゥスはその手紙を読み、ストラーダの魂はマリアとヨハネスを助けるだろう、と語る。

四つの神秘劇全体の最後に再び太陽神殿の場面が登場する。ヨハネスとマリアが精神の眼を開く。そこにストラーダとカペジウスが加わる。

マリアはベネディクトゥスを囲むバラ十字会のグループの指導的人物であった。彼女は霊的指導の理念を実現しようとする。マリアに中世の転生があり、その前にエジプトの転生がある。中世ではドミニコ会僧侶としてマリアが降りてくる。ヨハネスは鉱山師トーマスとしてそこに降りてくる。その僧侶（マリア）にヨハネスは従う。そこでもマリアが先を進んでいる。ヨハネスはエジプト神殿の外にいた。中世では鉱山師として僧侶に従っている。ヨハネスの過去生としての鉱山師トーマスはマリアである僧侶の指導を受けながら教会側に立っている。マリアも中世にはドミニコ会の僧侶として、教会のドグマを守る立場にいる。まだドグマを否定するには至っていない。マリアはそれを通してマリアの転生を生き、現代を生きている。

バラ十字会の目標は、現代の認識の道として「精神科学自由大学」のような内容をもっている。カペジウスは歴史学、心理学が専門であり、ヨハネスは造形芸術家であり、ストラーダは自然科学者であり、ヒラリウスは工場長として経済学、社会学の専門家である。第一神秘劇「伝授の門」ではヨハネスの指導者であるマリアは四十二歳でヨハネスは三十五歳である。マリアは第一神秘劇、第二神秘劇を経て次第に霊的発展を遂げてゆく。転生としては十四世紀の中世からエジプト時代まで遡るが、その中で精神自我を発展させ一歩一歩目覚めてゆく。困難な試みに会い、アーリマンやルーチフェルの誘惑に遭って倒れそうになりながらも目覚めてゆく。苦しみを通して認識のプロセスを辿ってゆく。テオドーラは、第一神秘劇の中で、神の啓示を受け、エーテル的キリストの顕現を語る。テオドーラはそのような魂の素質をもって降りてくる。それによってストラーダに大きな衝撃を与え、ストラーダと結婚する。テオドーラの過去生はチリであり、カペジウスの中世の過去生である第一教師の娘として現れてくる。テオドーラはトーマスとストラーダの間で苦しむ。テオドーラの過去生チリは、トーマスと結婚しようとして彼に惹かれるが、兄妹であることを知り、血のつながりによって苦しむ。ストラーダと結婚するが、ヨハネスはテオドーラ（妹チリ）を求める。テオドーラはそこで苦しみ世を去る。ストラーダは、自分の妻テオドーラを失い、深く悲しむ。その原因はヨハネスにあり、彼が原因でテオドーラは死んだ、とフェリックス・バルデを通して知る。テオドーラはしかし、死後も繰り返し、精神界からストラーダを助ける。そしてヨハネス（かつての兄）にも惹かれる。カルマの糸が複雑に結び合っている。

第一神秘劇の中でマリアは、自分が養育しようとする子供に好かれずに、子供がなぜ離れていくのか、あるいはヨハネスを愛しているのになぜヨハネスから別れなければならないかを、導師ベネディクトゥスに尋ねる。ベネディクトゥスはヨハネスとマリアの関係を過去生に見て、しかもヨハネスが中世においてトーマスとして生き、妹チリとの関係をも見通していた。様々なカルマが行きかっていて、その結び目を解くことがテーマとなる。

マリアはキリストに貫かれた魂をもっている。第四神秘劇では、「私の中に生きているのは私ではなくキリストである」というパウロの言葉によって、自分の中に神殿を作り上げる存在である。かつての時代にはデルフォイにアポロンの神殿があった。現代では外的神殿ではなく、自分の中に神殿をつくる必要がある。マリアはグループの中でも中心的存在である。ヨハネスは「伝授の門」の主人公である。彼は画家として、芸術家として作品を作っている。彼はルーチフェルの影響を受け、それからいかに抜け出すかが問題である。さらに、アーリマンも現れ、自分のドッペルゲンガー（分身）も現れる。第四神秘劇では、「もう一人のフィリア」がヨハネスに愛の力を送り、彼はそれによって浄化される。

ヨハネスとマリアの間には千年以上の魂の交流があり、霊的指導者がそれを見ている。ヨハネスはその間ずっとマリアに従う姿勢を崩してはいない。ヨハネスはエジプト女として登場し、エクナトンの時代にまだ、精神の個体をもってはいなかった。名前もなく、ただエジプト女と呼ばれたヨハネスが、次第に自己形成を遂げてゆく。中世にトーマスとなり、二十世紀においてヨハネス・トマジウスとして個体の秘儀参入に入ってゆく。エジプト女は神殿の中に入ることもできないのに、マリアの前身としての新信者は神殿の中で早すぎる秘儀の伝授を受けた。二人が別れざるをえない関係はすでにエジプトにあり、中世にはトーマスと僧侶（マリア）として出会い、二十世紀にもトマジウスとマリアとして出会う。

第二神秘劇ではギリシャ時代の戦士について語られている。大きな転生があり、途中でそれ程重要ではない転生がある。ヨハネスの前身は、ある名誉欲に駆られた戦士であり、戦争勝利の栄光を受けては、負けると侮辱に襲われ、それに復讐しようとするが、それが無意味であると悟る人間として登場する。

十四世紀の転生が鉱山師トーマスであり、彼はここで初めて名前を得て、一人の人格として登場する。ここでもトーマスは、精神的にはドミニコ会の僧侶（マリア）に依存している。やがて僧侶（マリア）がトーマスを父親（カペジウス）の騎士団から遠ざける。騎士団と教会が分かれ、精神の潮流が血縁を越えてゆく。

二十世紀初めヨハネスは画家として登場し、目覚めた意識的魂が彼を深い人生の危機に導く。ヨハネスはマリアと知り合う前、ある女性と別れたために、その痛みを感じて苦しむ。それでも彼はマリアに依存している。

ヨハネスの転生はこうしてエジプト以来、繰り返しマリアから別れ、その苦しみを通して芸術家として力を回復する。芸術家として作品を作りつつ、精神の修行にも入ってゆくことで苦しんでいる。

ヨハネスはカペジウスの下で三年間歴史学を学ぶ。芸術家でありながら、学問の世界に入ってゆく時、ここでも葛藤が生まれる。カペジウスが書くべき本をヨハネスが書くことになる。それによってヨハネスのドッペルゲンガー（分身）、もう一人のフィリアが現れ、右に左に翻弄される。ヨハネスはそれでも魂の発展を遂げ、精神の神殿の構築に向かう。マリアからも自立して精神の共同体に参加できるようになる。

　歴史学の教授カペジウスは五十六歳であり、内的動揺の起きやすい時期に入る。かつての生涯で妻子を捨て、そのために苦しむ生活に入ってゆく。苦しみのために、地上に留まりたいとは思わずに、精神界に昇ってゆき、地上には戻りたくないと思うようになる。カペジウスの場合にも千年以上のカルマの混乱が作用している。カペジウスはエジプトでは新信者（マリア）の秘儀伝授において、いちばん早く自我の受容を肯定した人である。当時、最も進んでいたこの人物は時期尚早であったためにその後の苦しみを味わう。十四世紀の初めに神殿騎士団の生活を送るが、妻子を捨てた苦しみがつきまとう。二十世紀初めに研究者として思考の生活に入り、影のような思考ではなく、萌芽としての思考に関心をもち、プラトン的な思考をもってフェリチア・バルデ夫人のメルヒェンを聞いて、イマジネーションの思考に目覚めてゆく。カペジウスはそれによって地上的思考を離れ、イマジネーションの思考に入ってゆくことができるようになる。芸術家トマジウスに三年間歴史学を教え、彼自身それによって柔軟になる。エジプトにおける早すぎた自我の承認のために、自我の弱さを味わう。しかしカペジウスもやがて自分の精神自我を見出すことができるようになる。「お前を見出すために、お前を捨てよ」という声を聞き、自己を捨てることによって精神自我の段階に到達する。

　カペジウスの転生はエジプト神殿の司祭を経て、中世では神殿騎士団に入ってゆく。そして二十世紀の仲間のグループには入って行けず離れてゆく。トマジウスとストラーダの協力によってヒラリウスの計画において新しいものが作られる時、カペジウスはそこを離れ、孤独になる。太陽神殿の場面では、ストラーダの死によって深い魂の振撼を体験する。カペジウスは世界から逃避することをやめ、最終的には精神の神殿の構築に向かう。彼のプラトン派としての姿勢はアリストテレス的・地上的なリアリズムにも理解を示すようになる。

ストラーダは技術と自然科学に目覚めた存在である。二十八歳でマリアのサークルに入り、導師ベネディクトゥスの講演を聞く。カペジウスのプラトン派の思想に、アリストテレス的自然科学的発想を加える。見者テオドーラとの出会いによってストラーダは一時期混乱する。自然科学の人間が「キリストのエーテル的顕現」に感動することで混乱する。しかしストラーダは、心の底から感動し、やがてテオドーラと結婚する。ストラーダは技術者として現実の世界に降りてゆく。精神が現実の世界に下りてゆくことに情熱をもつ人間である。カペジウスとは全く違う人物であり、ストラーダはこのプロセスを経て、ストイックな自我を強める。意志的に強い教育が彼を現実主義者にし、内からの力と外からの力の緊張感の中に生き、最後にその糸が切れるように突然死を迎える。ストラーダのモデルとなったギデオン・スピッカーが実際死去することによって、劇の中でも死を迎えることになる。

ストラーダはエジプト神殿では火の要素の代表であった。意志の塊のような人間である。火の中に自我が生きている。まずはエゴとして存在し、そのエゴを越えてゆく。中世では自然科学者であり、ユダヤ人シモンとして村人から嘲笑され、孤独であった。その苦しみを通して認識を獲得する。二十世紀の画家トマジウスは過去の地上生のカペジウスを描く。それが不思議な絵だったので、ストラーダはそれを見抜いた。そこに描かれたカペジウスは、今日のカペジウスではなく、かつての人生におけるカペジウスであった。ヨハネスはそのような霊的力をもっている、とその驚きを語るのはストラーダである。芸術作品の精神の現実をはっきり感ずることができたのがストラーダである。自然科学的な思考がいかに無力かをテオドーラとの出会いにおいて彼は悟った。研究者にとどまることにも限界を感じ、技術者として物を作る人間として工場に入ってゆく。ストラーダはまた、自然科学の原理によって輪廻転生の全体を論理的に認識するようになった。ストラーダは未来を示す人間として、発明家として、技術者としての役割を演ずる人物である。テオドーラの死によって、深い孤独に入ってゆく。その危機を通してストラーダは霊的体験を深めてゆく。ストラーダの魂は第四神秘劇において「太陽段階に成熟している」とされたことにストラーダの発展を見ることができる。「起こるべきことが起こるだろう」というストラーダの言葉を、ベネディクトゥスは、精神界で深い体験をした人でなければ語れない言葉だ、と言う。

それぞれの人物が何千年というカルマのプロセスを経て今日に至っている。ヨハネス、マリア、カペジウス、ストラーダは、現代のどこにでもいる人間であり、それぞれが魂の発展を遂げながら、自我による秘儀参入の道を歩んでいることを四つの神秘劇は語っている。

転生論はシュタイナーにとって単なる理論ではなく、生きた現実の体験であった。その現実を論文、講演、彫刻、絵画、演劇等、あらゆる手段によって当時の人々に伝えようとした。

ギリシャ悲劇においては、神々から生まれながら、神々から離れた人間の悲劇が劇化され、Ex deo nascimur（神より生まれ）、シェイクスピアにおいては、神々の背景が暗くなり、闇となり、In Christo morimur（キリストに死す）が劇化されたのに対し、シュタイナーにおいては、光と愛の段階からPer spiritum sanctum reviviscimus（聖霊によって蘇る）ことが転生を通して歩む人間の自我の発展として劇化されたのである。

シュタイナーが第一神秘劇を書いたのは一九一〇年であった。しかしその準備はすでに二十一年前から行われていた。彼は一八八九年からその意図をもっていて、その実現のために、七年ごとに準備を重ね、最後の七年間でそれが現実となった。第一神秘劇の十三年後に第三神秘劇の舞台が設定されている。第三神秘劇は一九一二年に書かれたので、一九一〇年から十三年後の一九二三年のことが書かれている。第四神秘劇「魂の目覚め」はそれからさらに一年後のことが書かれているので、一九二四年のことが一九一三年に書かれていたことになる。

この神秘劇は一九一〇年、一九一一年、一九一二年、一九一三年当時ミュンヘンのシャウシュピール・ハウスやゲルトナー・プラッツ劇場で一般公開されたのである。その内容が当時の人々にどこまで理解されたか分からない。しかしシュタイナーはこのことの理解に文明の発展の未来を見ていた。あらゆる価値の転換が求められたからである。

アルバート・シュテフェンやマリー・シュタイナーの回想によれば、当時劇場に集まった人々は次第に増え、千二百人を越えると専用の神秘劇上演劇場を望むに至った。その上演は午前十時から行われ、夜の八時からはシュタイナーの「創世記の秘密」に関する連続講演が行われていた。

第9章　建築の革命

シュタイナーのアントロポゾフィー運動は一九〇七年のミュンヘン会議以来それまでの理念的な運動から芸術的な運動へと発展していった。それは建築という一本の木から枝が出てそれぞれに花が咲くようなものである。建築から彫刻、絵画、音楽、朗唱、オイリュトミー、演劇、工芸などの諸領域がそれである。中でも建築の領域はアントロポゾフィーの発展を共にする一つの大きな母体であった。シュタイナーはここでもあらゆる価値の転換を試みている。バルセロナではガウディがカサ・ミラを作り、ワイマールではグロピウスがバウハウスを起こす時代であった。

転機となるのは一九〇七年のミュンヘン会議である。エドゥアール・シュレー（一八四一―一九二九）も参加した大きな神智学会議であり、七つの惑星柱――土星柱、太陽柱、月柱、火星柱、水星柱、木星柱、金星柱があり、その間に七つの黙示録の封印をもつ赤い壁面によって飾られる会議場の設計をシュタイナー自らが行っている。正面の幕の下にはヘーゲル、フィヒテ、シェリングの胸像が置かれ、ソロモンの神殿の「ヤキンの柱」（認識の木）と「ボアズの柱」（生命の柱）を左右に配する構成であった。

これが後のゲーテアヌム建築に発展する萌芽であった。ここから神智学運動にも芸術活動が加わったのである。その中心となるのは後に「ゲーテアヌム」と呼ばれる建築であった。

この内部空間の設計から一九〇九年、南ドイツ・マルシのモデル・ハウスが生まれ、一九一一年にシュトゥットガルトの地下ホールが生まれている。やがて二枚の内部空間のスケッチが生まれ、シュタイナーの建築の理念は一歩一歩前進してゆく。そのスケッチには七本の宇宙論の柱が描かれ、それが人間の対象認識のプロセスを現している（口絵2参照）。一本目の柱には「Das Es それはそれ」と書かれ、二本目の柱には「An Es それへ」、三本目の柱には「In Es その中に」、四本目の柱には「Ich 私」と書かれ、五本目の柱には「Vom Ich 私から」、六本目の柱には「Aus Mir 私から外へ」、七本目の柱には「Ich ins Es 私がその中に」という主客合一の状態が描かれている。私たちの対象認識が自我によって行われるプロセスが描かれ、同時に建築の内部空間の生成と発展が描かれているのである。これはあくまでも萌芽に過ぎないが建築の原型をなすものであった。

一九一三年シュタイナーは自ら書いた四つの神秘劇の上演劇場を、その主人公ヨハネス・トマジウスにちなむ「ヨハネス建築」として、ミュンヘンに計画した。ミュンヘンでは近隣の理解が得られなかったため建築許可が下りなかった。そのためグロスハインツ博士からの寄贈によって、スイスのドルナッハの丘に新しい敷地が与えられた（口絵3参照）。

バーゼル郊外のドルナッハは、当時夏の別荘地のようなところであった。シュタイナーが初めてこの地に案内された時は、バイロイトの祝祭劇場のような施設も考えられる、と語っていた。シュタイナーはその日の夕方、編上靴を履き、マントをまとい、ステッキをもって敷地を巡り、人々から七十メートル程離れたある地点に立ち、それから右に左に大きな円弧を描きながら敷地を巡り、夕方の星座を見すえながら、ステッキで星座を指し、「ここがその点だ！」と言って定礎の位置を定めたという。

そこに実際定礎石が埋められるのは一九一三年九月二十日のことであった。数日前からその位置に礎石を埋める為に直径六メートルの大きな穴を深さ一・七五メートルまで掘って九段の階段を降り、そこで定礎式を行った。雨がふり、遠雷が鳴り、稲妻がきらめくような日であった。マリー・フォン・ジファースは、だからといってその日を誰も変えようとはしなかった、と書いている。その日時は星座によって決められていた。宵の水星が天秤座の位置にある時で水星は人間のイマジネーションと自我に関わり、それが天秤座によって平衡を保つ正にその時であった。雨天の日だから星は見えなかったのではあるが。

そのとき定礎の言葉と式辞が語られた。定礎石は大小二つの銅製の十二面体が溶接されたものである（口絵4参照）。建築の実際とは逆に大きな十二面体は舞台の側に、小さな十二面体は観客席の側に向けて東西軸線上に置かれ、その中に定礎の原典が納められた（口絵5参照）。それには雄牛の皮にシュタイナーのスケッチによって描かれた図と言葉が記されていた。そこに記された言葉は略字で書かれ、S. Ch. Th. とあるのは、第一位階《ヒエラルヒア》のセラフィーム（熾天使）、ケルビーム（智天使）、トローネ（座天使）であり、W. B. F. とあるのは第二位階《ヒエラルヒア》の Weisheit（英知霊―キリオテテス―主天使）、Beweger（運動霊―ディナーミス―力天使）、Former（形態霊―エクスジアイ―能天使）、そして P, AA, A とあるのは第三位階《ヒエラルヒア》の Persönlichkeit（人格霊―アルヒャイ―権天使）、

Archangeloi（火霊―アルヒャンゲロイ―大天使）、Angeloi（生命霊―アンゲロイ―天使）のことである。つまり九つの全ての天使の位階《ヒエラルヒア》が呼びかけられている。人類の進化に関わるこの建築の行為を護りたまえ、という祈りをこめて定礎式が行われている。これは日本の地鎮祭において高天原の神々、神漏岐之命、神漏美之命、伊耶那岐之神らに、祓え給え、清め給え、と心から祈念するのと同じである。

　夜七時から八時半の間に行われた定礎式の後でシュタイナーは式辞を語っている。それはこの建築が人類の進化に寄与するものになるために、その意味を伝えようとするものであった。

　第一次世界大戦がやがて始まる（一九一四年七月二十八日）直前の時代に、シュタイナーが語ったことは何か。シュタイナーはこの式辞の中で初めて『第五福音書』について語った。

『第五福音書』とはシュタイナーによって洞察された福音書である。これまでのマタイ、マルコ、ルカ、ヨハネの四福音書は地球期の為に書かれているのに対し、『第五福音書』は地球の過去の月期と未来の木星期の為に「認識の福音書」として語られたものである。

　定礎の言葉でシュタイナーは「精神において求める意志の、宇宙の魂の中で感ずる存在の、宇宙の自我の中で憧れる人間を、私たちは凝縮した要素の国に埋める。エレメンタルな大地の中に埋める。私たちがそれに向かって努力する象徴を埋める」と語っている。三、五、七、十二という数字が記され、それは十二面体が人間の魂の象徴であることを示し、三、五、七は人間の三分節、五は人間の象徴、七は発展のリズムの象徴を示している。小さな十二面体はミクロコスモスの象徴であり、大きな十二面体はマクロコスモスの象徴である。そして小さな十二面体に三回、五回、七回、大きな十二面体に十二回のハンマーの打撃を与える。それによって礎石が大地と結ばれるように。この礎石の中に書きこまれているのはローゼンクロイツァー（バラ十字会）のマントラであり、Ex deo naschimur（神より生まれ）、In Christo morimur（キリストに死し）、Per spiritum sanktum reviviscimus（聖霊によって蘇る）である。それが礎石として大地の要素《エレメント》の国に埋められた。それは「ヨハネス建築委員会」によって、一八八〇年の九月二十日に設定されている。ゴルゴタの秘蹟から千八百八十年後であるから、キリストの誕生からはそれに三十三年を加えた一九一三年の九月二十日を指している。

一年後の一九一四年六月二十八日にサラエヴォでオーストリア皇太子が暗殺され、第一次世界大戦が始まった。シュタイナーは稲妻が彼の身を引き裂いてしまったかのような衝撃的な形相をして現れた。憔悴しきった彼は、以後決して青年には見えなかった、という。

近くのアルザス・ロレーヌからは以後約四年にわたって大砲の音が響いてきた。平和と愛と調和の建築を建設しようとしていたにも関わらず、世界情勢は正反対の方向に向かったのである。

人類の進化に寄与する建築を作ることが彼の願いであった。その為に当時十七もの国々から芸術家が集っていた。シュタイナーは建設労働者の為にこの建築の意義を語り、『新しい建築様式への道』を語り続けた。

「アントロポゾフィーの世界観は建築のフォルムによっても語られる。言葉としてドルナッハに響くものは、フォルムとして見えなければならない」。そこに流れるのは有機的建築の理念である。丁度胡桃《くるみ》の核の中にあるごとく、その中に立ち、その中である法則をもち、その法則に従って殻を、建築を作り上げなければならない。

建築は当時神秘劇の主人公ヨハネス・トマジウスにちなんで「ヨハネス建築」と呼ばれていたが、後に〝ゲーテアヌム〟と呼ばれることになる。なぜか。シュタイナーは一八九〇年代からゲーテの自然科学論文の編纂者であり、認識論哲学者であった。詩人ゲーテが自然科学の植物変容論や色彩論に貢献していることから、ここでは逆に建築の造形原理をゲーテの思想に求めた。この建築はそれゆえ〝ゲーテアヌム〟と呼ばれることになった。シュタイナーの建築思想の源泉はゲーテの植物変容論にあるからである。それは有機的な植物の生成と発展を捉える原理である。一般的に有機的建築と呼ばれるものと共通の基盤を有するが、それだけではない。その背景には人間を含む有機体の学問としての有機学の理念が生きている。有機体の生命は内から外へ発展する。内と外は対応し、その全体と部分は調和している。素材は素材に相応《ふさわ》しい形を生む。それは生命をもち、理念をもって成長し、発展する。これが有機的なものの典型である。

大小二重ドームの全体はドルナッハの丘から盛り上がるように、ユラ山脈の景観にとけ込んでいる。有機的な素材として木材が選ばれ、その全体と部分は隅々まで調和している（口絵6参照）。千人を収容する観客席の大ドーム空間は土星柱、太陽柱、月柱、火星柱、水星柱、木星柱、金星柱という七本の列柱によって支えられ、人間と宇宙の生成と発展を表している（口絵7参照）。それは宇宙論に示された地球の発展であり、はじめは熱だけの土星期に始まり、それに生命体が加わる太陽期、それにアストラル体が加わる月期を経て、人間が自我を獲得する地球期への発展を描いている。それぞれの柱はそのエソテリックな本質に対応したブナ（土星柱）、トネリコ（太陽柱）、サクラ（月柱）、カシワ（火星柱）、ハルニレ（水星柱）、モミジ（木星柱）、シラカバ（金星柱）の木々によって彫られ、七つの柱頭は精神界から降下して、人間が地上的になる現代から再び上方に向から七つの宇宙の発展を示している。この大ドーム空間はそれゆえ「宇宙論の列柱の間」と呼ぶことができる。

そしてここでは建築的なフォルムが音楽的な流れに向かうように試みられている（口絵8参照）。人間がこの建築の中で西から東に向から時、彼は前進的な意志を体験し、また彼が周りの柱や台輪のフォルムを見る時、彼は感情の世界を体験する。そして彼が天井のドームに描かれているものを学ぼうとする時、彼は思惟の世界を体験している。そしてこの建築のフォルムは西から東へ向かう一つの運動のようなものを表現することによって、「普通の自我」が「より高次な自我」へと移行してゆくプロセスを表している。認識論で語られたことが建築として表現されているのである（口絵9参照）。

そしてシュタイナーはこの建築を自らの建築史観の中に位置づけている。「〃私たちは国土の中で生を営んでいる。そして精神は私たちの許にある〃。こう語るのはギリシャの建築学の思想であった」。アクロポリスの丘の上のパルテノン神殿を思い浮かべるだけで十分である。そして「〃私たちは建築の中に留まっている。そして精神は建築の中の私たちのところにやってくる〃。これはキリスト教の建築思想であった」。ラヴェンナのサン・タポリナーレ・イン・クラッセの内部空間を思い浮かべるだけで十分である。そして「〃私たちは建築の中に留まっている。だが私たちは自らを予感的に精神にまで高めることによって、自己の魂をより高めようとする〃。これはゴシックの建築思想であった」。シャルトル大聖堂の内部空間を思い浮かべるだけで十分である。

そして〝私たちの周りにはフォルムの精神が存在しているがゆえに、私たちの周りにフォルムとなって注がれる精神と一つになるために、またフォルムの精神の背後には運動の精神が存在しているがゆえに、運動となって現れる精神と一つになるために、私たちは敬慕の念を抱いて精神の中へと入ってゆく〟。これが新しい建築学の思想である。「建築はフォルムと精神そのものとの内的な交わりを表現していなければならない」。ドルナッハの丘の上に立つゲーテアヌムの建築はこのようなものとして私たちの前に立つ。ここでフォルムの精神といい、運動の精神というのは形態霊、運動霊のことである。「建築はフォルムと精神そのものとの内的な交わりを表現していなければならない」とは、これらの精神の交流を意味するものである。

その内部空間の外周を赤、緑、青、紫、橙色の色ガラスが囲んでいる。それは大きな色ガラスをダイヤモンド・カッターで彫り込んだものであり、その濃淡からモチーフが浮かび上がってくる。シュタイナーがロシアの作家ツルゲーネフの姪アスヤ・ツルゲーネフと共働で発展させた現代の色ガラスの手法である。西正面の大赤色ガラスは「自己認識への招請」を促すものであり、人間は自己の神的・精神的根源を見つめている。緑色ガラスは人間の意志と愛の世界、青色ガラスは人間の感覚と黄道十二宮の世界、紫色の世界は生と死、転生の世界、橙色ガラスは光と闇、眠りと覚醒の世界が描かれ、「世界が建築する。私は建築を見る。そして建築が人間になる」という言葉が添えられている。色ガラスの全体は宇宙のあらゆる方向から神々が私たちに語りかけてくる「神々の言葉のための器官」であった。

大ドームの天井には天地創造から、レムリア、アトランティスの各時代、人類史のインド、ペルシャ、エジプト、ギリシャ文化期のモチーフが植物顔料で描かれていた。小ドームの天井には現代と未来のゲルマン、スラヴ文化期のモチーフが描かれている。

その天井画には新しい絵画の手法が展開されていた。ここではフォルムを「色彩の産物」として生じさせることが試みられている。絵画的なものの全てを色彩から得る、というこれまでの絵画にはなかった手法である。大ドーム空間における柱頭や台輪のフォルムが西から東へ流れるように、天井画の色彩も西から東へ流れてゆく。西から東へは寒色が流れ、東から西へは暖色が流れる。

舞台空間の奥正面には九・五メートル高の「人類の典型」としてのキリスト像が置かれることになっていた。アーリマンとルーチフェルの間に立ち、両者の間に均衡を保つ人類の典型としてのキリスト像である。この建築は文字通り、建築・彫刻・絵画の総合芸術作品であり、その全体を貫く思想は「そして、建築が人間となる」であった（口絵10参照）。

総合芸術作品としてのこの建築はしかし、一九二二年大晦日の夜、放火によって炎上してしまう。シュタイナーの夕方の講義の最後の聴衆が立ち去った後、ゲーテアヌムの内部から煙が出ているのを夜警が発見した。必死の消火作業にも関わらず、炎は稲妻のような早さで広がっていった。丁度十二時の鐘の音が鳴り止んだ時、炎が大ドームを射抜き、その音が天空にとどろき渡った（口絵11参照）。

翌日シュタイナーはこの不幸について僅かに言及するだけで、集まった内外の聴衆に「近代の自然科学の成立」について予定通りの講義を行ったのである。多くの仕事と多くの年月が失われた。

それから一年後の一九二三年のクリスマス会議において、「普遍アントロポゾフィー協会」とその建築の再建が決定された（口絵12参照）。木造の第一ゲーテアヌムが火災によって炎上した以上、第二ゲーテアヌムはコンクリートによって建築されなければならなかった。

一九二四年から今度はコンクリートによって第二ゲーテアヌムが再建された。シュタイナーは一九二五年三月三十一日に他界しているから、その完成を見てはいない。しかしその外観模型においてシュタイナーは、「コンクリートのように荒い素材によっても芸術的なフォルムが可能でなければならない」と考えていた。この建築のファサードは「霊的なものを求める人々の守護となるようなものでなければならない」（口絵13参照）。現代と未来の時代のために迫り来るナチズムや第二次世界大戦に対抗しうるような人々の精神の守りとなる、〝ミヒャエル城〟のような建築が意図されていたのである。中世のゴシックの時代に、教会の西面の建築は、日没の夜と闇の世界に対して、太陽とキリストを象徴する大きなバラ窓を置いたように、ゲーテアヌムの西正面は時代の悪に対する防御となるようなものが意図されていた（口絵14参照）。この建築のファサードの設計のためにシュタイナーは三日間アトリエにこもって熱に浮かされたようにその制作に没頭したという。あらゆる価値の転換はこうして第一ゲーテアヌムだけでなく、第二ゲーテアヌムにおいても行われていたことが分かる。

建築はエルンスト・アイゼンプライスや、カール・ケンパー（一八八一―一九五七）、アルバート・フォン・バラバレ等の建築家によって受け継がれ、一九二八年にコンクリートの軀体工事を完了している。大ホールの完成は一九九八年の改修工事（口絵15参照）に至るまで、多くの建築家によって受け継がれた。

シュタイナーは第一ゲーテアヌムの時点で既に様々な付属建築を建てていた。敷地の提供を受けたグロスハインツ博士の家ハウス・デゥルデック、ゲーテアヌムの色ガラスを彫り込んだグラス・ハウス、ゲーテアヌムの暖房機械室ハイツ・ハウス、哲学アントロポゾフィー出版部、アルレスハイムのイタ・ヴェーグマン・クリニーク、フレーデ博士の家、彫刻家ヤーガー邸、変電塔、ハウス・シュールマン、ハウス・ブロメシュタイン等である。それに加えてランド・スケープ・デザインとして、大地から盛り上がるようなフェルスリの丘の造形や道標、ベンチがあり、内部空間においても螺旋階段の手摺り、暖房衝立、演台、ランプ、黒板、パイプオルガン、家具、椅子、テーブル、ベンチ、鍵、譜面台に至るまでそれぞれがユニークなデザインである。いずれもワルター・グロピウスのデッサウの「バウハウス」が始まるのと同時代に建設された、あらゆる価値の転換の作品群である。

第10章　医学の拡大

光の思想アントロポゾフィーは第一次世界大戦を経てからは学校や病院、農場のような生活領域へも浸透してゆく。一九一九年からのワルドルフ教育、一九二二年からのアントロポゾフィー医学、一九二四年からのバイオ・ダイナミック農業への広がり等である。中心にアントロポゾフィーの思想があり、そこからあらゆる分野のテーマに浸透してゆく。

シュタイナーと共働でアントロポゾフィー医学を発展させたイタ・ヴェーグマンは一八七六年オランダ領ジャワに生まれ、十八歳から神智学《テオゾフィー》に興味をもった。父親の病気のためにオランダに戻り、ベルリンでシュタイナーに出会う。一九〇五年から彼の「エソテリック・スクール」に通うようになった。シュタイナーが神智学協会《テオゾフィー》から離れた時、イタ・ヴェーグマンは「私はあなたの元に留まる」と言って、その後の活動を共にした。その過程の中で彼女はシュタイナーが自分の師であることを確信する。介護の仕事をしていたヴェーグマンにシュタイナーは医学を学ぶよう助言した。一九一一年チューリヒ大学医学部を卒業し、一九二〇年からシュタイナーの医学講座に参加した。シュタイナーはこの時からイタ・ヴェーグマンと共働で現代医学の課題に取り組んだ。その代表作

『精神科学的認識に基づいた医学の拡大のための試み』の中から中心的な思想を取り上げてみよう。

人間はなぜ病気になるか？　これは問われると誰もが戸惑うような問いである。その根底にあるのは、「健康な状態で起こることも、病気の状態で起こることも同じように自然の過程だ」という認識である。健康な状態で人間は肉体を意識しないが、病気の状態では肉体を意識する。健康な時は胃の存在は意識されないが、病気の時はその胃が痛む。

それが人間のアストラル体の体験である。アストラル体はある器官に関わって魂の体験となる。健康な時は肉体と結びついて感じられることはない。

アストラル体と人体との強力な結びつきに病気の本質がある。普通の生活では病気が生ずると、その病気は直ちに自己治癒によって調整される。自己治癒が全く行われないか、ゆっくり行われる時、ある種の病気が生ずる。

病気の原因は精神と魂の働きにある。外からやってくるのではない。治癒は、魂又は精神を人体から引き離すことにある。人体はエーテル体によって貫かれている。人体だけでは決して自然治癒を生み出すことは出来ない。健康はエーテル体にその起源をもつ。治癒の秘密はエーテル体の中にある。これがシュタイナーとイタ・ヴェーグマンによるアントロポゾフィー医学の基礎理念である。ここから全てが生まれてくる。

出発点は血液と神経の理解にある。血液と神経は対極の位置にある。血液形成の全体は自我の影響下にある。自我は、舌から、咀嚼から意識的な感覚としてペプシンやパンクレアスや胆汁の作用にいたる無意識の過程にまで作用する。養分から血液への変化には特にアストラル体が作用する。

やがて血液は空気と酸素と呼吸のプロセスに出会うまで進む。ここではエーテル体が主な働きをする。

神経組織は血液とは反対のものである。自律神経系である「交感神経」は特にエーテル体が支配している。脊椎神経には各部の末梢神経まで特にアストラル体が関わっている。本来の脳神経は自我に従う。人体の下部では自我の働きに従う血液とエーテル体に貫かれた神経が共同で作用する。人体の中間部ではアストラル体の影響を受けた神経が作用する。上部では神経がエーテル体に依存する血液と共に働く。人体の上部では自我の元にある神経が無機質の鉱物に移行する傾向をもつ。神経が固まり、鉱物化して骨になってゆくプロセスである。

骨の形成の出発点がここにある。骨格は自我の作用が物理的に現れた形姿である。無生物、鉱物に向かうものは骨の生成において自我に出会う。脳髄において自我は精神的本性として働いている。呼吸で排出される炭酸は人体内部ではまだ生きている。新陳代謝とともに頭部に向かう炭酸の部分はカルシウムと結合し、自我の影響下に入る。炭酸カルシウムは自我による頭部神経の影響下に骨の形成に向かう。シュタイナーは『精神科学と医学』（一九二〇）の中で新陳代謝のプロセスが自立し、不規則な新陳代謝が頂点に達してしまうとヒステリーになり、神経感覚組織が強すぎるとノイローゼになるという。これらはいずれも物質と精神の相互作用であり、人体における血液と神経、骨の形成という劇的な出来事を扱っている。

神経組織の中で蛋白質が崩壊する。この崩壊する物質をエーテル体によって貫く過程が起きる。病気の過程はたえざる治癒過程によって平衡を保つものである。この平衡は、血液が成長と新陳代謝を生む過程を含むだけでなく、病気を生む神経過程に対抗して絶えず治癒過程の作用が働くことを含んでいる。

具体例として糖尿病が挙げられる。胃の中で澱粉が糖分に変化する時、アストラル体が作用する。糖分のあるところに自我が働いている。糖尿病では糖分が分泌物として現れる。ということは自我が人体に現れることを意味している。その自我が言わば破壊的に現れる。糖分は血液の中にも存在しているから、血液が糖分を含みつつ全身を巡る時、血液は自我を担っている。糖尿病の治癒過程は自我を強化する時に進む。

蛋白質はその形成力によって様々に変化する生きた肉体の物質である。食物によって人間は蛋白質を吸収する。胃のペプシンによって外から取り入れられた蛋白質はペプトンに変化する。この変化は膵液によって行われる。取り入れられた蛋白はまずは栄養として吸収され、人体の中の異物となる。取り入れられた生物のエーテル過程の名残りを異物として含んでいる。これが取り除かれなければならない。それは人体のエーテル作用に受け入れられなければならない。人間の消化過程では二様の蛋白と関わることになる。最初蛋白は人体には異質のものである。最後は人体に固有のものとなる。その中間に、取り入れられた蛋白が前のエーテル作用をまだ捨てていない状態がある。それは全く非有機的になっている。人間は栄養の蛋白を健全に消化するために人体に必要な全ての蛋白を人間のエーテル体の領域へと移すことができるように強い自我をもつ必要がある。それができないとエーテル体に余剰の働きが生まれる。このエーテル体は自我によって十分準備されていない蛋白質を受け取ることになる。人間は自分のエーテル体に属さない作用を受け取る。これは分離されねばならない。この余剰の分離が蛋白尿となって現れる。エーテル体の領域に受け入れられるべき蛋白が分離される。人間の中で分離を生む力はアストラル体の領域と結ばれている。蛋白尿の治癒がどこで行われるかを見る。膵液における自我の力を強化しなければならない。これらはみな人体の中で行われるドラマのようなものである。

脂肪は外部から取られても異質にならない物質である。バターが含む大半の脂肪はペプシンの領域を経て膵液によって変化し、グリセリンと脂肪酸に変化する。脂肪は内的熱を生み出す時、特別の役割を演ずる。この熱は人体の中で自我がそこに生きている物質である。脂肪が自我によって熱のプロセスに使われずに、使われぬまま人体に送られる時、それは不健康なものとなる。このような脂肪が人体のあちこちに熱を生み出すものとして過剰なものを形成する。寄生的な熱の病巣を生む。炎症への傾向をもつ。自我がその生命のために内的熱として必要とする以上の脂肪を生む傾向を発生させるとこのような病巣が発生するという。

蛋白質の摂取は人体の内的活動の一面である排泄の活動と関わっている。注目に値する排出は尿酸のそれである。この排出にはアストラル体が働いている。脳髄における尿酸の分離には自我が作用している。アストラル体は自我の働きをエーテル体と物質体に伝える。自我が器官に無機物と力を運ぶ。この器官の無機的なものによる浸潤によって人間は意識的存在となる。尿酸は人体によって受け入れられないから排出されねばならない。痛風は遺伝によって発展するにしても、遺伝力の作用によってアストラル的、動物的なものが強く働き、それによって自我が後退する。

人体のどこかに現れる痛みはアストラル体と自我の体験である。その時はエーテル的な働きとアストラル的な働きの間にハーモニーを導くようにする。エーテル体が強化され、アストラル体が弱められねばならない。

硫黄は蛋白質の中に含まれている。異質のエーテル体から無機質の状態を経て人体のエーテル体に移行してゆく物質だ。諸器官の繊維、脳髄、爪、毛髪等に含まれている。硫黄はアストラル体と自我の中には入ってゆかない。だから硫黄を取りすぎると目眩《めまい》や意識の鈍化が生ずる。眠りは硫黄の取得によって深くなる。硫黄はエーテル体を受け入れやすくするからである。

燐の場合は異なる。燐は人体の中に燐酸、燐酸塩として蛋白質や繊維質、脳髄や骨の中に存在する。燐は自我の領域で意味をもち、無機質の中に入ってゆく。燐は人間の意識的な働きを刺激する。燐は硫黄と反対に眠りを制限する。硫黄は人体とエーテル体の無意識の働きを高めることによって眠りを促す。燐は骨の燐酸石灰の中に存在する。つまり自我に従う器官の中にある。燐は薬としてはアストラル体の肥大によって病気が生じた時、自我を強化し、アストラル体を後退させる。

クル病はエーテル体、アストラル体の働きの肥大に由来し、自我の働きを弱める。まず硫黄を与えるとアストラル体に対してエーテル体が強化される。次いで燐の処置が続くとエーテル体の器官で準備されたものが自我に導かれる。

珪酸は新陳代謝の道を通って有機から無機に移行する部分にその作用を及ぼす。珪酸は血液の中にあり、それによって造形力が生まれる。珪酸は自我の物理的基盤を作る。青年期に造形力が必要なところには珪酸が与えられる。珪酸は自我が利用できるだけ人体の中にある時正しく機能する。それ以上の珪酸に対しては自我のもとにある過剰な珪酸が尿によって排出される力を持たねばならない。排出されない過剰な珪酸は異質なものとして人体の中に沈殿する。珪酸が多すぎると胃や腸に不調を与える。流動的なところに詰まりが生ずる。珪酸過多になると魂の平衡が崩れ、目眩を感じ、聴覚、視覚が無統制になる。運動システムに関節の痛みを感ずるようになる。炎症が起こりやすくなる。珪酸の供給によって過敏さを取り除くことができれば病気に対処することができる。あるところに偏った珪酸の作用を全身に分散することは硫黄泉によって可能である。

病気の原因は人体全体の働きが有機的に機能しないことにある。外界に起きる過程が人体の中に生まれると病気が生ずる。

肉体とエーテル体は便秘の場合その機能を果たせなくなる。アストラル体と自我の機能が関わらねばならない。さもなくば、人体の他の機能も弱まってしまう。筋肉神経の形成になければならないものがなくなってしまう。それによって人体のある部分に麻痺が生ずる。アストラル体と自我に相応《ふさわ》しくない働きを減らすような物質を人体に加える必要がある。植物の強いエーテル的な油の形成、特に花の形成に作用するプロセスがこの減少に役立つ。燐を含む物質もそうである。燐を他のものと混合し、燐が腸に作用するようにする。

アトピーのような皮膚の炎症は過度なストレスによるアストラル体と自我の異常な働きに起因する。アストラル体と自我が内側の器官に入ってゆけなくなる。それができないことによって肝臓の働きに異常が生ずる。それによって消化が影響をうける。造形力を促す珪酸を人体に加えると皮膚に起きるアストラル体とエーテル体の働きが解放される。それによって健康のプロセスが再び戻る。ストレスによるアストラル体の不規則な働きが血液循環に作用すると、心悸亢進が生まれる。この働きが脳髄の過程で弱まるとテンカンの状態が発生する。頭部の弱められたアストラル体によってエーテル体の働きが強くなり、緊張するからである。処方によって血液循環に不当に用いられたアストラル体の働きが解放され、脳髄への強化が生ずる。原因は血液循環におけるエーテル体とアストラル体の間の交互作用が妨害されることによる。脳の現象はその結果である。

同じ観点から薬についての認識が生まれてくる。物質は人体の内と外でいかなる力と作用をもつか。その際普通の化学で研究される効果が問題ではなく、ある物質が大地から放射するか、大地に入射するかの関係において、その物質の内なる力関係から生まれる作用を考察する。

この観点からアンチモンを考察すると、アンチモンは別のメタルの硫黄との結びつきに強い関連をもっている。硫黄は比較的狭い範囲で安定した特性をもち、熱、燃焼のような自然のプロセスに対して敏感である。それは大地の力からエーテル的な作用に組み込まれる蛋白質の中で重要な役割を演ずる。アンチモンが硫黄と結ばれるとこのエーテル作用への組み込みが容易になる。それゆえ人体の蛋白質の働きに入ってゆきやすい。アンチモンはまた、房状の茂みの形を取ろうとする。大地から離れ、エーテルの中に作用する力に向かってゆく。アンチモンの中にはエーテル的要素へ移行する傾向が含まれている。

血液は人体から離れると凝固する。人体の内部では凝固が阻止される。血液の凝固を阻止するのは人体に組み込まれている力である。凝固が起きると生命が危険に晒される。アンチモンはそれに対する薬として作用する。

人体の形成は蛋白質の変容による。これらが石灰の中に含まれている。牡蠣《かき》の殻の形成である。蛋白質を維持するために牡蠣は殻の形成から解放されねばならない。牡蠣の場合、石灰状のものが蛋白の作用に組み込まれないために石灰状のものを分離する。それが血液の形成の中で起こる。アンチモンは石灰を排出する力に作用する。

チフスの場合、病気は蛋白質が造形力のある血液質へと供給されないことに由来する。そこに生ずる下痢の形態は、既に腸の中でこの変化が始まっていることを示す。生ずる重い意識障害は自我が肉体から追い出され、作用できないことによる。それは自我が作用できる鉱物的な力に蛋白質が至っていないからである。チフスの現象にアンチモン剤を相応《ふさわ》しく合成して加えると、これが薬として作用する。それが蛋白質から固有の力を奪い、自我の造形力に組み込まれるようになる。

薬の作用、効果を判断する場合、アンチモンのようにある素材が人体の外部である作用を示す場合、そのアンチモンが何らかの形で人体の内部に導入されることによって、人体の内部で生ずる力の作用を見ることになる。

蟻酸《ぎさん》は腐食性の炎症を生む素材として蟻の体の中に生じる分泌物である。分泌物が生み出されるとその体の中では課題をもたないので、それは分泌されなければならない。人体の中にも蟻酸が生まれる。それは自我に奉仕する。アストラル体によって有機的素材から無機物になろうとする部分が分離される。自我は有機から無機への移行を必要とする。無機的なものへの発展が行われると、人体の内部でそれが主に酸となる。それは直接分離されるか間接的に分離されるために溶かされる。溶かされるべきものが溶かされないとそれが人体に溜まり、痛風やリューマチの基盤を形成する。

それを溶かすように自己形成的な蟻酸が加わる。蟻酸が必要な量だけ生み出されると人体は無機に向かう産物を正しく除去する。生み出す力が弱すぎると痛風やリューマチ状態が生ずる。

重シュウ酸は蟻酸に移行することができる。蟻酸のメタモルフォーゼである。重シュウ酸は植物の分泌物である。蟻酸は動物の分泌物である。重シュウ酸はエーテル体の領域に対応し、蟻酸はアストラル体の領域に対応している。痛風とリューマチに現れる病状にはアストラル体の働きが欠如している。痛風とリューマチの場合アストラル体に由来する原因がエーテル体に還元される別の状態がある。そのままでは自我の働きを妨げる。アストラル体によっても克服されないエーテル体の妨害作用が生まれる。それは下半身の鈍い働き、肝臓、膵臓障害、胆石の沈殿等に現れる。こうした場合重シュウ酸を加えるとエーテル体の働きを支えることになる。重シュウ酸によってエーテル体が強化される。なぜなら自我の力がこの酸によってアストラル体の力に変えられるからである。それがエーテル体を強化する。植物の中では物質体がエーテル体に貫かれている。動物の中ではこの働きがアストラル体に導かれる。エーテル的に弱い場合、植物に由来するものを加えることによって強められる。植物界からの薬によってエーテル体とアストラル体の働きの間で妨げられた関係を回復することができる。自我は鉱物的になるものに向かう過程にその作用を向けなければならない。

それゆえ病状によっては鉱物も薬として必要である。鉱物の治療効果を知るためには、ある物質がいかに解体されるかを探求することが必要である。なぜなら人体の中では外から入った鉱物は解体され、新しい形で再び有機的な固有の力から再構築されなければならないからである。このような解体と構築の中に治癒効果がある。

ここでは『精神科学的認識に基づいた医学の拡大のための試み』に書かれたことが主題であり、現代の科学的な医学への反対が問題なのではない。今日の医学が直面している状況からすれば、宇宙と人間の本質の認識から医学の拡大を考えざるを得なくなっている。そこからアントロポゾフィー医学が生まれ、一九二二年にはアーレスハイムに「イタ・ヴェーグマン・クリニーク」が開設され、「ミステル」（やどり木）によるガン細胞の吸収を行う治療医学の研究所を発展させた。ガンの発生は肉体と魂のバランスが崩れることに由来する。思考、感情、意志がバランスを失ってガン細胞が勝手に増殖することから生まれてくる。そのようなズレをもとの調和に戻すのに役立つ物質を探すと、やどり木 Viscum album にいたる。やどり木は普通の植物とは違う成長をする。四季のリズムからはやや外れて常緑の特徴を備え、春より早く花が咲き、冬に実をつける。にれ、ポプラ、松、リンゴの木に寄生する。原初の時代から突然変異の飛躍を抑えられてきた植物は、ガンのように無制限な細胞の増殖にブレーキをかけることができる。やどり木の汁から「イスカドール」のようなガン治療薬が作られた。このやどり木薬剤はガン患者に施されるだけでなく、ガンの予防注射としてもこれを受けることができる。治療医学・薬学の観点からヴェレーダ社やヴァーラ社から多くの薬品が開発されている。

イタ・ヴェーグマンはエリザベート・フレーデ、ギュンター・ヴァクスムート、マリー・シュタイナー、アルバート・シュテッフェンと共に一九二三—二四年における普遍アントロポゾフィー協会設立理事であり、精神科学自由大学医学部門の代表であった。

第11章　農業の革命

シュタイナーの光の思想の生活領域への浸透は教育、医学のみならず農業の分野にも広がってゆく。一九二四年六月七日から十六日までシュタイナーはポーランドのコバーヴィッツで「農業講座」を行った。ブレスラウから戻ったシュタイナーは、この講座は特殊なテーマであるが、普遍的なアントロポゾフィーのテーマである、と語っている。協会の中に農業に携わる人がいて、シュタイナーによる農業講座を長らく望んでいた。その提案者カイザーリング伯爵（一八六九―一九二八）の依頼はなかなか実現しなかった。自分の甥をドルナッハに送り、半年以内に講座実施の約束を取り付けるまでは帰って来るな、と言ったという。理論ではなく生活に直結した実践的な活動が重要であった。マリー・シュタイナー、エリザベス・フレーデ、ギュンター・ヴァクスムートも協会の理事として参加した。それがカイザーリンク伯爵のコバーヴィッツ城で行われた農業講座である。ブレスラウから車で四十五分、百人以上の人々が参加した。午前十一時から十三時までが講義、昼を挟んで十五時までが質疑というリズムが十日間続いた。植物の成長、動物の飼育、森林、庭園、肥料の秘密などが主要テーマであった。

精神科学の課題から宇宙を観察すると今日の農業は乱作、略奪農業であることが指摘される。大地から植物は成長するが、大地は植物の根をとりまき、植物成長の延長である。その大地が荒廃している。

農業は今日唯物論的世界観のもとで本来のあり方から離れている。ここ十年来（一九一〇年来）農業ではあらゆる産物が退化している。退化が急激なため、今世紀中に食物がなくなってしまうかもしれない、これは宇宙的、地球的な問題である、というのが当時のシュタイナーによって指摘された警告であった。そのためには農業ではまだ知られていない精神的な力が精神界から汲み取られる必要がある。農業を改善するということではなく、当時すでに人間生活がそもそも地上で物理的に維持、存続できるかどうかが問題であった。フレーデ博士も参加し、天文学的指示を与えた。精神科学自由大学（第17章参照）の各部門が必要とされるような課題であった。「この講座の内容は農夫たちの闘いの精神の基盤になった」とマリー・シュタイナーは書いている。

一九二三年のクリスマス会議以来のエソテリックな傾向は、この時この場において、三百五十人の会員と精神科学自由大学の二コマの講義をもつに至った。精神科学的な方法を農業に適用し、自然の中に精神の作用を見ることが重要であった。

コバーヴィッツでは手を洗うと洗面器に鉄分が残る。コバーヴィッツの土地が鉄分を含んでいたからである。カイザーリンク夫妻も鉄のような、仕事の目的を十分意識する精力的な人であった、とシュタイナーは語っている。

化学肥料を使わない「有機農業」ではなく、「Biologisch-Dynamische Landwirtschaft 生命・力動農業」がテーマである。バイオ・ダイナミック農業の名称はこの講義を聴いてこれに取り組んだ人々の間から自然に生まれたという。多くの経験をもつ実践家のための講座であった。

「有機農業」との違いは何か？　農業者でなくても私たちは、消費者としてまず地球を宇宙と一体の有機体と見ることが出来る。その中の農場を一つの「個体」と見ることができる。それは完結した個体であり、自給自足をもってする。農場が「個体」であるとは、健全な農業は必要とするもの全てを自分で生み出すことができる、という意味である。

この生命共同体の中に多くの植物間の交互作用、生命界、バクテリア、キノコ、虫などの相互関係がある。昆虫、鳥、哺乳動物もこれに属する。このような生命組織の中では、ある植物や動物が他を犠牲にして広がるようなことは稀である。しかし同じ土地での輪作が可能な特殊な野菜、穀物の農作は、今日の高度な収穫への要求によって大量の鉱物飼料、害虫予防のための有害物質、高価な濃厚飼料、抗生物質、その他の物質を必要としている。

農業の基盤として大地がある。大地は普通単なる鉱物的なものと見られている。しかし腐植土が形成され、堆肥が埋められ、有機的なものが加わると大地は生命をもつ。そして植物的なものをもち、アストラル的に作用するものが大地に加わる。大地はそれによって有機体の器官となる。生きた大地が生まれる。

肥料、家畜も自給自足を前提とする。大地が必要とするものは動物が肥やしとして与える。植物が宇宙的作用をもつ。動物がこれを食べる。動物は肥やしを提供する。植物がこれを受ける。完結した「個体としての農場」に動物を加えることは必然である。

天体との関係はどうであろうか？

地球は惑星に囲まれている。月、水星、金星、太陽、火星、木星、土星に囲まれている。

地上において珪素が大きな役割を演じている。珪素は水晶のプリズムの中に含まれている。珪素として水晶の中にあるものは地表の二十八パーセントを占めているという。シリチウムは水溶性ではない。耕地のトクサ（砥草）の中には八十四パーセントの珪酸が含まれている。珪酸は多くの薬の要素をなしている。珪素の半分は周囲にあるので植物はみな三角状のものとなる。全ての植物はサボテン状になる。

他方私たちは石灰、カリ、ナトリウムを地中にもっている。石灰が少ないと細い茎、曲がった茎、ツル植物をもつことになる。

石灰と珪素の力の共働によって植物は今日の形を保っている。珪素の中には地球に由来するのではなく、惑星に由来する力がある。外惑星は火星、木星、土星である。地球に近い内惑星、月、水星、金星は石灰を通して植物と動物に作用する。珪石には外惑星、土星、木星、火星が作用し、石灰には内惑星、月、金星、水星が作用する。

食べられない植物、再生だけしている植物には内惑星、金星、水星、月による宇宙からの作用があり、地上において再生産に関わっている。食物となる植物には外惑星、火星、木星、土星が珪石を通して作用する。

宇宙から大地によって受け取られ、大地から上方に照り返される。地上では石灰が作用し、宇宙からは内惑星、月と水星と金星と太陽が作用する。植物の葉と花が開く。地下では珪素が作用し、外惑星太陽と火星、木星と土星が作用する。植物の根が養分を吸い上げる。私たちはリンゴで「木星」を食べ、スモモで「土星」を食べているとシュタイナーは言う。その宇宙的由来を語っているからである。くだものが良い味がするのは美しい花の色と同様に果実の中にまで昇ってきた宇宙的要素があるからである。

種子の中に宇宙の写しが見られる。種子のカオスの中で宇宙から新しい有機体が構築される。緑の葉は地上的であり、色づいた花のニュアンスは宇宙的なものである。バラの花は火星の作用で赤くなり、ひまわりは黄色であることから木星の花である。根の中に宇宙的なもの、花の中に地上的なものが作用しているという。

ジャガイモにおいて葉として伸びてゆくものが根のようなものに抑えられる。葉と茎の形成が抑えられている。ジャガイモは根菜のように見えるが、根ではなく抑えられた茎である、とシュタイナーは言う。

大地は生命をもつもので、有機体の器官と考えられる。地表は横隔膜のようなもので、頭部は土の中にあり、内臓は土の上にある。農業の個体は逆立ちしている。私たちは地上と地下の生きた交互作用をもっている。地上の作用は月、水星、金星に依存している。地球に近い惑星がその作用を地上的なものに広げている。それに対して地球から遠い惑星は太陽の外を巡り、地下にあるものに作用する。宇宙の彼方から植物の成長に作用するもの全ては直接の放射によって作用するのではなく、まず大地によって受け取られ、大地から上方に照り返される。成長にとって重要なのは宇宙的諸力の作用である。

肥料の本質を誰も知らないとシュタイナーは言う。あらゆる鉱物の肥料は退化に至り、農業生産物の悪化を招いた。植物の成長には窒素が必要だと思い込んでいる。窒素がいかに施されるかが問題である。酸素と一緒の窒素は、死んだ窒素とは全く違う。大地の中の窒素は肥料と共にあって生きている。地上の窒素は死んでいるが、地下の窒素は生きている。唯物論の時代に無知が広がった。伝統が消えた。化学によって畑に肥料を与える。それによってジャガイモ、穀物の全ての質が益々悪くなった、と。

近代の精神生活は経済的な性格をもち、それが破壊的に作用した。磁石が常に北をさす原因を針に求めることは無意味である。この原因は地球の磁力にある。同じことが農業にも言える。カブを植える時、大地に依存するのではなく、宇宙に依存すると見る本能がまだ生きている。しかし古い本能に帰るのではなく、精神科学の観点から見なければならない。化学的・物理学的な構成要素から出発するのではなく、植物の生命、動物の生命にとって重要なものから出発する。

炭素と酸素、水素と硫黄は蛋白質の中で結ばれている。硫黄は蛋白質の中で精神の造形力と物質の間の媒介者である。硫黄によって精神が物質に作用する。硫黄は精神の担い手である。

炭素は自然の造形力の担い手である。炭素は人間を硬化させるが、酸素と結ばれ炭酸として外に出る。動きをもつ人間の自我は炭素の中に生きている。石灰も人間を硬化させる。カルシウムの骨格として人間は大地を自らのうちにもつ。精神が構築する。炭素の足場があり、硫黄の助けがあり、エーテル的なものが加わる。酸素はエーテルの担い手である。

エーテルの担い手酸素が精神の担い手炭素への道を見出す。仲介者は窒素である。窒素の中に働いているのはアストラル的なものである。窒素はアストラル的なものの担い手である。窒素は大気の中では死んでいるが、地中では生きている。

豆科の植物は窒素の収集者である。豆科は地下で窒素を必要とする。それが石灰である。大地の中で窒素を吸収している。下で石灰が植物を捉え、上で珪素が植物を微細にし、中間で炭素が植物を形成している。窒素がアストラル体として、石灰、粘土、珪石の間で作用する。

肥料の問題はどうか。木は樹皮に包まれている。腐植土に満ちた土の丘となるには普通の無機的な土を腐植土によって混ぜる。土が内的に生き生きとし、植物に近い状態になる。(有機)肥料は土を生動化する。

有機体の内部で起こることは生命を刺激して匂いを発する。内部で匂い、外では匂わないのが健康な状態である。(有機)肥料は土地に生動性を与える。窒素を与え、生命を担う。農場、庭、落葉、死んだ動物たちから来る塵は、エーテル的なものとアストラル的なものを保存する。エーテル的なものとアストラル的なものが肥やしの中に存在している。大地はそれによってアストラル化される。

牛のような動物には角とひづめがある。外的なものが閉ざされている。外から内への流れである。(鹿の)枝角は外にも向かう流れであり、神経質である。鹿はある流れを外に向け、角はアストラル、エーテルを内に向ける。(その流れは)内(側)の消化器官にまで入る。内から外に向ける流れは生命を放射する。アストラルを放射するものが角の中にある。肥やしを与えるとは動物の腹の中のエーテル、アストラルを与えることだ。肥やしが大地を生動化し、アストラル化する。貧しくなった大地を活性化するために肥料を与える。肥やしに感謝すべきである。「農業講座」に記された調合材によれば、ここにもあらゆる価値の転換がある。

牛角糞

牛の角に肥やしを詰め、四十五センチから一・五メートル（の深さ）に埋める（プレパラート調合剤五〇〇）。牛の角の中にアストラルを照り返す力を留めている。冬中、牛角の肥やしは周りの土から全てを引き寄せる。この力によって大地を生動的エーテル的なものにする。牛の角を晩秋に掘り起こす。アストラル・エーテルの力がある。そこに水を加え、暖め、薄める。千二百平方メートルの大地に一牛角糞をバケツ半分の水で薄めてかき回し、反転し、散布する。それが「精神からの肥やし」である。

牛角石英（プレパラート調合剤五〇一）

牛の角にすり潰した石英の粉を入れる。粥を作る。一冬一夏置き、晩秋に取り出す。エンドウ豆の大きさ分をバケツの水で廻転する（一時間）。野菜に適する。牛角の肥やしが下から、上から牛角石英が作用する。種子、果実に作用する。

大きなジャガイモではなく、良質のジャガイモが目標となる。大地は植物成長の延長上にある。大地は植物の根を取り巻き、生命をもっている。現代の農業は乱作、略奪の農業であり、力を奪っている。貧しくなった大地を活性化するために肥料を与える必要がある。

バクテリアをまくが、永続的効果はない。

無機化合物をまくが、永続的効果はない。水を活性化するだけである。大地そのものを活性化しなければならない。

珪酸、鉛、水銀、ヒ素は雨によって与えられる。大地から吸い上げられる。リン酸、カリ、石灰は肥料として与えられる。

ノコギリ草（五〇二）

硫黄を使いこなす。ノコギリ草の散房花房を摘み取り、鹿（雄の赤鹿）の膀胱に包む。日光を当て、夏中晒し、冬地中に埋める。肥料の糞に混ぜる。生命力を増進させる。

カミツレ（五〇三）

カリやカルシウムを作りだす。

カミツレの黄色の花冠を摘み取り、牛の腸の中に入れる。できたソーセージを冬の間腐植土の中に埋める。その上に雪が積る。

太陽が大地を照らす。宇宙的アストラル的力が働き、春それを取り出す。窒素分を多く固め、大地を活性化する。

イラクサ（五〇四）

硫黄を含む。カリとカルシウムを放出する。大地の鉄分を除去するためにイラクサを植える。イラクサを枯らし、圧縮する。地中に埋める。一冬中、夏もそのままにして丸一年。埋めていたイラクサを肥料に混ぜる。イラクサは鉄分を引き寄せる。

カシの樹皮（五〇五）

植物の病気には宇宙的治療法を用いる。カシの樹皮は大量のカルシウムを含む。エーテルが強く、アストラルが弱い時、両者のバランスを保つ力をもつ。カシの樹皮をパン屑のようにし、家畜の頭蓋骨の中に埋める。骨でふたをする。一冬放置する。これを肥料に加える。有害な植物の病気を予防する力となり、珪酸とカリウムの間のバランスをもたせ、大地を活性化する。

タンポポ（五〇六）

珪酸の仲介者タンポポの花を乾かし、牛の腸間膜に縫い込み、冬の間、地中に埋める。春取り出す。宇宙的な力をもち、植物が必要とする珪酸を取り入れることが容易になる。

カノコソウ（五〇七）

花を潰した絞り汁を薄める。リンに対して作用する。保存可能であるからいつでもよい。水肥からも糞からも堆肥からも優れた肥料を得ることができる。肥料は無機化学の方法で作られるのではなく、ノコギリソウ、カミツレ、イラクサ、カシの樹皮、タンポポ等によって作られる。

「カイザーリング伯爵は私を〝百姓頭〟と呼んでくれた。しかし私は〝小百姓〟だ。その愚かさ、あるいは無知は神の前では叡智である」とシュタイナーは言う。アントロポゾフィーによって深化された自然および社会認識がその根底にある。農業に対しても精神科学的方法を見出すことが重要である。今日の農業生産方法の成功と苦しみは、高収穫であっても、質は低下し、病気がちであって、有毒物の使用の結果にほかならない。これに対して「バイオ・ダイナミック農法」の中にはこの尺度を生命の関係から見落とさない努力が見られる。そのためには大地の保護、宇宙的リズムの観察、農場と家畜の相互依存が必要であり、動的作用は調合材から生まれてくる。

これらはいずれも生きた農場から生まれた叡智である。

今日の遺伝子組み換え食品とは全く異なる背景からその叡智が汲み取られている。その成果として今日世界中で「デメター」認証を得た多くのBD（バイオ・ダイナミック）農業生産物が普及している。天体の運行に沿った農事暦では月が熱のエレメントにある時は果菜類、月が光のエレメントにある時は花、月が水のエレメントにある時は葉菜類、月が土のエレメントにある時は根菜類の農作業をすると作物がよく育つという。

日本では一九八〇年代からエコロジーの思想が語られるようになったが、シュタイナーにとってそれは一九二〇年代からの思想と実践の成果である。

その最終講義は学問と叡智を結び付ける意味でドルナッハの精神科学自由大学と農業者同盟「リング」との共働が双生児のように行われ、大地をいかにキリスト化するか、という重大なテーマに関わっている。

第3部　未来の共同体

第12章　転生とは

ヨハン・ペーター・エッカーマンは『ゲーテとの対話』の中で興味深いゲーテの言葉を伝えている。

「死後の生命の確信は私にあっては活動の観念の中から生じてくる。なぜというに、若し私が終生休みなく活動したとしたら、今の存在の形式が私の精神をもはや持続できなくなった場合、自然は私に存在の他の形式を指定する義務がある」。

ゲーテのこの言葉は死後の生の確信を語るものである。

より根源的な意味では古代インドの詩編『バガヴァッド・ギーター』においてクリシュナが勇士アルジュナに向かって語る言葉がある。「この個我は生ずることなく、あるいはいつか死ぬこともない。人が古びた衣服を捨てて、新しい他の衣服を着るように、個我も古びた身体を捨てて、新しい他の身体に赴く」。

これは明らかに輪廻転生を語るものである。

十一世紀の仏教学者モーク・シャーカラ・グプタは『認識と論理』（タルカバーシャ）の中で

「輪廻の論証」を展開している。

「心というものはすべて次の瞬間の心と結びつくものである。たとえば現在の心のように。死ぬときの心も、心にかわりはない。(だから死ぬときの心は次の瞬間、すなわち次生のはじめの心と結びつく。)(各瞬間の)心はもう一つのそれに先だつ(瞬間の)心から生ずる。例えば現在の瞬間の心がそうであるように。誕生の瞬間における心も心に変わりはない。(ゆえに誕生の瞬間の心は前生の心より生ずる。)」

心の持続性に由来するゲーテの思考に近いものである。

十七世紀のイタリア・アレッツォの医師、自然科学者フランチェスコ・レディ(一六二六―一六九七)は、最下等動物ですら生殖によって生まれる、と主張した。昆虫や魚ですら泥から生まれると信じていた当時の社会において「生あるものはただ生あるものからのみ生まれる」と。

ルドルフ・シュタイナーはそこから「心的・精神的なものはただ心的・精神的なものからのみ生まれる」と言い、心的・精神的なものの因果律たる転生論を説いたのである。

この輪廻転生論こそ精神科学とも呼ばれるアントロポゾフィーの中心思想であり、彼の宇宙論や人間論、ワルドルフ教育論、医学論にとって中心的な背景であり、この点を避けて通ることはできない。シュタイナーはむしろ自然科学の理解のために人類が五百年を要したように、輪廻転生論を含む精神科学が本当に理解されるためには同じように五百年を要すると考えていた。その理解のためにはまだまだ時間が必要なのである。

人間論において既に考察したように(第2章参照)、私たちは肉体を両親から受けている。身体的な特徴は遺伝法則によって親から受けている。魂は親の影響を受けているにしても、それは親に似た気質や感情の部分である。それは私たちのエーテル体とアストラル体を通してその影響を受けるからである。しかし私たちの精神は私たち自身のものである。私の自我は私の自我であり、親から受けたものではない。私の自我は、親の自我からは独立している。同じ両親と同じ環境から生まれた二人の兄弟が一人は政治的に右翼で一人は左翼ということがある。自我の世界が両親の影響を受けるとすれば、それはあり得ないことである。この独立した自我は身体の法則に従うのではなく、精神の法則に従っている。地上的な自我に対して、真の自我は肉体を離れ、それゆえにその自我が輪廻転生の核となる。

『近代自然科学の観点から必然の表象、再受肉とカルマ』（一九〇三）の中でシュタイナーは、それは因果律の問題であると指摘する。後の状態は前の状態の結果である。後の物理的な物は前の物理的な物の結果である。同様に後の心的なものも前の心的なものの結果である。それが運命の法則である。私の現在の生涯において為すことの全ては偶然として、切り離されて存在するのではない。私の現在の魂の在り方は私の魂の以前の魂の在り方の結果としてあり、原因としては後のものに関わっている。それは人間がどこから来てどこに行くかを示すものである。それは誕生と死を越えてゆく。自分が永遠から永遠への流れの中に組み込まれていることを知る。今生に原因と結果を見出せなければ、過去と未来にその平衡を求めなければならない。動物もまたアストラル体をもち、痛みを感ずる。しかし動物は自我をもたないから、運命の概念を動物には適用できない。動物は痛みを克服する可能性をもっていない。あらゆる痛みは完成へのプロセスである。痛みを克服しながら誰もがより高次な存在になってゆく。

死と新生の間に人間は（過去生での）自分の悪しき行為を償う意図をもつ。その意図をもって転生してくる。ある魂と結ばれた魂は同時代に再び降りてくる。魂の生活は人間の精神が自ら作った運命の結果である。

『神智学《テオゾフィー》』の中でシュタイナーは書いている。

「肉体は遺伝の法則に従う。魂は自ら作った運命に従う。この人間によって作られた運命をカルマと呼ぶ。精神は転生の法則に従う」。

私をこの環境に置くものは何か？　私がこの特徴を持つのは私の前の生涯の行為がそれを私の精神と魂に刻印したからである。この行為が本来の原因である。私がなぜ特定の関係の中に生まれたか、の本来の原因である。この運命の法則への洞察によって初めて「なぜ、善が苦しみ、悪が栄えるか」も理解される。この見かけの不協和は、多くの生涯にまで視野を拡大すると消滅する。私の運命、カルマは必然性として私に近づいてくるが、私の自由を束縛するものではない。なぜなら私が行動する時、私は自立性をもって行動するからである。運命が行動するのではなく、私がこの運命の法則に相応《ふさわ》しく行動するからである（『カルマはいかに作用するか』一九〇三）。

マッチを擦ると必然的な法則によって火が生ずる。この必然的な法則を現実にしたのは私である。同じように私はカルマの必然的な法則によって行動する。この必然的な法則を現実にするのは私である。私が生まれることによって新しい因縁が作られる。人間の発展の途上に一点がある。そこで人間は十分意識して自分の受肉を振り返ってみることができる。自分の受肉が必然的であったことを自己認識できる一点である。人間の中には表層意識より深い意識が働いて、その意識が人間を雷の落ちる場所に導く。そして事故に遭わせる結果が、原因となった同じ存在に返ってくる時、因縁《カルマ》について語ることができる。その出来事は先行する事柄の結果として現れてくるので、痛ましいものだ、とシュタイナーは言う。しかしその出来事を後続の事象の出発点と見なすこともできる。

カルマの法則は慰めの源泉であるとも言える。通常の意識が「私は苦しんでいる」と言うとしても。そして結果の中に苦痛のみが見られるとしても。死と再受肉の間の意識はその苦痛を求める意図を持っていたからであると理解することができるからである。

シュタイナーはヨハネス・ケプラー（一五七一―一六三〇）について、彼はエジプト時代から彼の法則の発見の力を得ていたと言う。惑星が太陽を一焦点とする楕円軌道を描くことを発見した彼は実際『宇宙の神秘』（一五九五）の中で「私はエジプト人から黄金の容器を奪い、神のために至聖所を作った。私はここに賽を投げ、この本を書いた。その読者を百年待たねばならないにしても、その作品を理解する神が六千年も待ち望んだことなのだ」と書いている。そこにエジプト・カルデア文化と現代との関係がある。個人のカルマが民族のカルマ、人類のカルマと結びつく。全人類のカルマがある人物を正にその時代、その場所に据えたのである（『カルマの啓示』一九一〇）。

私たちの現在の行為が来世の健康状態に作用する。私たちの現在の健康状態の中に前世の行為のカルマ的な作用を見出す。非常に利己的に考え、行動した人が死後その埋め合わせをしたいという衝動にかられる。自分で自分の本質を裁こうとする傾向をもつ。その結果虚弱な身体組織をもつことを選ぶ。

第一の人生で表面的な人は、第二の人生で嘘をつく。第三の人生では病気になる。病気は人生の偉大な教育者である。感覚的な放縦への傾向を持つ人、感覚的に生きる人にはカルマの作用として肺炎が生ずる。肺炎を克服する闘いはルーチフェルとの闘いである。有害な影響を覆いに包むと石灰、塩分を含む物質が全体を包む。人間の内面の本質がアーリマンと闘うのが結核である。

病気の目的は人間をより完全な存在にすることである。生まれてから死ぬまでに消化できないものを死と再受肉の間に消化するためにその人は死を求める。その人は死と再受肉の間の生命において病気を克服したことによって得た力を通して身体をさらに形成し、来世において活動できるようにする。

病気が要求するものを生前と死後において分割して果たす。ある病気は治り、他の病気は死に至るのはカルマに根拠がある。病気の結果死ぬとしても病気は人間を進化させる。目的を持つのがカルマの法則である。高次の観点から病気を見ると、カルマを通して人生に深い慰めが得られる。高次の意識によって死を高次の霊的存在からの贈物として受けるという観点に立つ。

患者を助けて自然治癒力を発展させたり、私たちの自我が癒される可能性がある時は癒される。患者が生き続けるべきか死ぬかの判断は高次の理性が行う。カルマを理解することによって治らない病気という重い運命にも調和がもたらされる。

バッハ家に二十人の音楽家がいる。音楽的な耳を渇望するものたちがその家族に生まれようと殺到する。ある人が音楽的印象をたくさん受け取りながら音楽的な耳を持っていなかったのでその印象を音楽的能力へ変化させることができなかった場合、来世において音楽的な耳を遺伝してくれる家族のもとに生まれようとする。

ある時代に人間が流行病に対して対策を立てられないでいるとしたら、それはアーリマンとルーチフェルの影響によって引き起こされたものを埋め合わせる機会を人間が見出せるように、普遍的な叡智に満ちた計画に従って流行病が作用すべきであったからである。

死は誕生のカルマ的な結果である。濃密な物質性を誕生の時受け取る。再び霊的なものに入るためには物質的身体性が私たちから取り上げられるのを待たねばならない。

自己認識を行う。自分はどのような人間であったか。思索的な人間か、外向的な人間か、読むけれども、計画は嫌い、作家になりたかったが、職人になった。望まなかったこと、願わなかったことを精力的に望み、願ってみる。今の受肉ではあり得ないことを思い浮かべてみる。そこにその人の本質が現れる。現在の自分と正反対のものを思い浮かべてみると、自分と関わりがあることを否定できない。例えば銀行マン。今は違うが、前世に由来するものである。計算がうまい人は前世もそうであったと思う。今生の能力は過去生の能力と思いがちである。前世の良き数学者は今生では数学の才能はない。今生では最も才能が無いものに才能があった。前世では数学の才能があり、若くして死んだ。今生で前世の続きを行うことはあり得る。良き計算者は次は全く駄目になる。計算とは別の科目で才能を示す。建築のフォルムに親しむと、繊細な聴覚となり、次生は音楽家となる。感覚は器官を形成し、音楽を体験するものとなる。建築家になるのではなく、音楽家になる。私たちの本質の中の最も鈍い側面を発見する時、それらは多分前世において最も輝いていたものに私を導く。ある受肉において多くの言葉を学ぶ素質のある人はこの素質を次生において持つことはない。多くの言葉を学ぶ素質が僅かしかない人間として今世に生まれてくる。私が僅かしか素質を持たないこととして私がもつ表象が前世の姿になる、この像は私にはかなり近い、決して遠くはないと思う（『再受肉とカルマ』一九一二）。

前の地上生で特別憎んだ人に対して特別の愛情を発展させるように何かをすることができる。具体的に注がれる愛情によって悟性と魂の全体が明らかになる。教育で助けることができるのは、カルマについての一般論ではなく、カルマの関係がいかなるものかに注意するために、具体的に人生を考察することである。子供たちがあるクラスで運命によって共に支えられていることはどうでも良いことではない。〝人間というもの〟を一つのクラスに偶然一緒にされる運命と見るのではなく、以前の生涯にある人からある人への注目すべきカルマの糸が張られていることを教育者として見ることができる。その時子供の発展の中に和解的に作用するものを受け入れる。カルマとは厳格な必然性に従うものだからである。

愛から喜びが、喜びから開かれた心が生まれる。憎悪から苦しみが、苦しみから愚かさが生まれる。これが必然的な関係であるとシュタイナーは言う。しかしある河の流れを変えるようにカルマの流れをまっすぐにすることはできる。子供に愚かな素質がある時、子供の心に愛情を発展させるように指導する。その子供が他の子供といかなるカルマの関連にあるかを発見する時、その子供を愛するように導くことができる。愛の行為を行うことによって反感に対して愛を与えることができる。そして次の受肉において愚かさが改善されるようにすることは、今日すでに可能である。素質の悪い子供を愛することができるように導く。それによって少しずつ理解できる人間に教育してゆく。カルマの関係の洞察を人生に役立つものにすることができる。

シュタイナーは一九二四年二月十六日から「秘教的考察――カルマの諸関係」という八十一回の連続講義をヨーロッパ各地で行った。これまでの単発的な講義に対してこのテーマを体系的に論ずるものである。この連続講義を始めるにあたり、シュタイナーは、人間の運命の条件と法則について話している。原因と結果についてしばしば語られているが、その原因と結果の現れ方は十分考慮されているであろうか。

第一に無生物の自然、鉱物界を見る。結果が生命なきものであれば原因も生命なきものである。水晶でも岩でも同じである。植物の場合、植物の原因の力は空間の彼方からやってくる。彼方のエーテルから植物の原因がやってくる。鉱物の場合、物理における原因と結果は同時的である。植物の場合、物理と超物理の中に原因と結果の同時性がある。動物の場合、過去の超物理的原因が現在の結果を生む。人間の場合、過去の物理的原因が現在の物理における結果を生む。

人間の場合、カルマの構成要素は位階《ヒエラルヒア》によっている。人間のエーテル体の構成要素は快、不快に現れ、アルヒャイ（権天使）、アルヒャンゲロイ（大天使）、アンゲロイ（天使）によっている。人間のアストラル体の構成要素は同情、反感に現れ、キリオテテス（主天使）、ディナーミス（力天使）、エクスジアイ（能天使）によっている。人間の自我の構成要素は出来事や体験に現れ、セラフィーム（熾天使）、ケルビーム（智天使）、トローネ（座天使）によっている。人間のカルマはいずれも神々の所作であり、厳粛に向かう必要がある。

目覚めた意識状態の人間は第三位階《ヒエラルヒア》、アンゲロイ、アルヒャンゲロイ、アルヒャイと関わっている。頭部組織は大地に属し、第三位階《ヒエラルヒア》と関わっている。感情に降りてゆくと律動組織と関わり、第二位階《ヒエラルヒア》、エクスジアイ、ディナーミス、キリオテテスと関わる夢の状態である。運動組織に降りてゆくと第一位階《ヒエラルヒア》、セラフィーム、ケルビーム、トローネと関わる眠りの状態である。

現代の地上生が前の地上生によって決められていることによって、自由が侵害されるわけではない。自分が建てた家に自分が住むことでその人の自由が侵害されることはない。秘儀参入の学問に入る前と後はいずれにおいてもカルマの必然性と自由の間に矛盾はない。入る前は人間が普通の意識で自由の領域にいるからであり、入った後は自分のカルマを了解しているからだ。秘儀参入の学問によって前の地上生を振り返ってみると、彼はカルマの課題を果たすことによって自由である。彼が前の地上生で建てた家に引っ越すことによっても彼は同じ理由で自由である。

最初の幼年期には子供の魂と精神に第三位階《ヒエラルヒア》が特別強く作用する。それは第一・七年期、第二・七年期、第三・七年期に及ぶ。この時期にカルマの要求が現れてくる。精神と魂から人体を構築する力が送られる。十四歳とともに第二位階《ヒエラルヒア》が作用し始める。それは第三・七年期、第四・七年期、第五・七年期に及ぶ。十四歳から二十一歳までは第三位階《ヒエラルヒア》と第二位階《ヒエラルヒア》が同時に作用する。生殖と新しい形成力に作用する。二十一歳から初めて第二位階《ヒエラルヒア》が独自に作用する。つまり、性の成熟から宇宙的プロセスが作用する。これまでになかった力である。三十五歳からは内的、魂的に、弱くなり、人体の老化が始まる。三十代までは構築的で、その後は解体してゆく。二十一歳まで第三位階《ヒエラルヒア》が、十四歳から三十五歳までは第二位階《ヒエラルヒア》が作用するだけだと地上生の半ばで死期が熟したことになる。二十八歳から四十九歳まで第一位階《ヒエラルヒア》が人間に作用する。そのために老化は起こらない。そしてこの時期にカルマの充足が現れる。二十八歳から三十五歳までは第二位階《ヒエラルヒア》と第一位階《ヒエラルヒア》が同時に作用する。本来の第二位階《ヒエラルヒア》の作用は二十一歳から二十八歳までである。つまり人間は誰もが誕生から二十一歳までの間に、アンゲロイ（天使）、アルヒャンゲロイ（火霊）、アルヒャイ（人格霊）の指導の下に、カルマの要求を自らに刻印し、二十八歳から四十九歳までの間に、セラフィーム（愛霊）、ケルビーム（調和霊）、トローネ（意志霊）の指導の下にカルマが充足される。

日本精神史の中で日蓮（一二二二―一二八二）の生涯をたどると、「日本一の智者とならん」として比叡山に入る二十一歳までの日蓮と、法華経を軽んじた過去の業の要求を自ら背負い、開宗の清澄寺に戻ってから、死罪・流罪となる四十九歳までの日蓮は、その業が充足される受難を体験し、しかもその業の要求と充足の意味を充分認識していたことが分かる。

大震災の場合のようにある地方が巨大地震に見舞われ、多くの人々が共に死を迎える。精神科学の観点から考察すると、これらの人々はこの地震でカルマの糸が全く切れたということであろうか？　そうではない。老人にとってはその地上的カルマはこの人生では間もなく生き終えたかもしれず、人生の糸は数年短くなったということであろう。若い人にとってはその人生を多年にわたって短縮されたことになる。一般的に地震によって人間が共に死ぬ時、人々は何らかの形でカルマと結びついていたと言える。共にある地方に住んでいるということがそうである。彼らはある共通の生涯の運命の中に運び込まれ、前地上生から、地上生へと降りてきて特定の地上の場に降りてきている。そしてこの共通の生涯の運命において、その人生の糸を引き裂かれたことを意味する。

鉄道事故はそれに出会っても僅かな人だけがあるグループに属する人であり、共に鉄道事故で死ぬ人は運命によってその一点に運ばれたようなものである。

地震や火山の噴火や大洪水のような自然災害で起こる全ては、地球の自然法則的な発展の絶えざる運行の中にあるものではない。そこでは自然法則によって地球の発展の中に何かが参入して来る。古代の月の時代を振り返ってみれば分かる。それは別の自然法則を必要としていた。月の生命を絶えず動かす自然法則があり、内的に動き、波うち、うねる運動があった。月はその運動の力を地球に残した。そして月存在が地球を離れた後に騒ぎ立てる。月存在として騒ぎ立て、地球の中に残されたものがアーリマン的な力によって利用される。その時アーリマン的な力は、自然の破局が起こる時、大地の深みから快楽に満ちた顔をもたげてくる、とシュタイナーは言う。

三十歳の人はこの破局がなければ六十五歳くらいまでの生涯を全うしたであろう。彼のエーテル体、アストラル体、自我の機構の中にその全てが含まれている。六十五歳であればゆったりとした解体が生じたであろう。この解体が一瞬にして起こる。そのカルマを生き終えた人とは別の形で精神界に入ってゆく。その中にはないものが精神界に持ち込まれる。まだ地上にあり得たエーテル体、アストラル体、自我の機構である。それが精神界に運び込まれる。エレメンタルな破局の場合にはいつも地上的要素が精神界に流れ込む。その人の前の地上生から、すべきであったがしなかったことがあり、用いられなかった原因がある。その用いられなかった原因を今神々が受け取り、人間に運び込み、次の地上生のために、その人の内面を強化する。この破局に出会わなかったら、次の人生でわずかな能力を持ってしか登場できないか、別の領域に向かってしまう。カルマの平衡としてその人は別人として現れる。いずれにしても特別の要因を持って登場する。というのは彼のアストラル体には用いられなかった原因が組み込まれているからである。

他方カルマとしてそれほど強く結ばれていない人間がいかにアーリマンの存在によって文明の破局に向かうために一群にまとめられるかを見よう。カルマの糸によってグループとして関連していない人々のカルマが再び一ヶ所に導かれる。自然災害の場合とは本質的に異なる。自然災害の場合はそれに見舞われた人間の中に、原因として含まれている全てのものへの〝鋭化された記憶〟が呼び覚まされる。人間が死の門を潜ってゆくと彼のカルマの中に含まれている全てが想起されるからである。はっきりした記憶が死に至る自然災害によって人間の魂に現れる。

鉄道事故のような文明の破局はその反対に〝カルマの忘却〟を呼び起こす。カルマの忘却によって人間が死後精神界から新たにもつ印象に対して強い感受性が生まれる。その結果このような人間は用いられなかった彼の中のカルマの本質とは何かを自ら問わねばならなくなる。

自然災害の場合には人間の知的特徴がアストラル体の中に凝縮されるのに対し、文明災害の場合には人間の意志の特徴が凝縮して強化される。カルマはこのように作用するとシュタイナーは言う。

死後の人間の魂はダンテの『神曲』が示すように星々の局面を巡る。死の門を潜り、肉体とエーテル体を脱ぎ捨て、魂はまず過ぎ去った地上生の記憶、思い出に浸る。魂はアストラル体として宇宙に拡大してゆく。毎夜私たちは星々の彼方に拡大してゆく。まず地球の周りの月にまで拡大してゆく。それがカマロカ（煉獄）の時代であり、前の地上生との内的関連を振り返る時間である。それから天文学的には金星まで、霊的には地球を中心とするプトレマイオスの水星まで拡大してゆく。そこで地上で一緒にいた人と出会うか、孤独に生きるかのどちらかである。地上において道徳的な気分に生きたか否かによって幸福か、孤独を味わう。水星局面は道徳的特徴を示すものであり、地上において良心をもっていたか、いなかったかが問題となる。

地上で起きている全ては精神界からの指導をうける。水星までの局面で、自然死ではない死、病気が影響を受ける。病気または死の精神と呼ばれる存在が作用する。地上で良心をもたない人間として過ごした人はこの水星を通過する時、病気や死の悪しき精神の従者、奉仕者になる。神道の禍《まが》津日神《つひのかみ》のような存在である。この力が地上に送られると疫病、病気、早死が起こる。悪しき精神がそれに関わる。怠惰もまた水星の領域でアーリマンに従う妨害の力の奉仕者となる。

金星（天文学的には水星）まで拡大すると宗教的な特徴によってそのあり方が決まる。良き態度を発展させると精神の根源の力と結ばれ、他の人々と共生し、より高次な位階《ヒエラルヒア》とも共生できる。それに対して無神論者はここで苦汁の孤独を味わう。金星では宗教的に近かった人、民族、人種として結ばれていた人が共に集うことになる。

太陽ではあらゆる宗教に対して深い寛容を発展させ、至福の存在となる。キリスト教はゴルゴタの秘蹟以来、普遍的性格をもっている。様々な宗教もゴルゴタの秘蹟、キリスト衝動に対する理解をもつ時、太陽で祝福された存在となる。

死と新生の間に太陽局面に来ると、私たちは二つのものに出会う。第一に私たちは空席を見る。この空席にはかつてキリストが座っていた。キリストはゴルゴタの秘蹟によって地球に降りていったキリスト衝動の思い出をここに持つ。第二の玉座はルーチフェルの座である。キリスト衝動を受け入れないとルーチフェルだけが指導者となる。彼が私たちを次の火星局面へと導く。キリスト衝動を対抗の力としてもって初めてルーチフェルが救いの治癒の力となる。

火星の力は戦闘的な力と勇気を与える。人類の進化を促進するために物理的力が必要であり、その力が情熱化される。戦闘的な力と混乱が世界に生ずる。人間を行動的にし、勇気を与えるのは火星の力からの流入である。

人間の魂は木星、土星へとさらに拡大してゆく。木星においては天上の音楽が変化し、オーケストラが合唱に代わるような変化を受ける。音が本質的なものを伝える。

土星は宇宙の言葉の表現であり、「始めに言葉ありき」の状態に至る。それによってあらゆる事物が創造された。宇宙の法則と叡智が響く。最も進歩した魂がこれを行う。その能力や条件を獲得しなかった魂は地球の隣の領域（月）とのみ結ばれる。他の領域にも進むが、眠るような、無意識の状態で進む。太陽を越えた領域で新しい肉体の構築に必要な力が集められる。

人間が星々にまで広がり、宇宙の真夜中に至った後、収縮が始まる。土星、木星、火星、太陽、金星、水星、月へと収縮してゆく。小さくなりつつ宇宙の精神的な力を取り入れる。ついには小さな精神の球、胚種の物理的な球と結ばれて、精神界から結実する。人間の誕生である。父と母から全てが生まれる訳ではない。第三のものが宇宙からやって来る。感覚と神経組織が生まれるが、その周りに生きたものが宇宙からやってくる。

人間は超感覚の存在を前地上生から地上生に運び、死後再び地上を去ってゆく。物理の世界とエーテルの世界から超感覚の世界に入ってゆく二つの門がある。「月の門」と「太陽の門」である。月はかつて地球存在に組み込まれていた。太古に地球から離れ、自立し、天体となった過去のものである。太陽の門は未来に向かう。太陽が月を照らすように、未来が過去を照らす。私たちが共感、反感として感ずるものを意志として感ずると、この人は、私たちは前の地上生で結ばれていたと感ずる。この人間が私たちの悟性に印象を与えると、私たちは前の地上生で結ばれてはいなかったことになる。人によっては何度会っても夢を見ない人がいるが、ほとんど会っていないのに夢を見る人がいる。繰り返し夢に見るのはカルマとして結びついている人である、とシュタイナーは言う（『アントロポゾフィー　二十一年後の要約』一九二四）。

瞑想とは思考を普通とは別に体験することである。思考を体験することが必要である。Weisheit ist im Licht.〟叡智は光の中にある〟を繰り返すことによって思考を強めることができる。思考が強められると第二の人間を感ずるようになる。物質体をもつことで地球の物理的現在に生きる。エーテル体を持つことで誕生前に生きる。アストラル体を持つことで前の死と地上への降下の間を生きる。自我を持つことで前の地上生に入って生きる。私たちは前の自我意識を無意識で現代に担っている。

何らかの衝動が昇ってくる時、または何かをしようという衝動が私たちの中から昇ってくる時、それは、精神界からだけではなく、遥かに遡って前の地上生からやってくる。前の地上生が人体の暖かさの中に作用している。そしてあれこれの衝動を生み出している。私たちは人間の暖かさの中に本来の自我を見ている。現代の受肉の自我は決して終わっているのではなく、創られている。本来の無意識の深みに作用している自我は、前の地上生の自我である。

ある人を見る。外的感覚で見る。私はエーテル的なもの、アストラル的なものを見る。彼の背後に別の人間を見る。前の受肉にいた人間を見る。現代の人間の受肉の頭部が現れ、その上に前の受肉の頭部、その上にさらに前の受肉の頭部を見る。現代の人間の背後に前の受肉の人間が、さらに遡った受肉が昇ってくる。これは現実の直観《イントゥイション》である。前の受肉の回り道からモラルの衝動が作用する。人間の内部に作用する本来の原動力は、現代の自我ではない、と言う。

人間が普通の生活の中で自我と呼ぶものは単なる表象である。人間の中に作用しているのは前の地上生の自我である。現代の受肉の人間がいる。イマジネーションを発展させると、誕生前、受胎前のエーテル体を見る。彼のアストラル体はインスピレーションによって前の死とこの誕生の間に流れる時間に彼を導く。そしてイントゥイションは彼を前の地上生に戻す。

眠りは毎回前地上生で通過したものに戻る。前の受肉への逆戻りである。人間は実際眠りの間、前の地上生を体験する。ただ捉えられないだけである。あるいは前地上生で体験したことを体験する。人間が眠っている時、彼はどこにいるかを問う。彼は前地上生にいるか、前の地上生に戻っている、と言わざるを得ない。

シュタイナーのカルマ論の全体は個々人の転生を論ずることにおいて、ゲーテやシラー、ガリバルディやカヴール、シューベルトやマルクス、バイロンやニーチェ、ユゴーやヴォルテール、ベーコンやハールーン・アッラシード、アモス・コメニウス等、歴史上の多くの人物を取り上げている。

例えばフランツ・シューベルトは貧しかった。フォン・シュパウン男爵が彼を支えた。夕食はいつもシュパウンの奢《おご》りだった。シューベルトはフレグマ（粘液質）だが、コレリカー（胆汁質）を持っていた。朝起きて美しい作品を作曲した。グルックのオペラ〝イフィゲーニエ〟を見て歌手のミルダーに感動した。隣にいた大学教授が顔を赤くして、あの歌手は〝さえずり〟のようなもので、イフィゲーニエも〝ゴミ〟のようなものだと言う。シューベルトは感情を抑えられなくなって、殴り合いになりそうだった。彼を鎮めるのは大変だった。喧嘩好きな性格が繊細な音楽に代わる。シューベルトが死んだ時、彼はまだほとんど知られていなかった。次第に知られるようになり、実り豊かな作曲家になった。シュパウン男爵は八、九世紀のスペインに遡る。カスティーリャの領主として知られ、天文学に詳しかった。しかし故郷を追われ、ムーア人のもとに逃げた。そこで後のシューベルトになるムーア人と出会う。この繊細なムーア人がいなければカスティーリャの領主は滅びたに違いない。フランツ・シューベルトは再受肉したムーア人であり、音楽とはほど遠かったが、内的傾向はアラビア文化の中にあり、繊細な芸術的なこだわりをアジアからアフリカ、スペインにまで持ち込んだ。ムーア人と非ムーア人の間の闘いにも参加した。シューベルトの音楽は歌曲の根底に精神的なもの、アジア的なもの、荒野の太陽のようなものがあり、死と新生の間に、それがヨーロッパで明瞭になり、貧しい音楽教師として再生したという。

輪廻転生の課題はヨーロッパ、アラビア、アジア、アメリカへと広がって行く。シュタイナーは『宇宙の発展への人間の責任』（一九二一）の中で、民族移動の初期キリスト教の時代にヨーロッパの南でキリスト教を受け入れた多くの魂は、二十世紀にアジアに受肉している、とりわけ日本に、と語っている。これは何を意味するか。かつてヨーロッパに生きた魂が今日アジアに受肉し、かつてアジアに生きた魂が今日アメリカに受肉し、かつてネイティヴ・アメリカンとして生きた魂が今日ヨーロッパに受肉していることを語っているのである。これをインター・インカネーションと呼ぶことができる。

人間の以前の受肉が後の受肉に作用する時、そのカルマは本能的に生きる。しかしそれは精神的な本能であり、自我の中で作用する本能である。この本能の作用は人間の自由と矛盾することはない。自由は動物において本能的に作用するのに対し、人間においては精神の領域から作用する。この地上ではカルマの体験は本能的である。意識の表面下で起こる。地上生の間、意識的に生きる思考は死んでいる。カルマに織り込まれる思考は生きている。アンゲロイ、アルヒャンゲロイ、アルヒャイがそこで生きているものを吸い上げる。眠っている時エーテル体はベッドに残り、思考は死んだ像である。死後人間はエーテル体と共に拡大する。死後人間から解体するエーテル体に委ねられるものが第三位階《ヒエラルヒア》の存在によって受け止められる。私たちが生と死の関係、または死者のことを思う時、次のように言うことは、美しく素晴らしい祈りとなる。

「アンゲロイ、アルヒャンゲロイ、アルヒャイはその人の運命の網をエーテルの織物の中に受け入れる」。

人間の思考がアンゲロイ（天使）、アルヒャンゲロイ（大天使）、アルヒャイ（権天使）によって呼吸されると、逆の生涯に入ってゆく。人間は自分の行為、意志の衝動、思考の方向を他人が受けるように体験する。その他人に善や悪を付け加え、他人の感情の中に生きる。人間が体験するものが今やエクスジアイ（能天使）、ディナーミス（力天使）、キリオテテス（主天使）の存在によって受け入れられる。人間のネガティヴなものを吸い上げる。人間の正義に置き換えられた行為の結果がエクスジアイ、ディナーミス、キリオテテスの存在によって吸い上げられる。それは人間が太陽の中心に至る時である。

「人間の地上生の正当な成果が宇宙のアストラルな感受において、エクスジアイ、ディナーミス、キリオテテスにその本質を導く」。

人間が人生の三分の一を死後過ごした後、太陽の中心を経て精神界に至る。そこで正義に置き換えられた地上の行為が第一位階《ヒエラルヒア》の働きによって受け入れられる。セラフィーム（熾天使）、ケルビム（智天使）、トローネ（座天使）によって。

「人間の地上生の正当な形成はその行為の本質として、トローネ、ケルビーム、セラフィームにおいて蘇える」。

かつて人間の地上の行為であったものがアンゲロイ、アルヒャンゲロイ、アルヒャイ、エクスジアイ、ディナーミス、キリオテテスを通過して受け入れられた後、天上の行為としてトローネ、ケルビーム、セラフィームのもとで広がってゆく。これは神々の位階《ヒエラルヒア》の行為に他ならない（「秘教的考察――カルマの諸関係」）。

第13章　瞑想と体験

シュタイナーの世界観は知識ではなく、体験を伴う認識の道である。単なる知識であれば、他の多くの知識の中の一知識であるに過ぎない。それは自己認識と世界認識への道であり、修行を伴うものである。それゆえアントロポゾフィーにおいては学問的認識から始まり、芸術体験を経て、宗教的深まりをもつに至る。あらゆる価値の転換という意味においてここでは知性の変容が問われている。

シュタイナーは一八九四年に代表作『自由の哲学』を書いた。自由とは何かが問われ、いかなる外的権威からも影響されることのない個体主義の立場を説いている。人間の思考、感情、意志の全てにおいて自由とは何か。その自由はそれぞれの個体の内面において体験される。人間が本当に自由でありうるためには物質的、感覚的なものからも自由でなければならない。思考の中に物質的なもの、エゴイズムが混じっているとそれへの執着が生まれる。その感情の中に不純なもの、その意志の中に不透明なものがあると、その感情と意志は自由なものではない。人間の思考と感情、意志の全てに光を当てることが必要となる。人間が自由でありうるためには個的自我の浄化が必要なのである。

人間とは何かが問われ、誰にも可能な自己発展のプロセスが明らかにされる。思考こそ人間が感覚界で行使しうる最高の能力である。健全な思考による理解の方が、疑わしい神秘的感情などより遥かに優れた出発点になる。生きた思考が超感覚的認識の土台となる。修行者はその魂の生活が健康でなければならない。シュタイナーはここで、「私の言うことを信じなくてもよいが、それをあなた自身の思考内容にすること」を促している。

人間は自分を消し去る時にのみ、他のものがその人の内に流れ込む。最上の修行は、嫌悪を感じている人間が行う全てのことを自分に作用させてみることである。容易ではない。しかし可能である。

没我的な帰依の行は精神界を観る力に変化する。快と苦に我を忘れる人間は精神的認識の小径を歩むことはできない。自由とは自分からの行為である。そして行動の動機を永遠なものから取り出す人だけが自由に行為することができる。そうすることができない人は世界秩序に逆らうことになる。それによって世界秩序が彼を圧倒する。彼は自分の意志が本来もつ課題を果たすことができない。つまり彼は自由になることができない。自分の恣意が自分自身を破滅させることになる。

人間は認識の弟子となると自分が精神界の住人であることを意識するようになる。精神的洞察力が高次の領域から流れこんでくる。認識の光は外から彼を照らすのではなく、内から彼を照らすようになる。彼自身がその光源となる。彼はもはや精神によって形成されたものと対話するのではなく、形成する精神そのものと対話するようになる。探求者はこの探求のために自分の魂を感覚界から引き離す。自分の中に生きている永遠なるものに従って行為する人間は、永遠の世界秩序の意に沿って行為する。シュタイナーは現代に生きる誰もが歩むことの出来るこのような「認識の小径」を歩むことを勧めている。

〝六つの副次行〟と呼ばれるものは一九〇四年に始まったベルリンのエソテリック・スクールの基礎であった。この基礎はオクルトな発展を行おうとする誰もが自らに立てなければならない普遍的な要求である。この条件を満たすことなく前進できると考えてはならない。

第一の条件は完全に明瞭な思考の訓練である。この目的のために一日の僅かな時間でも、例えば五分でも鬼火のように揺れ動く思考から自分を自由にしなければならない。人は自らの思考の主人とならねばならない。この思考の制御は例えば一本の虫ピンについて考えることから始まる。私は今この思考から出発する。それと関連する全てを考え、自分の内的な発意によって思考に思考を連ねてゆく。思考はその訓練の時間の終わりにも初めと同じように生き生きと魂の前になければならない。この行を毎日、少なくとも一ヶ月行う。

約一ヶ月練習してから、第二の行を加える。これまでの生活の経過の中で決して行わなかった何らかの行為を考えてみる。この行為を毎日自分の義務とする。できるだけ長い期間行えるような行為が良い。重要ではない行為から始める。例えば毎日特定の時間に花に水をやる。その行は再び一ヶ月続く。そしてこの第二ヶ月目の間、第一の行は義務ではなくなり、それに専念することができるようになる。さもなくば、第一ヶ月目の成果は間もなく失われ、無制御の思考の旧習が再び始まってしまう。第二の行によって行われた発意の行為を終えたなら、魂の中で内的な活動の推進力を意識し、この感情を頭部から心臓へ流れ降りるようにする。

第三ヶ月目には快と不快、喜びと痛み、〝天にも昇り、死ぬ程悲しい〟動揺に対してある落ち着きが新しい行として形成される。いかなる喜びにも、いかなる痛みにも圧倒されることなく、いかなる期待も不安や恐れで一杯になることなく、いかなる状況にも取り乱すことがないようにする。このような行が人を味気なく、素っ気なくすることを心配する必要はない。それどころかこの行によって、魂の浄化された内的平静を感ずることができる。

第四ヶ月目には新しい行としていわゆる積極性の行を行う。あらゆる経験、存在、事物に対してその中にある善、すぐれたもの、美しいものを見出す。例えばキリストが弟子たちとある時道を歩いていて、片隅に腐敗した犬の死骸がよこたわっているのを見た。弟子たちは皆醜い光景から眼をそらせた。キリストだけは立ちどまり、動物を観察し、この動物はなんと美しい歯を持っていることか！　と言った。他者が醜いもの、不快なものを見るところにキリストは美を見た。エソテリックな弟子は、そのような存在にも、積極的なものを見なければならない。

第五ヶ月目はあらゆる新たな経験に対して全く偏見なしに向かい合う感情をもつ。見たこと、聞いたこともないことに対して「それは聞いたこともない、見たこともない、だからそれが事実だとは思わない」と言うのではなく、エソテリックな弟子はいかなる瞬間にも新しい経験を受け入れなければならない。誰かが弟子のところにきて、「君、X教会の塔が今夜から傾いている」と言うと、弟子はこのような聞いたこともない事実によって新しいことを経験できるという可能性があるため背後のドアを開けて確認をする。

第六ヶ月目は五つ全ての行を繰り返す。それによって次第に魂の平衡が形成される。世界の存在、現象への不満足が消えることに気付く。あらゆる権威に対する和解的な気分を自分のものにする。以前は全く閉ざされていた事柄についての穏やかな理解が生まれる。人間の歩き方や動作もこのような行の影響の下で変化する。ある日自分の筆跡が別のものになったことに気付く。それが「認識の小径」に達したことの現れである。

六つの行は他のオクルトな行がもちうる悪い影響を麻痺させてくれる。その結果良きものだけが残るようになる。それだけが瞑想と集中の営みの積極的な意味を保証することができる。単に良心的なモラルの満足は十分ではない。エソテリックな弟子はよく思われたいから善を行うのではない。悪、無分別、醜さはこの進化を邪魔するのに対し、善だけが進化を前に進めるからこそ善を行うのである。

瞑想には「光の中に英知がある」のような言葉のメディテーションがあり、「バラ十字」のような像《イメージ》のメディテーションがあり、植物の「開花と衰退」のような自然界の変容のメディテーションがある。

朝早く目覚めてすぐ、他の印象が何も心に浮かばない時、瞑想に入る。内的に静かになる試みである。すなわちあらゆる注意を外的印象から遠ざける。また日常的な生活のあらゆる記憶も遠ざける。圧迫するあらゆる心痛と心配事からも魂を解放する。そして瞑想を始める。内的平静を容易にするために、まず意識をいくつかの表象、例えば「平静」に向ける。これに沈潜し、それを意識から消す。それによっていかなる表象も魂の中にもたないで、ひたすら以下の七行の内容を思い浮かべる。この七行は五分程意識の中に生きるようにする。別の表象が迫ってきたら、繰り返しこの七行に戻り、ひたすらこれに没頭する。

光の純粋な輝きの中に
世界の神性が輝く
あらゆる存在への純粋な愛の中に
私の魂の神性が輝く
私は世界の神性の中に安らぐ
私は自己を見出すだろう。
世界の神性の中に。

これを五分間訓練した後、静かな力強い呼吸を行う。吸気の後静かに力強く排気する。吸気と排気の間に休みはない。しばし呼吸を止め、吸気を全て身体からはき出す。

吸気の時間は任意であり、排気は吸気の二倍、呼吸の停止は吸気の三倍である。吸気に二秒要すると排気は四秒で、息を止めるのは六秒である。この吸気、排気、停止を四回繰り返す。吸気と排気に際し、何も考えない。注意をひたすら呼吸に向ける。それに対して第一の停止では眉間に集中する。その際意識を「我あり」で満たす。第二の停止の際、喉頭部に集中し、その時意識を「それは考える」で満たす。第三の停止では両手両腕に集中する。その際、意識を「それは感ずる」で満たす。第四の停止の際全身の体の表面に集中し、その際、意識を「それは意志する」で満たす。

この集中の行を数週間続けると、集中した場所、眉間、喉頭、手と腕への流れ、体全体の表面で何かを感ずる。

「それは考える」のそれは普遍的な宇宙思考である。「それは感ずる」のそれは宇宙魂である。「それは意志する」のそれは神である。

この四回の呼吸を終えたなら、意識を一つの表象「私の力」で満たす。それから五分間自分の神的理想に沈潜する。この瞑想の全体は十五分である。

『治療教育講座』（一九二四）においてシュタイナーは単純な一つの瞑想を提示している。「円と点」の瞑想である。夜眠りに入る時「私の中に神がいる」、朝目覚める時「私は神の中にいる」というイメージを生きる。点は円となり、円は点となる。頭部は肢体となり、肢体は頭部となる。人体の変容の瞑想でもある。

ベルリン時代のシュタイナーは「労働者養成学校」で講師を務め、『文芸雑誌』を編集し、多くの文化人との交流を通して試練の日々を送っていた。彼自身が瞑想を必要としていたのである。一日に五分でもよいから瞑想の時間をもつことを勧めている。『いかにしてより高次な世界の認識を獲得するか』（一九〇四）はそのための方法論である。

いかなる人間の中にも感覚界より高次な世界にまで認識を広げる能力が宿っている。

真理と認識への畏敬の念は、認識力を高めるが、いかなる「批判」も高次な認識力を失わせる。認識内容が人格を高貴にし、世界を進化させるものとなる。いかなる理念も理想である限り人間の中に生命力を生み出す。

そのためには内的平静を獲得し、その時間の中で本質的なものを非本質的なものから区別する。自分自身を他人であるかのように見る。誰かが人を傷つけることがあってもその言葉が心の中に入る前に、その毒針を抜き去る術をわきまえる。自分自身を異邦人と見なすことができるようにする。内的思考作業によって内なる光が外に輝くようにする。

精神科学は思考内容に魂の力を結集させる認識の行を「瞑想」と名付けている。瞑想こそが超感覚的認識の手段である。瞑想は自分の永遠不滅の核心を認識し、直観するための行である。瞑想を通してこそ生と死の彼岸にある体験も蘇ってくる。

その準備として自分とは正反対の思想に耳を傾け、一切の否定的判断を沈黙させる行を行う。思考と感情の制御を行う。不安は何の役にも立たない。何をなすべきかだけを考える。虚栄心がどれほど無価値なものか。多忙で荒れた生活環境の中でも不動の内的平静を確保する。そして善なる力を信頼する。いずれも困難であるが、不可能ではない。

この行の過程で様々な試練がやってくる。第一の試練は「火の試練」である。勇気、不屈の精神を育て、苦悩、幻滅、失敗を内的平静、忍耐力をもって耐え抜く。第二の試練は「水の試練」である。行為する人間を支えるものは何もない。正しく義務を遂行する。第三の試練は「風の試練」である。自分以外に頼るものがない。一人で道を見出し、直ちに決断する。

修行において人格の分裂が現れる。人間は精神界に関与し、その啓示を感覚界に持ち込む。人間が地上を変革しうるのは精神界から感知し得たことを地上に移し入れることによってである。修行者が陥りがちな三つの危険は、思考と感情と意志に現れる。冷たい認識衝動、感情的耽溺、暴力的人間である。調和を損なうもの、不安と焦燥を魂の中に持ち込むものはこれを避ける。透徹した意識、人生の全ての状況に、静かな見通しを持ち続ける態度を持たねばならない、とシュタイナーは言う。

意志、思考、感情の結合が解け始めた頃、もう一人の自分と出会う。人生の危機や死に直面した時この形姿に出会う。それは私自身の高貴な行いと悪しき行いから作られている。私こそがその形姿である。その形姿が自分を浄化したら、その時私は輝く形姿になる。

修行者はこの形姿と出会った時から彼自身の個人的な立場を意識するのみならず、民族精神のようなものによって与えられた使命に対しても意識的に働くようになる。

これまで私は自分の救済のみを計ってきた。今や、感覚界に住む全ての仲間の救済のために、働かねばならない。この世に不幸な人がいる限り、私は幸福ではあり得ない。これは菩薩行に匹敵するものである。

一つの形象に集中する。植物がどのように大地に根を張り、葉を広げ、花を開かせるかを思い描く。植物の場合、成長の法則に従って葉を広げ、清らかな太陽光に向かって花開く様を見る。人間は植物以上に完全さをもっている。しかし人間はこの完全さを手に入れる代わりに植物の諸力に衝動、欲望、情熱を加えるようになった。

緑の樹液が植物を貫いて流れている。人間の場合には赤い血が血管を通って流れている。この赤い血が衝動、欲望、情熱の表現である。人間がいかに進化しうるかは、衝動や情熱をいかに浄化しうるか、純化しうるかにかかっている。

バラの像を心中に作る。「バラの赤い花弁の中で緑色の樹液が赤に変化している。バラの赤い花は、緑の葉と同じように情熱に煩わされることなく、純粋に成長の法則に従っている。バラの赤は浄化された衝動や情熱の現れとして血を象徴している。低次の部分を取り去った純粋な衝動や情熱は赤いバラと同じ姿をしている」。この思考内容を悟性ではなく、感情の中で生かそうと試みる。成長する植物の純粋さ、情熱に煩わされない様を考える時私は浄福感をもつ。感情を込めてこの思考内容に没頭した後で「黒い十字架を心の中に思い浮かべる。これは根絶された低次の衝動や情熱の象徴である。そして十字架の交差するところに七つの赤く輝くバラの花が輪となって現れる。これら七つの花は浄化され純化された情熱、衝動の表現であり、血の象徴である」。他のイメージを心の中から排除する。可能な限り生き生きとこの像だけを心に浮かべる。この像とは感情体験を伴う図像のことである。あるいは植物の種子の中にまどろんでいる生成の力についての瞑想である。

感覚的な知覚による認識は「対象的認識」である。これを越えた認識の第一段階が「イマジネーション認識」である。超感覚的な意識によって生まれる認識とも言える。象徴に沈潜することによってイマジネーションが呼び起こされる。イマジネーションの内容は感覚的知覚と同様、現実的である。象徴は感覚的現実に関わらないように選ばれる。魂は内的にいっそう活発になる。身体器官から自由になる。私は身体から離れてそれまで私であった存在の傍らにいる自分を感じる。自分の魂的、精神的な本質を観察することが最初の霊的な体験である。最初の体験は自己の知覚である。内なる形象の体験は消し去ってはならない。それは自己の魂の核心部分に対応する形象である。修行者がそのような形象の中に転生を通して存在し続ける自らの根源の存在を認める時、転生の予感が現実の体験となる。

「内的平静」に没頭する人には外的生活の課題のためにも内から力が湧いてくる。自分の喜びや苦しみの体験を他人の体験のように見つめること、毎日「逆観」を続けることによって短い時間に一日の体験を回想できるようになる。体験を遡行して観察することは霊的修行にとって特別の価値をもつ。感覚的な事象の進行だけに思考を従わせることから、魂の回想の力を自由にすることができる。一日の体験を想起しても感覚的な経過に従ってはいない。超感覚的世界に参入するために、この遡行する思考が必要である。

瞑想は「感覚にとらわれぬ思考」に支えられる。「感覚にとらわれぬ思考」に至る近道は精神科学が教える高次な事実を自分の思考内容にすることである。本当に思考するならそれだけで既に超感覚的な生きた世界に参入している。「感覚にとらわれぬ思考」に没頭すると、内面生活の中に流れ込む本質的なものを体験する。思考内容を思考内容に結び付ける本質的な存在が語りかける。その存在が思考の生命を生み出している。思考内容を思考内容に結び付ける本質的な存在が語りかける。その存在が思考の生命を生み出している。純粋思考が生きた本性として働いている。自らの中でのみ働く純粋思考が世界と人生についての謎を解明する。『自由の哲学』は感覚界の認識と精神界の認識との中間に立ち、感覚的な観察を越える思考を獲得できる道を示している。

瞑想の目標は人間のアストラル体の中に高次な知覚器官を作り出すことにある。この器官はまずアストラル体によって作られている。この新しい器官は新しい世界を伝えてくれる。この新しい世界の中で人間は自分を新しい自我として知るようになる。形成されつつある個々のこの精神的・魂的器官は「蓮華」と呼ばれる。超感覚的意識がその形態をそのように見たからである。イマジネーション認識のための規則正しい瞑想はこのように一定の器官に働きかける。

イマジネーション認識は絶えざる変化であり、その変化を知覚する。インスピレーション認識に至って初めて安定の状態になる。インスピレーション認識は「オクルトな文献の解読」とも呼ばれる段階である。結実する前の植物は太陽期の状態であり、結実した後の植物は月期の状態である。インスピレーションから認識を深めると、存在の内面を認識し、イントゥイションの段階に進む。インスピレーションによって高次な世界の存在と存在の間の関係を認識し、イントゥイションによってこれらの存在の内部において、存在そのものを認識する。

イントゥイション（直観）は光に満たされた最高の認識である。その存在と一つになる。自らその存在の内面と結びつく。ある感覚存在を認識するとは、この感覚存在の外に立って外からの印象によってこれを見る。イマジネーションは知覚を存在の外的特性とは感じさせない。そこに魂的、精神的存在の流出を認めるよう修行者を促す。インスピレーションは修行者を存在の内部へ導く。精神的存在（天使）が互いにどう関わるかを理解するようになる。

イントゥイションにおいて修行者は存在そのものに入り込む。イントゥイションの意味は土星期、太陽期、月期の進化、これにトローネ（意志霊）、キリオテテス（叡智霊）、ディナーミス（運動霊）が関わり、地球期の進化にはエクスジアアイ（形態霊）も関わってくる。これらの存在についてはイントゥイションによって知る他はない。人間の生涯を辿る時もこの認識が不可欠である。死後のプロセスはイマジネーション、インスピレーションによって、浄化された後の精神界におけるプロセスとして探求することができる。死から新しい誕生までの発展はイントゥイションによる他はない。イマジネーションとインスピレーションだけで人間を認識しようとすれば、転生を繰り返す中で働く、最も内なる本性の経過を知ることはできない。イントゥイションだけが輪廻とカルマに即した研究を可能にする。人間の中で転生を続けるものは、イントゥイションによって知覚されるからである。

イマジネーションの修行は感覚的・物質的な世界の印象と結びついていたのに対し、インスピレーションの修行はこの結びつきから離れてゆく。バラ十字に沈潜する時、黒い十字架、バラの花のような感覚的世界の印象から取り出された像を心に浮かべる。バラ十字そのものは感覚的・物質的世界から取り出されてはいない。黒い十字架、赤いバラの花という感覚的現実的な像を全く心の中から消し去って、これらの部分を結び合わせる精神活動だけを魂の中に保持しようとする時、インスピレーションへの瞑想の道が開かれる。像そのものは意識から消し去られる。像にではなく、像を生み出す私自身の魂の活動に沈潜しようとする。それがインスピレーションの認識へと導く。

育ちつつある植物の像と枯れてゆく植物の像に沈潜する、植物の生成と消滅を感情として体験する。この感情の中から物質界での生成と消滅の根底にある変容の姿をイマジネーションによって見ることができる。植物を全く意識から消し去り、心の中で行ったことだけに没頭する。それによってインスピレーションに至る。内面に沈潜する一方で、外界のあらゆる印象を受け入れることができる人が最も進歩する。

人の欠点を非難するだけではなく、それを理解しようとする内的衝動を持つ。欠点を断罪することによってではなく、欠点を理解することによってのみ人は学ぶことができる。

精神的修行者は絶えず自己教育に励み自己を向上させる。

イントゥイションの修行はイマジネーションのために没頭した形象を消し去るだけでなく、インスピレーションを得るために没頭した魂の活動をも消し去る。全てを消し去る。外的内的な体験内容の全てを消し去って意識の中に何も残らなくなった時、自分がまだイントゥイションの修行を行うのに相応《ふさわ》しい成熟を遂げていなかったと思い知らされる。それでも何かが意識の中に留まり続ける。その何かに没頭する。その何かはイントゥイションを通してのみ意識される。イントゥイションを通して感覚的・物質的なものの最後の残照が人間の印象の中から払拭される。精神界が物質的・感覚的な世界の印象とは全く共通点のない形で認識者の前に開示し始める。

イマジネーション認識はアストラル体に新しい器官を発展させる。インスピレーションとイントゥイションを獲得する修行は、エーテル体に新しい流れを生じさせる。インスピレーションとイントゥイションを達成した人のエーテル体には変化が生じ、心臓のあたりにエーテル体の新しい中心点が意識されるようになる。その中心点がエーテル体の認識器官となる。この中心点から力が人体の様々な部分に多様に流れていく。この流れの重要なものが個々の認識器官を貫き、外に向かって放射される。最初は中心点が頭部に生じ、喉頭部に下り、最後に心臓部に落ち着く。修行がさらに進むとエーテル体の流れや器官が肉体から自由になり、独自の動きをする。エーテル体が網の目で覆われる。エーテル体の動きや流れが自由に外の精神的・魂的世界と触れあい、結び合う。外なる精神的・魂的な事象と内なるエーテル体内の事象が融合するようになる。インスピレーション認識の場合、認識内容は直接現れる。イントゥイションの場合、作用はエーテル体だけではなく、肉体の超感覚的能力にまで及ぶ。

ある形象がある人のイマジネーションに現れる。その人がこの形象に快、不快感を持つと、その形姿が変化する。人間の自我は引力をもつ中心点のようになり、人間の癖、共感、反感、意見などがこの自我の回りを取り巻いている。自我は人間のカルマの引力の中心点でもある。

この自我のありのままの姿を見る時、現世、来世、未来の運命をも認めるようになる。未来の運命は前世でどのような生き方をしたかにかかっている。人間の魂が魂的、精神的世界に参入する時、まず自我に結びついた全てが形象となって現れる。人間のこの形象はもう一人の自分の二重人格《ドッペルゲンガー》として現れる。それが精神界での第一印象として現れる。この自己の知覚は内的な知覚である。人間は真の自己認識によって悪しき特性をも認めなければならない。その特性は改善される。出来ない時羞恥心の感情が魂に現れる。精神的知覚器官を持つようになると、自分自身の本性が第一印象として目の前に出現する。自分の二重人格《ドッペルゲンガー》と正しく向かい合う手段が与えられる。霊的修行者はカルマの法則をイマジネーションの形象として見るようになる。物質的感覚的世界の、人間生活のために働く二重人格《ドッペルゲンガー》は、その人が魂的・精神的世界に近付くと醜さによって見えなくされてしまう。二重人格《ドッペルゲンガー》はそのことによって精神的・魂的世界そのものを隠してしまう。二重人格《ドッペルゲンガー》はこの世界の前に立って精神界への参入に相応《ふさわ》しくない人が精神界に入ってこないようにしている。二重人格《ドッペルゲンガー》は精神的・魂的世界の「敷居の守護者」でもある。

人間は精神界への参入以外に自分の肉体の死に際してもこの「敷居の守護者」に出会う。二重人格《ドッペルゲンガー》は死から新生にいたる魂的・精神的な進化の過程を辿る者に次第にその姿を明らかにする。「敷居の守護者」との出会いなしに精神界に入ることはできない。この出会いこそ超感覚界を観察するのに不可欠の防御手段の一つである。

必要な準備をしてこの体験をもつと「小守護者」とは反対に「敷居の大守護者」が現れてくる。準備なしにこの存在に出会うと恐ろしい恐怖、底なしの不安に襲われる。この認識段階では小宇宙と大宇宙の対応を認識させる。この感情は全宇宙と一体であるとはいえ、自分の本性が失われているのではない。シュタイナーによる秘儀参入の諸段階は第一に、精神科学の研究、物質的感覚的世界での判断であり、第二に、イマジネーション認識の獲得であり、第三に、インスピレーションのオクルトな文献の解読としてのインスピレーション認識であり、第四に、イントゥイション認識の獲得であり、第五に、小宇宙と大宇宙との関係の認識であり、第六に、大宇宙との一体化である。

イントゥイションにおいては霊的存在（天使）を認識するようになる。修行者は自分の「高次の自我」を知覚している。「敷居の大守護者」が自分の手本になる。それがキリストの姿に変容する。今や修行者はキリストと結びついた秘儀に参入する。キリストが地球期の人間の偉大な指導者となる。こうしてイントゥイションによって精神界でキリストが認識された時、ゴルゴタの秘蹟も理解できるようになる。この第四文化期に偉大な太陽存在であるキリストが地球期の進化に介入し、その後も作用し続けていることが理解される。地球期の進化の意味が修行者のイントゥイションによって理解される。高次認識への道は現代に生を享けた魂のための道である。現代に与えられたいかなる生活状況の中でも可能な霊的進化の出発点がここにある。

一九〇九年のベルリンのエソテリックな時間の中でシュタイナーはいくつかの具体的な指示を与えている。いずれの場合にも忍耐と持続が必要である。与えられた言葉に集中する。他の全ては消える。肉体から抜け出ている。自分の自我だけを意識している目覚めた意識である。メディテーションの終わりにはその内容も消される。目覚めた自我だけが空の内容とともに残る。これが実りある瞬間であり、精神界が瞑想者に流入する瞬間である。敬虔の感情が支配する。道徳と真理への愛が支配する。怒りがあると精神界からは何も流入しない。秘教家《エソテリカー》からは初め冷たさを感ずる。「我らが父よ」も個人的感情の暖かさではない。個人的なものではなく、精神的なものだけを作用させる。内的な暖かさは、精神からやってくる。第一の行は対象についての思考であり、エーテル体の流れ、波は脳に戻ってゆく。第二の行はイニティアティーフの行であり、意志が緊張し、エーテル体の中で自分を感ずる。畏敬の念が生まれる。第三の行は喜びと苦しみの平衡の行である。エーテル体は天空まで広がってゆく。謙虚さを持つと、私の弱さが私を私に向ける。私の力が支えを必要とするから、それがここにあるから、私はこの敷居を越える。全エネルギーを注ぐ。理論として聞くのではなく、実践的にする。それがエソテリカーである。

私をエソテリカーにするのは権威への依存ではなく、真理の吟味である。悟性に対する信頼が全てである。早期にするのはエゴイズムであり、助けるのは傲慢である。何かを受けるために エソテリックなシューレに来るのではなく、何かを生み出すために来る。中でも師となる人は他者の自我に参画してはならない。弟子には瞑想中、誘惑がある。二つのシンボルがその助けとなり、支えとなる。入眠の時私たちは神々の世界に帰る。神聖なカドケウス杖に絡みつく白と黒の蛇はアストラルな皮膚で、黒い蛇は毎夜脱ぎ捨てられるアストラル体の象徴であるのに対し、白い蛇は新しい皮膚の象徴である。いつも新しい皮膚で弟子は目覚める。カドケウスは悪い影響に対する防御であり、願望、刺激は分散、分裂の感情であり、万有への解放は力強い諸力に没頭することから生まれる。メディテーションに没頭し、意識的になる。意識が消える時、または失われる時は、悪しき力が入る時である。無意識、病気、苦しみ、疲れ、不快、悪しき力が、瞑想によって進歩した人により強く作用する。直観に達し、メディテーションに入る人は天上の領域に入る。「死して成れ」とは低次な自我が死に、高次な自我に新しい意識を持って達することを意味している。誘惑者が自分が天国を作った、と言う。キリストの誘惑を瞑想者も通過する。この誘惑において助けとなるのがバラ十字である。黒い十字架は死の印であり、七つの赤いバラは新しい生命の象徴である。救世主の血から新たに芽生える生命の印である。赤いバラはキリストの聖なる血の象徴である。黒い十字架を赤いバラの花とともに思い浮かべる人から悪しき力は去ってゆく。全ての瞑想の後

カドケウス

バラ十字

に、バラ十字を思い浮かべること。それはそこから無限の力を引き出すことができるシンボルである。この全ての危険を克服する人に魂の平和が訪れる。肉体の安らぎではない。エドガー・アラン・ポーの「メールストロムの施渦」のように嵐に荒れ狂う海、沈んでゆく船、間もなく訪れる死を前にして、この瞬間にも恐れや死を感ずることなく、波の解放された要素、創造の偉大さ、美しさを感ずる人が魂の平和を知っている。

その全ての中にキリスト的なものが生きている。その原点に人間の自我が生きている。それゆえキリストは「我あり」である。自我の自由と自立がキリストによって与えられる。キリストは自我の原像である。私の自我はこの原像の写しになろうとする。この原像は「我あり」以外の名では呼びえない。弟子の自由な意志に委ねられ、種子のように弟子の魂の中に置かれる。自我は内的な燃える力からその衝動を発展させる。

エソテリックな道では誓いが必要である。他者を傷つけてはならない。言葉によっても、行為によっても。思考においてすら。憎しみも消えなければならない。憎しみは変容し、愛に変わらなければならない。憎しみは破壊であり、愛は構築である。

赤いバラはキリストの聖なる血のシンボルである。黒い十字架が七つの赤色のバラに囲まれるのを見る魂から悪しき力は去ってゆく。メディテーションの後でこれを行う。死を目前にした波の渦の中でも死の恐怖や驚きではなく、解放された自然の素晴らしい光を見る。創造の偉大さを見る。

そうできる人は魂の平和を知っている。メディテーションの前にカドケウス杖「水星の杖」を、後に「バラ十字」を瞑想する。水星の杖はアーリマンの侵入を避ける手段となる。

瞑想は精神的内容への意志的沈潜である。人間はその時間、精神の神的根源に昇ってゆく。キリスト者は感情の道を通って世界を貫流する神的存在に入ってゆく。キリストは祈りにはいかなる気分が必要かを示した。根源の祈りがある。エゴイズムからの祈りは不可能である。一人が晴れを祈り、一人が雨乞いをする。二人がそれぞれの勝利を祈る。「私の意ではなく、神の意が起こるように」。最も包括的で普遍的な祈りが「我らが父」である。キリスト自らが与えた祈りであり、世界で最も意味深い祈りに属する、とシュタイナーは言う。キリストの祈りのようなものを瞑想し、心に生かす人は高次な精神との合流を体験する。より高次な力が彼を貫流する。キリスト的な祈りは瞑想以外のものではない。

シュタイナーは『三位一体の秘密』の中で「父の原理から聖霊が下りて来て、キリストの原理が生まれたことを三位一体と呼び、このことの理解なくして本当のキリストの理解はあり得ない、と言っている。人間が一度瞑想し始めると、彼はそれによってこの人生において唯一の全く自由な行為をする」と言う。人間は自分の行為の動機を十分知っているからである。彼は瞑想しようと決意して瞑想に入るからである。

「精神的な知性への王道が瞑想である」とシュタイナーは言う。これは現代の知性のあり方の一つの高みを示している。

第14章　キリスト論

十九世紀末における近代の知性はキリスト教に対して総じて懐疑的であった。ドストエフスキーやニーチェ、キルケゴール等は皆そうであった。既成のキリスト教に対して批判的であった。シュタイナーは『反時代的闘士フリードリッヒ・ニーチェ』を書くことによってその時代状況を語っている。ショーペンハウアーを始めとする多くの知性が反キリスト教的であったのに対し、シュタイナーは同じ姿勢を持ちながら、それとは別にキリストの本質に迫ろうとしていた。同時代人のキリスト教批判は理解できるにしても、彼らはその批判によってキリスト教そのものから離れてしまった。それに対してシュタイナーはキリストの本質に向かい合った。現代と未来においてキリスト存在とは何かということに向かい合ったのである。シュタイナーは『自由の哲学』において、「自由な人間はその行動の動機を国家や教会に依存することなく、自らの内にもたねばならない」と書いた。教会はいかなる権威でもなく、キリストの本質を伝えるものでもない、と言う。シュタイナーが展開するのはキリスト教論ではなく、あくまでもキリスト論である。

シュタイナーは、アントロポゾフィーはキリスト教を理解しようとする道具であると言う。精神科学によってキリスト存在をどのように認識できるかを問いかけたのである。

一九〇二年シュタイナーは『神秘的事実としてのキリスト教と古代秘儀』を書いた。ゴルゴタの十字架は古代の秘儀が収斂して事実となったものであり、アウグスティヌスが言うように、キリスト教と呼ばれる宗教は既に古代人の間に存在していた。キリストが肉となって顕現した時から、既に存在していたものがキリスト教と呼ばれるようになった。

『ヨハネ伝』（一九〇八）の中でシュタイナーは人間の自我の発展について重要な指摘を行った。宇宙の発展の中で、地球期になって初めて人間存在の内部に自我の光が点された。物質体、エーテル体、アストラル体の三重の身体性が自ら「我あり」と語ることができるようになる。その結果地球の発展は「我あり」の、人間の自己意識の発展と見ることができる。

地球は愛を最高度に発展させる使命を帯びている。古い月は叡智を発展させる課題を持っていた。月は「叡智の宇宙」であるべきだった。地球は前の月の時代に叡智の段階を通過した。地球は「愛の宇宙」である。他者を愛するためには十分な自己意識を持つ必要がある。人間は「自我の存在」とならねばならない。地球が愛の使命を遂行できるために、人間の身体に自我が組み込まれなければならない。この自我が地球の発展の中で少しずつ形成される。その中にキリスト、またはロゴスが受肉したナザレのイエスは、以前は太陽から地球に流れてきたもの、太陽の光の中にだけ含まれているものを、人間の生命にもたらした。「ロゴスが肉となった」。

キリストは自己意識的な自由な人間存在の偉大なる招来者でなければならない。地球は人間に全き自己意識を、「我あり」を与えるために存在している。人体の最初の起源を問う時、第一のものはロゴスである。土星期が太陽期に移行すると、物質体は生命体を組み込む。この生命体の中に、神的な生命精神が作用した。

ロゴスが太陽上で生命と成った。月上で人間はアストラル体を組み込む。アストラル体は人間を包むアウラとして透視的に現れる。アストラル体は光体である。

人間が地球期に入った時、人間の中に自我が加わった。「私と父は一体である」は人間が感ずる重要な言葉である。キリストは「我あり」の偉大な鼓舞者である。秘儀の伝授を受けた人は「我あり」をキリストの名前で呼んだ。それは彼らが「我あり」の名前で理解した時それと結ばれていると感じた名前であった。「私は世の光である」。これを文字通り受け取るべきである。初めて肉として現れた「我あり」とは何か。ロゴスの力として太陽光として地球に流れたものと同じものである。「我あり」は秘儀参入者がそれと結ばれていると感じた名前であった。人間が自我を与えられた時、光が人間の前に現れた。しかし人間はロゴスが何であり、いかなるものかを知らなかった。まずロゴスがあって、ロゴスが命となって光となる。この光がアストラル体の中に生きる。人間の内面の闇に、光が差し込む。人間はロゴスの光を認識できるように内面の闇を克服する課題を持っている。『ヨハネ伝』の最初の言葉に耳を傾けよう。「初めに言葉があった。そして神は言葉であった。この言葉は原初において神のもとにあった。全ては言葉によって成った。そしてこの言葉によらないで生まれたものは何もない。言葉の中に、命があった。そして命が人間の光となった。そして光が闇に差し込んだ。しかし闇はこれを理解しなかった」。

イエスは弟子たちに言った。「私は世の光である」。「我あり」が自らに語れるもの、それは世の光の力である。私に従う者は明るい光の昼の意識で、闇の中をさまよう人が見ないものを見るであろう、と。イエスは言った。私が言うように私が「自我」の意味で語る時、その証言は真理である。なぜならこの自我＝私は父から、宇宙の共通の根源から来ていることを知っているから。そしてそれがどこへ行くかを知っているから、と。『ヨハネ伝』（8・15）は書いている。「君たちは全てを肉によって判断する。私はしかし、肉にある空しいものを判断することはない。そして私が判断する時、私の判断は真なるものだ。なぜなら自我はそれだけで存在しているのではなく、私＝自我は私＝自我がそれに由来する父と一体であるからである」と。

十二月二十四日は「アダムとエヴァの日」として知られている。古代のレムリア時代に太陽と月が分離した後、エクスジアアイ（形態霊）の放射によって人間に個的自我が与えられ、ルーチフェル存在が人間のアストラル体に作用した。それが〝楽園追放〟という〝原罪〟の意味である。アダムが楽園から追放された時、アダムは〝生命の木〟から三つの種をもって出た。人間が善と悪の〝認識の木〟の実を食べた後、食べてはいけない〝生命の木〟の実の種をもって楽園から出た。アダムが死んだ時、子のセトはこの三つの種をアダムの墓に埋めた。アダムの墓から一本の木が成長した。この木からモーゼの杖を作り、この木からゴルゴタの丘の十字架の木が採られた。人間は〝認識の木〟の実を食べた。しかし、〝生命の木〟の実は食べられなかった。この〝生命の木〟への憧れが残った。三つの種はこの〝生命の木〟への憧れである。ゴルゴタの丘の十字架の木はこの〝生命の木〟に由来する。十字架の木は新しい霊的生命の萌芽を含んでいる。そこから深い霊的生命が光り出す。クリスマス・ツリーはまだ二百年か三百年の伝統を持つに過ぎない。それはやがて十字架の木になる楽園の木の象徴である。

クリスマス（祭）はキリスト生誕の祝祭であり、三五四年から十二月二十四、二十五日に教会で祝われるようになった。「今日、イエス・キリストが誕生した」と言われる。冬至の夜の闇の中に。戦場に。あらゆるところに。「いと高きところ神に栄光あれ、地には平和を」が響く。「私（自我）は世の光である」。闇に光がともされた。太陽精神の誕生である。クリスマスは、支配的な闇の中への光（自我）の誕生であり、信仰と愛と希望のあるところにイエス・キリストが降りてくる。

一月六日はキリスト顕現の祝日である。キリストの顕現とは、ヨルダン河での洗礼者ヨハネによるキリストの洗礼のことである。ヨルダンの洗礼は天の高み、地球外の宇宙からキリスト存在が降りてきて、人間ナザレのイエスの本質と結ばれたことを意味する。この洗礼は天と地の交流作用である。キリスト顕現の祝祭は超感覚的な祝祭であり、三十歳の人間イエスへのキリストの自我の誕生祭である。

初期キリスト教時代の最初の数百年間はキリストの地上への顕現に注意が払われた。三十歳になって初めて自分の肉体の中にキリスト存在を受け入れたナザレのイエスという人間の地上への降誕は大きな意味をもたなかった。この時代に人々は超地上的なキリストの来臨を祝ったのである。唯物論が人間の地上存在を強化した時、地球外的なもの、天上的なものの作用がヨルダン河の洗礼のシンボルとして人類の前に提示されたことは、もはや理解できなくなった。その時一月六日のキリスト顕現の祝祭の意味に対する理解を失った。他に避難所を見出した。キリスト顕現の祝祭から幼児イエスの誕生の祝祭が生まれた。ナザレのイエスの誕生祭を人類の地上の始まりの祝祭「アダムとエヴァの日」に結び付けた。

「アダムとエヴァの日」は十二月二十四日であり、イエスの誕生日を十二月二十五日とする。アダムとエヴァの中に地球の発展における人間の始源を見た。アダムとエヴァは精神の高みから降りてきて地上で罪を負い、物質的な出来事の中で超感覚的世界との関係を失った。パウロ的な意味では彼が第一のアダムであり、第二のアダムはキリストである。キリスト降誕後の時代にはアダムによって神の天上から落ちてきた力と、キリストによってアダムを再び神に戻す力の二つの力を統合して初めて全き人間が生まれる。アダムとエヴァの祝祭とイエス・キリストの誕生祭を結びつけることによってそれを表現しようとした。地上生に意味を与えるこの関係が何百年も保たれてきたのである。キリスト顕現の祝日一月六日がイエスの誕生日十二月二十五日に遡って移された。その間に十二聖夜がある。人類は黄道十二宮を逆に巡った。キリストは人類によって新たに再生すべきである。新しいキリスト理念の誕生が起こるべきである。クリスマス祭は過去の記憶の祝祭から現代の祝祭になるべきである、とシュタイナーは言う。

『マタイ伝』のイエスは五人兄弟、二人姉妹の一人であるのに対し、『ルカ伝』のイエスは一人子である。『マタイ伝』のイエスと『ルカ伝』のイエスが同一人物ではないことが語られている。両者はともにダヴィデの家系で、両親は共にヨゼフとマリアである。『マタイ伝』ではヨゼフに対して受胎告知がなされ、『ルカ伝』ではマリアに対して受胎告知がなされている。当時は同姓のヨゼフとマリアが多くいた。二人のイエスは別々の存在として、同時期にベツレヘムに誕生している。ヨゼフとマリアは住民登録のためにベツレヘムに向かい、イエスはそこで生まれたのである。『ルカ伝』のイエスについて「エジプトへの逃避」は書かれていない。貧しい羊飼いに天使の軍勢が現れ、イエスはナザレに帰って神殿に捧げられ、シメオンが幼子を抱いている。

『マタイ伝』のイエスの誕生は東方の三博士によって告知され、「私たちは東の方でその星を見たのでその方を拝みにきた」「母マリアのそばにいる幼子に会い、ひれ伏し拝み、また宝の箱をあけて黄金、乳香、没薬などの贈物をささげた」と言う。黄金は思考の象徴であり、（乳香の）香煙は敬虔の感情の象徴であり、没薬は長寿という意志の象徴である。

『マタイ伝』の筆者はイエスの中に「ツァラトゥストラ」が現れたことを知っていた。ツァラトゥストラが彼らに与えた「黄金、乳香、没薬」を自分たちの師の象徴と見ることによって三博士はツァラトゥストラとの関係を表している。ダヴィデの家系のソロモンの王者の系譜にあるイエスは、ツァラトゥストラの再受肉である、とシュタイナーは言う。イエスはヘロデ王による幼児虐殺を避けるため、エジプトに逃れなければならなかった。それはツァラトゥストラがヘルメスに与えた自らのアストラル体とモーゼに与えた自らのエーテル体を取り戻すためであった。「エジプトへの逃避」はイエスが必要とする霊的力を吸収するためであった。『マタイ伝』のイエスはこうして北方からの、外からの秘儀の潮流を担っている。

一方『ルカ伝』のイエスの誕生は貧しい羊飼いによって告知される。司祭のナタンの系譜のイエスの魂はナザレのイエスとして初めて受肉するまで長い間精神界に留まっていた。地上で最も重要なことが準備され、野に羊飼いがいた時、天の高みから一人の個体が現れ、天使の軍勢が現れた。それはもはや地上に受肉することのない変容した「仏陀」であり、愛と慈悲をもたらした仏陀の精神の現れであった、とシュタイナーは言う。変容した菩薩が羊飼いの上に漂っていた。仏陀が天の軍勢と共に羊飼いに現れた時、仏陀は肉体としてではなく、アストラル体として、ニルマナカーヤ（応身）として現れたのである。かつて仏陀が生まれた時、アシタという賢者が生まれたばかりのその子供を見て泣き出す。周りの人びとは不幸が起こるのかと思う。しかしアシタは年老いているのでこの子が菩薩から仏陀になるのが見られないことを嘆いていた。このアシタは『ルカ伝』の神殿の場面にシメオンとして現れる。彼はイエスの上に変容した菩薩の後光を見た。『ルカ伝』から流れ出るものは仏教だ、とシュタイナーは言う。仏教の愛と慈悲の福音が『ルカ伝』から流れ出る。それによって仏教が若返った。前世からたずさえてくるマナス（縁覚）と五つの感覚器官、つまり六根によって外界との接触が生じ、感受が生じ、縁が生ずる。「八正道」とは輪廻の影響を受けない知に至るための八つの道である。これが南方からの、貧しい羊飼いの魂の、内からの秘儀の伝統である。

ルーチフェルの存在が人間のアストラル体に作用する。それが〝楽園追放〟の意味である。同じ危険がエーテル体にも迫っていた。楽園追放後、直ちに純粋なエーテル体の一部が人類の発展から取り出され、精神界の聖地に保存された。それが聖書に〝生命の木〟として記されているものである。その〝原罪〟によっても触れられなかった生命体をもつのが〝ナタンのイエスの魂〟である。

ルーチフェルの影響はアダムとエヴァのアストラル体に作用した。

人間は善と悪の〝認識の木〟の実を食べた。ルーチフェルの影響が来た。しかし〝生命の木〟の実を食べることはできなかった。〝ナタンの魂〟の起源はエクスジアイ（形態霊）の自我の実体が人間に流れ込んだ時点まで遡る。何千年となく〝ナタンの魂〟は精神界に留まった。その魂は太陽精神キリストの降臨を準備し、時代の転期にダヴィデの系譜の司祭ナタンの家からイエスとしてパレスティナに受肉するために、地上の局面とのあらゆる接触から遠ざかっていた。このたった一度の地上へのナタンの魂の降臨が、その時以来毎年クリスマスに祝われている。それに先行する四週のアドヴェント（待降節）はこの降臨の出来事への内的準備の時である。

〝楽園追放〟の出来事は人類がまだ天上にいた時代のことである。この〝楽園追放〟の結果、人類は予想以上に早く〝固い大地〟に入り、外的感覚界に下りてきた。〝ナタンの魂〟は人間の自我よりも精神自我の性格をもっていた。この精神自我に満たされた自我は大天使と天使の間の領域に留まり、地上への受肉を抑えられていた。〝ナタンの魂〟の自我は最初の受肉に入る前のアダムの自我のようなものである。『ルカ伝』が伝える「ナタンのイエス」は人間の自我を持っていないように見えた。アダムから全ての民族の人間が出て行ったからである。大天使ミヒャエルは太陽にいた〝ナタンの魂〟を〝楽園追放〟からも守ったのである。

この〝ナタンの魂〟はこの間三つの超感覚的行為を地球外から行った。クリスマスは、ナタンの魂の地上への誕生を想起し、祝うものである。ナタンの魂の第一の超感覚的行為は、レムリア期の最後の三分の一に起こった。エクスジアイ（形態霊）による自我の放射の結果、人間は直立するようになる。この頃十二感覚と関連する物質体の部分が退化してしまう危険が生じた。ナタンの魂は自分のエーテル存在を太陽精神キリストに捧げた。その結果人間の物質体の退化を避けることができた。人類に起こる第二の危険はアトランティスの初期に起こった。エーテル存在が危険に陥り、人間の生命器官がアーリマン、ルーチフェルの力に屈し、人間の言語器官の退化が進む危険があった。ナタンの魂は再び自分の全存在を太陽精神キリストに捧げる犠牲を行い、この危機を回避することが出来た。第三の危険はアストラル体に起こった。とりわけ思考と感情と意志に。アトランティス期の最後にルーチフェルとアーリマンによってその分離が起こった。それは人間の自我の解体を導き、人間は動物的段階に陥る危険にさらされた。ナタンの魂は自分のエーテル存在を太陽精神キリストに捧げることによってキリストの担い手となる犠牲を払う。三つのナタンの魂の天上の行為が、人間の三つの覆い、物質体、エーテル体、アストラル体を宇宙的なキリストの力によって救済する三段階を示している。ナタンの魂の第四の行為は自我の救済として地上で起こる。人間の自我は危険にさらされていた。しかしそれは太陽精神キリストの地上への顕現によって救済される。地上の人類の運命と超感覚的な人類の運命の融合によってのみ、人間の自我のために真の救済と強化がもたらされ、人間の自由に対する確固たる基礎が与えられる。ナタンの魂の最高の犠牲は人間の自我にキリストの力を受け入れる可能性を与えることであり、パウロの言葉が深い意味で実現されることである。〝私の中にいるのは私ではなく、キリストである〟。つまり、自我とは外から来るアーリマンと内から来るルーチフェルの間に平衡を生み出す存在である。その中にナタンの魂の第四の最高の犠牲の本質がある。その魂はキリスト存在を宇宙においてではなく、地上で受け入れることができる。それはキリスト衝動を個々の人間の自我に導くことである。ナタンのイエスのこの行為、ゴルゴタの秘蹟によって、人間の自我の救済と人間の思考の救済が行われ、それによって人間は地上で十分な自我意識に達することができる（『ゴルゴタの秘蹟の前段階』）。

ソロモンの系譜のイエスはツァラトゥストラの自我をもって生まれた。ナタンの系譜のイエスは仏陀のアストラル体をもって生まれた。ナタンの系譜の『ルカ伝』のイエスが十二歳の時、イェルサレムの神殿で突然学者たちと論争し始める。それはツァラトゥストラの自我がナタンの系譜の『ルカ伝』のイエスに移ったからである。それによって『ルカ伝』のイエスは突然聡明になり、学者たちと論争し始めた。ここで北方の大宇宙からのツァラトゥストラの秘儀の伝統と南方の小宇宙からの仏陀の秘儀の伝統が、ナタンの魂であるナザレのイエスにおいて融合する。

しかし、普遍的人類にとって南方の貧しい羊飼いを透視に導いたもの、東方の賢者に空間と時間の秘密を明かしたものの両方が現代ではもはや生きていない。私たちは人間が自立しているのを見る。神から見放され、その孤独の中で、自由を見出す。しかし東方のマギの最高の叡智と野の羊飼いの深い心の直観との結びつきを今日もまた見出さねばならない。東方のマギの叡智は天文学になった。貧しい羊飼いへの告知は単なる外的自然になってしまった。私たちはクリスマスの光を自分の中に見出さねばならない。羊飼いが天使の光を野に見るように、東方のマギが星を見出すように、真の精神科学の認識によって星を見出すことができるかどうかに全てがかかっている。

ヨルダン川でのヨハネによる洗礼から、ゴルゴタの秘蹟までキリストはどのような道を通過していったのか。

洗礼とは何か？　人間が何かによってショックを受けたり突然、死の威嚇を受けたとする。水に落ちて溺れたり、山で墜落したりするような。そこではエーテル体の解体が起きる。エーテル体が部分的に肉体を離れ、人間にとって死後直ちに起きることが起きる。生涯の逆観が起きる。ヨルダン川のヨハネの洗礼の場合にも似たことが生じた。当時人間は水中に沈められた。今日のような洗礼ではなかった。ヨハネの洗礼においては人間のエーテル体が分離し、人々は普通の悟性で捉える以上のものを観た。自分の人生を精神として観た。洗礼者が教えたことを観た。古い時代が終わり、新しい時代が始まる。洗礼の水没の僅かな間に行う透視的な観察において人間は観た。紀元前後、人類はある進化の転期に達した。集団的魂の人間が古代に得ていたものが完全に死滅した。全く別の関係が入ってくる。それを人々は自由になったエーテル体によって観た。新しい衝動、新しい特徴が人類に来る、と。

ヨハネの洗礼は認識の事柄である、とシュタイナーは言う。「荒野で呼ばわる者の声がする」。個的自我は孤独である。「悔い改めよ」とは、人間の意識を変えよであり、「感覚を変えよ。逆を見るのではなく、別のものを見よ。人間の自我の中に現れる神が近づいた」。洗礼者はそう説教し、ヨルダン川の畔で洗礼を施しながら、人々にそれを認識させようとした。洗礼者ヨハネの背後には預言者エリアがいた。

洗礼者ヨハネは預言者エリアの再受肉である。キリストはヨハネについて「彼は現れるはずのエリアである」（『マタイ伝』11・14）と言った。人間がキリスト衝動を受け入れるようになることに、ヨハネの洗礼の意味がある。預言者エリアがキリストのために場を用意し、それがヨルダン川のヨハネの洗礼の行為に現れている。私はキリストに場をあけよう。私は人間の心の中に彼の道を用意しよう。夏至を過ぎて外的太陽は衰える。しかし内的太陽（キリスト）は栄える。「私は衰える、しかし彼は栄える」。

しかしヘロデ王が、弟の妻ヘロディアと結婚していることを洗礼者ヨハネに非難され、ヨハネは、逮捕される。ヘロデ王の誕生日の祝いに娘サロメの舞踊が素晴らしかったので、褒美に何でもやると言われ、ヘロディアはサロメにヨハネの首を、と言わせる。それによってヨハネは首を落とされる。

キリストの名が知れわたると、彼はエリアだ、と人は言い、ヘロデ王はあのヨハネが生き返った、と恐れた。預言者エリアとは誰か？　エリアは旧約聖書に登場する預言者で、イスラエルの民族精神のような存在である。アハブ王の前で雨乞いのために二つの祭壇を並べ、その上にまずバール神司祭に生贄を置かせ、エリアはエリアの祭壇に彼の生贄を置く。しかしバール神の祭壇には印が現れず、エリアに印が現れた。その祭壇は点火され、ヤーヴェ神の偉大さが示される。四百人ものバール神司祭に対するエリアの勝利であった。

バール神司祭が罰せられた後、アハブ王はぶどう山をもつ隣人ナボテからぶどう山を得ようとする。エリアの敵である女王イサベラはエリアを殺したいと思っているのにナボテを殺す。シュタイナーはこの不一致に言及し、ナボテはエリアの代わりに殺され、このエリア＝ナボテの中に洗礼者ヨハネを見ている。それがヨルダンのヨハネの行為に現れている。「私は衰える、しかし彼は栄える」。これが夏至のヨハネ祭の気分である。洗礼者は物理的人間としては地上を去る。しかしその精神は霊的雰囲気として残る。この霊的雰囲気が、キリストが作用する基盤を用意する。ヨハネの物理的人格は逮捕され、死によって片づけられる。ヘロデ王はエリアの雰囲気、彼の精神を感じている。ヨハネの犠牲的な死が起きた後、洗礼者ヨハネの支持者、弟子であった一群の中にイエス・キリストが現れる。彼らは羊飼いのいない羊のようであった。そして彼らに多くを教え始めた。彼はエリアの精神が、洗礼者ヨハネの精神として、彼らの下に作用しているからこそ彼らに教えた。エリア・ヨハネの精神が準備したものにイエス・キリストの精神が入ってゆく。

イエスが洗礼者ヨハネの元に行き、キリスト存在を受け入れる。それから直ちに誘惑の場面が続く。第一にアーリマンが石をパンに変えよという。キリストは、人はパンのみで生きるものではないと答える。第二にルーチフェルとアーリマンが共同で神殿からの墜落を誘いかける。キリストは、主である神を試してはならない、と言い、これを退ける。第三にルーチフェルの誘惑は、私を主人と崇めれば国土の全てはお前のものだと言うが、キリストはルーチフェルを退ける。

そして「山上の垂訓」によって答える。キリストが山上から民衆に行ったキリスト教の最も重要な啓示である。「山に行く」が秘密の言葉によく使われるキーワードである。「愛する」もまたオクルトなキーワードである。「山に昇る」は最奥の秘儀に入っていって、弟子が再び大衆に語る言葉を意味する。キリストは大衆から離れて弟子にのみ語った。キリストは常に二重の言葉を語らなければならなかった。大衆に対しては比喩をもって話した。弟子には「山上」において言葉のオクルトな意味を解釈した。「苦しんでいる者は幸いである」。彼らがキリスト衝動を受け入れるならば、苦しみながらも自我の中に精神界との絆を求めて癒される。以前は激情から暴力を働く者が、エクスターゼ（陶酔）において霊化された時なだめられる。今や自我の中にキリストとの絆を見出すことによって、彼らは暴力的な激情を和らげることができる。苦しみを担う者は自我の中に、キリストを受け入れることによってその苦しみを失う。「貧しい人々は幸いである。神の国はあなたがたのものである」は「精神を求める乞食は幸いである。なぜなら天国を自分の中に見出すから」を意味する。

ナザレのイエスが三十歳の時、洗礼者ヨハネから洗礼を受ける。そこで起きたことは太陽精神としてのキリストの自我がナザレのイエスの肉体に降りてきたことを意味する。神の自我がたった一度人間の肉体に降りてきて、それから三年の間地上に生きてゴルゴタの秘蹟をくぐり抜けていった。それより前に、『ルカ伝』のイエスは十二歳の時ツァラトゥストラの自我を受け入れその叡知を発展させ、会堂の中で司祭たちと議論をするまでになる。その後イエスは二十八歳までの間、旅をして異教の地を巡る。そこでイエスは異教の祭壇がいかに荒廃しているかを体験する。荒れ果てた祭壇の前でイエスは気絶して、倒れ、目覚めた時に「マクロコスモスの我らが父よ」を聞き取る。主禱文「我らが父よ」はキリストがこの主禱文を逆転させて生み出したものである。人類の堕落は既に楽園追放から始まっていた。それをシュタイナーは『第五福音書』によって「マクロコスモスの我らが父よ」として聞き取り、それを文字にした。その内容は次のようなものである。

アウムアーメン！
悪が支配する
解体する自我の証しが
他者によって負わされた自己の負目が
日々の糧において体験される。
地上に天の意志は支配していない。
人間はあなた方の国から離れたから
そして、あなた方の名を忘れたから
あなた方天の父たちよ。

これはイエスが地上に降りてきてヨルダン川で洗礼を受けるまでに異教の地で体験した祈りを集約したものである。古代の秘儀の地にあっては当時まさに「悪が支配する」状況であった。それは現代においても言えることである。自我は強化されるのではなく、「解体する自我の証しが」支配する状態である。しかも自分からではなく「他者によって負わされた」自我の証しが、実は自分が生み出した負目であり、それが体験される。原発事故は他者によって負わされたのではなく、私たちが自ら作った負目である。汚染されたのではなく、汚染したのは自分であり、人類であることに気づかされる。しかもそれが「日々の糧において体験される」のは「地上に天の意志は支配していない」からである。「人間はあなた方の国から離れたから」である。「そして、あなた方の名を忘れたから」と言っている。「あなた方天の父たちよ」と複数で語られ、そのすべてをキリストは主禱文において逆転させた。

天にいます我らの父よ
御名が崇められますように
御国が来りますように
御心の天におけるごとく、
地にも行われますように。
我らに今日も日用の糧を与えたまえ。
我らが負目ある者を許すごとく我らの負目をも許したまえ。
我らを試みに会わせることなく
我らを悪より救いたまえ。
アーメン

魂の嘆願としての「我らが父よ」ではなく、現代の第五文化期は「認識の福音書」を必要とする。「悪の秘儀」を前にしてここで目覚めるように。大いなる警告がここで語られている。このようにミクロコスモスとしての「我らの父よ」にマクロコスモスの「我らが父よ」を対置する事が重要であり、その両方を見る必要がある。

『ヨハネ伝』にのみ登場する「ラザロの復活」はそもそも何を意味するのか？　奇蹟とも呼ばれる出来事である。古代より秘儀の伝授を受ける人は司祭の伝授者によって死にも似た深い眠りに導かれた。当人はそれによって高次な世界に導かれる。そして彼は司祭の伝授者によって再び肉体に呼び戻される。そして自分自身の体験によって精神界の証人となる。キリスト自身によって古い伝授から新しい伝授への移行がなされるべきであった。それをキリストが自ら行った。ラザロと呼ばれた人についてキリストは「この病気は死にはいたらない」と言い、三日半の死に近い眠りに入る。主はラザロを愛していた。つまり主自らがラザロに伝授した。主が愛していたのはヨハネでもあった。それは『ヨハネ伝』を書いたヨハネであり、蘇ったラザロ自身である。『ヨハネ伝』の筆者はラザロの復活前とラザロの復活後に起こることを区別している。ラザロの復活前は古い伝授の形式で語られた。パレスティナの秘蹟については復活した私ヨハネが自ら語る。それゆえ『ヨハネ伝』の前半は古いヨハネの証言を語り、後半は主自らが伝授した新しいヨハネの証言を語っている。蘇ったラザロが当人だからである。それゆえヨハネは、私が主によって伝授されたことによって精神界において見たことを君たちに語る、と言う。キリストがラザロに伝授した時、それは古き秘儀の伝統との断絶であった。彼は秘儀を公開したことによって秘儀の伝統を破った。それゆえにキリストへの迫害が直ちに始まった。

洗礼者ヨハネは「私は孤独の中で呼ぶ者の声である」と言う。地球本来の課題は愛の発展である。それは自己意識をもった人間への自由な贈物である。人間は次第にその自我を獲得してゆく。人間は集団的自我から始め、個的自我を感じる時が来た。個的な自我として自己を感ずるために人間が必要とするものを与えることがキリストの使命であった。今後子供、父と母、兄弟と姉妹を否定しない者はキリストの弟子になることはできない。これを平凡な意味に理解してはならない。君たちは誰もが個的な自我であってこの個的な自我は世界を流れている霊的父と一体である、と感じなければならない。人間が永遠に自らの個的な自我の中で自らを感ずるために必要とするものに対する偉大な衝動を与えるのがキリストである。これが古い同盟から新しい同盟への飛躍である。個的自我は孤独と感ずる。だからキリストの先駆者は言う、自分は脱皮した自我であり、孤独に感ずる自我であると。私は、孤独の中で呼ぶ者の声である。それぞれの人間の個的自我はひたすら自らに立脚した自我である。光が闇を照らした。しかし闇はこれを理解しなかった。光が個々の人間の中にやってきた。個的自我の人間にまでやってきた。あらゆる人間が地上の感覚によって肉眼で見えるように彼は地上に現れなければならない。以前は秘儀参入者だけが彼を見ることができた。今やしかし、あらゆる人の救済のために肉体の形姿をとって現れる。言葉、ロゴスが肉となった。キリストを見よ。その姿で君たちを満たせ。彼に従うようにせよ。その時君たちの解放された自我はいかなる法則も必要とせず、自らの内面で自由な存在として、善と正義を行うようになる。キリストは規則からの自由な衝動をもたらす者である。善は規則のために行われるのではなく、内面に生きている。愛の衝動として行われるようになる。人間が自立的な自我を受け入れるのに熟していない限り、ある集団の一員として存在している限り、外的な法則によって制御されざるを得ない。今日でも人間はあらゆる事柄において集団的自我から抜け出ているわけではない。掟はモーゼによって与えられた。慈愛はキリストによって与えられた。キリストの原理の中に法の克服がある。自由な自我から自由な自我に向かうこの愛にキリストは衝動を与える。純粋な血の愛から精神の愛への移行が眼に見えるような出来事である。「私の時が来るであろう」というキリストの言葉によってこのことが暗示されている。血縁によってではなく、個々の自立した人間によって重要な事柄が行われる時が来るであろう。「私の時はまだ来ていない」（『ヨハネ伝』2・4）。

人間は自我において力を持てば持つ程、それだけデモーニッシュな影響から自由になることができる。キリストによるデーモンからの癒しはこのように理解することができる。多くの病人がキリストの近くに連れてこられた。それはキリストが最も強く作用できる時であった。物理的な太陽光ではなく、霊的光が作用すべきであって、日が沈んだ時病人をキリストのところに連れていった。そこに来た人間はキリストの背後にデーモンを追い払う衝動が作用していると固く信じた。これが外的手段によって起こったならキリストは自我によって作用したことにはならない。人間は以前、より多く精神界と結ばれていた。エクスターゼ（陶酔）によって精神界への道を見出すことができた。今やしかし私たちは精神界に至るためには自我の中にその結びつきを見出さなければならない。この衝動が洗礼者の強烈な呼び声によって、またキリスト自らによって与えられた。君たちの魂の在り方を変えよ。天国は近づいている。君たちを天国と結ぶ絆は君たち自身の中に求められなければならない、と。

キリストは地球の発展に移ってゆく。キリストを死に導く手段を彼はユダによって得る。ユダの裏切りは必然であった。死によってキリストは地球存在に入ってゆく。人間になることが三年間の苦しみの原因であった。キリスト存在はナザレのイエスの三つの体、肉体、エーテル体、アストラル体とすぐ一体になったわけではない。キリストの存在とナザレのイエスの肉体の間の関係は緩いものであった。それが密になり、苦悩が深まり、十字架の死の前に初めてキリストとイエスの肉体が一体になった、とシュタイナーは言う。ナザレのイエスとキリスト存在との一体化に比較できる苦しみは他にない。

キリストがゴルゴタの丘の上で死と復活を遂げたことをいかに理解することができるか？　現代人の意識によってそれをいかに捉えるかが問題である。これはキリスト教の理解にとって最大の意味深い問いである。『コリント人への手紙』（15・14、20）においてパウロは書いている。「キリストが蘇らなかったなら、我々の説教は無であり、君たちの信仰も無である。しかしキリストは蘇った」と。復活が事実でなかったらキリスト教の信仰は何の意味もない。パウロによれば復活をあきらめる人はパウロの意味するキリスト教をあきらめなければならない。

二千年後の今日現代人はこの復活といかに関わるかが問題である。イエスは実在しなかった、だから復活について頭を悩ます必要はない、と言う人もいる。キリスト復活の事実を確信すると、現代の唯物論的な世界観と矛盾することになる。

現代人の世界観から復活を歴史的事実として受け入れることができるか？　『ヨハネ伝』（20・

16）における墓前での言葉「マリアは振り返ってイエスに向かってヘブル語で〝ラボーニ（先生）〟と言った」は明らかな事実の印象を与える。シュタイナーは『イエスからキリストへ』（一九一二）の中でこれは「あらゆる時代の聖なる秘儀が歴史的事実となる瞬間である」と言う。「イエスからキリストへ」とは、ナザレのイエスの肉体に太陽精神としてのキリストが降り、イエスがキリストになったことを指している。父そのものがキリストを蘇らせた。弟子たちは、亜麻布はあったが、死体はない、どこに行ったのか、きっと蘇ったのだ、と確信するようになる。「彼がいる！」パウロのダマスカスの体験以来、キリストは第二のアダムとなる。第一のアダムは死すべき肉体を持っている。第二のアダム、キリストは不死の肉体「復活体」を持っている。

物質体の原像としてのファントムがゴルゴタの墓から復活した。キリスト存在はたった一度だけ肉体として地上に降りてきた。人間が一番低い地上の段階にまで降りてきた時、上方への強烈な衝動が生まれた。キリスト存在がパレスティナの出来事の時点で、一人の人間と合体する決断をした。一人の人間に受肉し、人類に上方への道を可能にする決断をした。それによって人類にルーチフェルの衝動からの人類の救済と呼べるあの発展が導かれた。それが蛇による誘惑であり、原罪の導入と呼ばれるものである。彼自身にとっては必要ではなかったものをキリストは行った。それは神的な愛の犠牲の行為であった。

ゴルゴタの丘に十字架が立つ。神が人間の肉体の中に架けられる。それは自由な意志からの、愛からの行為の神である。地球と人類が目標に至るために、父なる神がルーチフェルの影響を人間に与えた。そうでなかったならば、人間は自由な自我の萌芽を発展させなかったであろう。ルーチフェルの影響によって自由な自我への素質が発展した。それが父なる神によって与えられた。しかし自我が自由のために物質の中に入った後、この物質への埋没から再び解放されるために、子の全ての愛がゴルゴタの行為に導かれなければならなかった。それによってのみ人間の尊厳が保たれる。自由な存在でありうることを人間は神の愛の行為に負っている。人間として自由な存在と感ずるように、私たちはこの自由を神の愛の犠牲の行為に負っている。そう考える時この思考は私たちの感情の中心に迫る。お前は人間の尊厳に至ることができる。しかし一つのことを忘れてはならない。ゴルゴタの救済によって人間の原像を再び取り戻したものに負っているということを。人間は自由の思想をキリストの救済の思想なしに捉えることはできない。その時にのみ自由の思想は正しいものとなる。私たちが自由でありたければ、私たちは自由の行為をキリストの自由の行為に負っていることを理解しなければならない、とシュタイナーは言う。

　私たちの肉体の中に魂＝精神が生きているように、地球の肉体、鉱物、植物、動物から成る地球の肉体の中に地球の魂＝精神が住んでいる。キリストはこの地球の精神である。これを最も親しい弟子に語る時、何と語るか？　君たちがパンを食べる時、穂の中の何を君たちは食べているのか？私の肉体を君たちは食べている。君たちが食物の液体を飲む時それは何か。それは地球の血であり、私の血である。その言葉を文字通り受け取る必要がある。キリストは弟子たちを集めキリストの秘儀を伝授する。「私のパンを食べる者は私を足で踏みにじる者だ」（『ヨハネ伝』13・18）。人間は地球のパンを食べ、足で地上を歩む。地球が地球の精神、キリストの肉体である限り、人間は足で地球の、キリストの肉体の上を歩く者である。つまりパンを食べる者は足で踏む者である。キリストについて、地球の精神について、また地球の肉体から得られるパンについて私たちが知る時、最後の晩餐の無限の深みが与えられる。キリストはそれを指し、「これは私の肉である」と言う。人間の肉が人間の魂に属するように、パンは地球の肉体に、つまりキリストの肉体に属する。植物のぶどうの蔓に脈打つ液体は、人体を脈打つ血のようなものだ。キリストはこれを指摘し、「これは私の血だ」と言う。最後の晩餐の中に、地球の最大の秘蹟をみることができる。ゴルゴタの出来事が地球の全進化と結びついている。救世主の傷口からの血の流出は単に人間的意味を持つのではなく、宇宙的意味を持つ。進化を遂げる力を地球に与える。

人間が再び精神界に導かれる衝動は何によって起こるか。それは神が物質界に降りることによってのみである。精神界に戻る道がそこから始まった。人類の発展の中に強烈な飛躍が行われた。それは人類が自我から再び精神界に上昇する可能性を獲得したからである。人類はキリストを必要としていた。人類が自分の自我に昇っていくために、キリストの降下は必然であった。それによって人間の自我が荒廃せず、発展からそれないために必要であった（『新しい精神の時代とキリストの再来』一九一〇）。

一九一三年からシュタイナーは『第五福音書』（一九一三）について語りはじめた。マタイ、マルコ、ルカ、ヨハネ福音書に「第五福音書」を加えた。それはアントロポゾフィーから見た福音書であり、まだ書かれていない未来の福音書である。

「わたしは世の終わりまでいつもあなた方と共にいる」というキリストの言葉をいかに理解するか。

ゴルゴタの秘蹟で起こったことを聖霊降臨祭から語ることが第五福音書への出発点である。

復活祭から七週間後、聖霊降臨祭に集まった弟子たちの魂に視線を向けると、弟子たちは普通とは別の意識状態で体験した事柄を振り返って見ることができた。彼らは全てを夢見るように体験した。今は目覚めているが、普通の意識は眠りこんでいるようなものだった。物理的な地上でのイエスとの回遊の思い出が引き裂かれるように感じられる。彼らはキリストの昇天を遡って体験した。また彼らがいかにキリストとともにいたかを振り返って体験した。彼らは一緒にいたが、夢の中を歩いているようだった。彼らはキリストの十字架上の死と復活が何であったかを体験した。聖霊降臨祭に弟子たちの魂はゴルゴタの秘蹟を振り返ってみた。大きな印象を得た。彼らは肉眼でそれを体験したのではなく、後で初めてゴルゴタの秘蹟があったことに思い至った。キリストが鞭打ちとして、荊冠として十字架としてあるもの全てを体験しなければならなかった。それ以前、そこで起こったことを弟子たちは眠りすごしていた。例えばペテロはキリストを否認する。モラルの欠陥からではなく、彼は夢見心地であったからである。キリストとの関係は彼の普通の意識の前にはない。お前はキリストに属する者か、と尋ねられる。彼のエーテル体はこの瞬間それが分からない程の変化を体験していた。それが聖霊降臨祭において逆観として意識される。ペテロとヤコブはオリーヴ山に導かれ、「目覚めよ、祈れ！」という意味深い言葉がひびくのを聞く。彼らが集まっていた時キリストもまたエーテル体として彼らの下にいた。彼らとともに語り合ったが、彼らにとって全ては夢の中であった。その全ては聖霊降臨祭で初めて意識的な出来事になった。

まずキリストが十字架の死を迎えた。キリストの最後の言葉は『マタイ伝』『マルコ伝』において「エリ、エリ、レマ、サバクターニ」「わが神、わが神、なぜ私をお見捨てになったのですか？」と伝えられている。キリストの言葉ではなく、ナザレのイエスの言葉としてそれを理解することができる。しかし『ヨハネ伝』においては「成し遂げられた」である。たった一度人体に宿った太陽精神キリストの最後の言葉としてこれを見る時、神秘的事実としての神の栄光が「成し遂げられた」、が相応《ふさわ》しい。

それからキリストの地獄行きがあり、聖土曜日の地下のアーリマン、ルーチフェルの層からアシュラ、ゾラートの層、地球の闇の中心まで降りてゆき、復活祭日曜日の朝その全てを克服してキリストのファントムが「復活体・精神体」として蘇った。

ゴルゴタの丘の死の前の時間がある。自然科学的批判を行うことは容易である。それでもこの出来事は客観的な現実であると言うことができる。死の前に長時間の闇が地上に広がった。透視的な視線には日蝕の印象を与える。雲による闇であったかもしれない。それから十字架上の死に際し、キリスト衝動がこの闇を貫き、地球のアウラと一体になる。宇宙的なキリスト衝動が地球のアウラと結びつくのを、死の前のこの闇において人は見る。そしてイエスの肉体に生きたこの存在が精神的＝魂的地球のアウラに注がれ、人間の魂は今や絶えずその中に引き入れられることになる。精神においてゴルゴタの十字架を見、闇となった地球を貫いてキリスト衝動が地上に注がれるのを見ることは、大きな印象を与える。地上の人類の発展にとって遂行されるべきものが本当に遂行されるのを人は映像として見るからである。そして埋葬がある。自然の出来事が霊的出来事の外的表れとしていかに起こるか、キリストが墓に横たわった時、竜巻とともに強烈な地震が大地に起きた。

『マタイ伝』にはそれが詳細に述べられている。

太陽の闇と地震との関係は自然科学的に理解できるであろう。かの地震は日蝕の結果であり、地震が墓を揺さぶり、イエスの遺体が置かれていた墓を揺さぶった。墓の上に置かれた石が裂け、大地に亀裂が生じた。遺体が亀裂に飲み込まれた。さらなる振動によって遺体の上の亀裂が再び閉じられた。朝、人々が来た時墓は空であった。大地がイエスの遺体を飲み込んだからである。石だけが投げ捨てられて残っていた。

三日目の朝マグダラのマリアが泣きながら墓の中を見ると、イエスの遺体が置いてあったところに白い衣を着た二人の天使が見えた。マリアが主を探していると、イエスが「マリア」と言われる。彼女は振り向いて「ラボーニ（先生）」と言った。イエスがマリアのもとに現れた。それから弟子たちがいるところにイエスが現れて「あなた方に平和があるように」と言われた。その場にいなかったトーマスは自分でその手を脇腹の傷口に入れてみなければ信じないという。八日後イエスは再び弟子たちのもとに現れ、トーマスに「あなたの指をここにあて、私の傷口を見なさい」と言う。そして「見ないで信じるものは幸いである」とも。キリストの復活は肉体としての復活ではなく、エーテル体に満たされたファントムとしての復活である。トーマスがキリストの脇腹に手を入れてそうと思える程凝縮したエーテル体としての顕現である。

キリストはその後も四十日間各地に現れ、ついに弟子たちの眼前から昇天する。それから十日後弟子たちが悲嘆にくれているところに聖霊降臨祭が起こり、炎の舌が弟子たちの頭部に降りてくる。それぞれが異なる言葉でキリスト衝動を語り始める。そこから世界中にキリストの福音が広がっていく。使徒たちは振り返り、復活後のキリストとの出会いの中でゴルゴタの秘蹟としてこれを体験した。ゴルゴタの秘蹟を遂行した時、キリストは本当に一人であった。なぜなら弟子たちは物理的に逃げてしまっただけではなく、彼らからは意識も逃げてしまったからである。

人間は新しい受肉に降りてゆく前に、精神的な事実を体験する。彼は胎児の状態から誕生を通して、物質的身体を通して地上生に入り、再び精神界に戻ってくる。キリストは別の状態を通ってゆく。ヨハネの洗礼からゴルゴタの秘蹟までは一種の胎児の状態であった。十字架上の死が誕生であって、復活後の使徒との生活は地上のさまよいである。地球のアウラへの移行は人間の魂にとっては精神界への移行である。全く逆のことがキリストに起こる。逆の道をキリストは辿る。人間の魂は地球から精神界に向かう。キリストは精神界から地球の局面に入り、地球と合体し、偉大な犠牲をへて、地球のアウラへと移ってゆく。これがキリストの神界への移行である。今や地球のアウラの中でキリストは自ら選んだ神界を生きている。人間は地上から天上に昇ってゆく、キリストは逆に天上から地上に降りてくる。人間とともに生きるために。それが彼の神界である。

ゴルゴタの秘蹟をエソテリックに理解することは『ヨハネ伝』の深い意味を読み解くことである。ゴルゴタの秘蹟の中心にあるものを見ると、救世主の血が傷口から流れ落ちた瞬間が見えてくる。傷口から血を流す十字架上のキリスト・イエスという物理的な出来事がある。この物理的な出来事があらゆる地上の出来事の中心に立つ。ゴルゴタの出来事の前の地球の過程と後の過程との間には大きな違いがある。地球の物質体は地球のエーテル体の中に埋められ、両者はさらにアストラル体の中に埋められている。ゴルゴタの丘でキリスト・イエスの傷口から血が流れ出した瞬間、地球のアウラが変わった。私たちの地球が太陽と再び合体し一つの天体になる時が来る。ゴルゴタの秘蹟が起こらなかったら地球と太陽の合体は決して起こることはないであろう。ゴルゴタの秘蹟以来地球は霊的に見て太陽と再び合体する可能性をもっている。以前は外から来たもの、ロゴスの力がゴルゴタの秘蹟によって地球の霊的な存在に受け入れられた。以前は何が地球に生きていたか。太陽から地球に降りてくる力が生きていた。以後地球には何が生きているか。ゴルゴタの秘蹟を通して地球の精神となったロゴスそのものが生きている。「わたしは世の終わりまでいつもあなた方と共にいる」(『マタイ伝』28・20)。

キリストの昇天によって弟子たちは透視的になり、地球の発展の重要な秘密を観るようになった。ゴルゴタの秘蹟が起こらなかったら人体は地上で堕落した。エーテル体は常に太陽に向かう。肉体は地上の重みを持ち、エーテル体は太陽の軽さを持つ。人間のエーテル体はキリストに向かう。太陽に向かいながらもキリストによって抑えられることの中に、キリストが人類と結ばれていることが現れている。昇天の姿は、弟子たちが透視的になり、人間のエーテル体が太陽に昇ってゆく傾向を示している。キリストがその志向と一体となり、それを抑えている。

サウロはキリストの弟子たちを殺そうと意気込んでいた。サウロがダマスコに近づいた時、突然天からの光が周りを照らした。サウロは地に倒れ、「サウロよ、サウロ、なぜ私を迫害するのか」と呼びかける声を聞いた。「主よ、あなたはどなたですか」と問うと答えがあった。「私はあなたが迫害しているイエスである」と。サウロは地面から起き上がって眼を開けたが何も見えなかった。三日間眼が見えず、食べも飲みもしなかった。

サウロはここでパウロに回心する（『使徒行伝』9章）。キリストは肉体として再臨するのではなく、エーテル体として再臨する。人間がエーテル体を見ることができるようになる。パウロがダマスコでこれはキリストだと確信したように、エーテル的な体験を通してキリストが生きていることを確信する。

一九一〇年一月十二日シュタイナーはストックホルムで「エーテル的キリストの顕現」を告知し始めた。七月十三日にはオスロで語り、八月には神秘劇「伝授の門」においてエーテル的なキリストの顕現を語る〝テオドーラ〟が登場する。

人間はこのエーテル的なキリストを一九三〇年から一九四〇年の間に益々多く見るようになる、とシュタイナーは言う。キリストは肉体まで降りてくることはなく、エーテル体まで降りてくる。二十世紀の間に天使の姿をしたエーテル的キリストが出現するのを知覚するようになる。アントロポゾフィーそのものが、エーテル的キリストがその中に顕現する被いとなる。

第15章　クリスチャン・ローゼンクロイツとミヒャエル

シュタイナーは一八七九年秋、十八歳の時、ウィーン工科大学に通う汽車の中で薬草集めのフェリックス・コグツキーに出会う。そのコグツキーを通してシュタイナーは、バラ十字のマイスターと出会った。その名は知られていない、このマイスターがシュタイナーを、クリスチャン・ローゼンクロイツとバラ十字会に導いた。それがミヒャエル時代の始まる一八七九年であったことに大きな意味がある。ミヒャエルに出会うことが、バラ十字者《ローゼンクロイツァー》の憧れであり、ミヒャエルの時代と共に、ミヒャエルの精神と出会うことができる時代が始まったからである。近代の明瞭な学問的思考と、超感覚的な直観を結びつけることが、意識的魂の時代の秘儀伝授のあり方を示しているからである。バラ十字のマイスターから教えられたこの秘儀参入の道は、同時に、自由への道であり、やがてはマイスターからも自立して、一人で歩む道であった。一八八八年に記された『クレド（個と全体）』はその証しである。「認識とは最も精神的なものであり、愛とは、無私の献身の最も美しい形である」とシュタイナーは書いている。一八九四年三十三歳の時、ワイマールで書かれた『自由の哲学』は、論理的な学問的思考と超感覚的直観を結びつける「バラ十字会の精神」に基づくものであった。それは新しい時代の新しい秘儀参入の基礎を形成するものであった。

一九〇七年三月十四日、シュタイナーは講演「ローゼンクロイツァーとは誰か？」において「ほとんどの人が思い描くこともできないような存在であり、錬金術と『賢者の石』に関わる何らかのセクトであり、それ以上のことはほとんど全く知られていない」と語っている。ローゼンクロイツァーとは、バラ十字者、あるいはバラ十字会として十四世紀以来、ヨーロッパに存在する秘密結社であり、その由来は、伝説的な人物クリスチャン・ローゼンクロイツ（一三七六―一四八三）に遡る。このローゼンクロイツは、シュタイナーとアントロポゾフィーにとって、いかなる意味をもっているか。

外的歴史としては十七世紀に由来する二つの文献によって、バラ十字会とは何かが知られている。その一つが一六一四年にドイツのカッセルで出版された匿名の小冊子『ファーマ・フラテルニターティス』（『友愛の名声』）であり、もう一つは一六一五年に出された同様の小冊子『コンフェスィオ・フラテルニターティス』（『友愛の信条告白』）である。いずれもバラ十字友愛結社の「名声」と「信条告白」を謳っている。その匿名作家がテュービンゲンの神学者ヨハン・ヴァレンティン・アンドレーエ（一五八六―一六五四）かどうかが争われてきた。というのは、その翌年一六一六年にストラスブールで、クリスチャン・ローゼンクロイツの『化学の結婚』が出版されたからである。この寓意小説をクリスチャン・ローゼンクロイツが書いたのは一四五九年であり、それをヨハン・ヴァレンティン・アンドレーエが、百五十七年後に出版したことになる。実際にはしかし、ヴァレンティン・アンドレーエが一六〇三年からこの原稿を書き、十三年後にクリスチャン・ローゼンクロイツの名で出版したことが知られている。

クリスチャン・ローゼンクロイツの『化学の結婚』は、錬金術と賢者の石を扱い、不純な金属を金に変えるプロセスを寓意小説として書いたものである。人間の徳の不純なメタルを人間の徳の金に変えることができることを象徴的に表現したものである。『化学の結婚』はクリスチャン・ローゼンクロイツが結婚式の招待状を受けとり、精神界への旅立ちをする第一日から、黄金の石の騎士となって故郷に戻るまでの七日間の体験を記したものである。

『ファーマ』に記された略伝によると、クリスチャン・ローゼンクロイツはドイツ人で、五歳の時、修道院に入り、ギリシャ語、ラテン語を学び、十六歳の時、聖地イェルサレムへの巡礼に向かい、ダマスカスでアラビアの賢者と交わり、ダムカルでアラビア語を学び、『Mの書』をラテン語に訳し、これを持ち帰った。その内容は知られていないが、中世の医師・神秘家として知られるパラケルススがその知を汲み取った書『世界の書』と言われている。それから五年の瞑想の後、クリスチャン・ローゼンクロイツの友愛結社は四人から始まった。その一致した信条は、一、何人も病人を治すこと、しかも無料で治すこと、二、何人も特別の衣装をまとうことなく、それぞれの民族衣装をまとうこと、三、同志は毎年一回、聖霊降臨祭の日に「聖霊の家」に集まること、四、不測の場合に備え、後継者を探しておくこと、五、R・Cの語を同志の暗号とすること、六、友愛結社の存在は百年間明かしてはならないこと、という六つであった。

『ファーマ』はまた、クリスチャン・ローゼンクロイツの墓所についての記述を含んでいる。「聖霊の館」の改修によって、記念碑が発見され、隠し扉の石を取り除くと、「余は百二十年後に公開されるであろう」と記された扉が現れ、その地下室には円形の祭壇があり、そこには「万有のこの墓廟を余は余の生前に余の墓としたるなり」と記され、『ファーマ』の最後には、Ex Deo Nascimur（神より生まれ）、In Jesu (Christo) Morimur（イエス〈キリスト〉に死し）、Per Spiritum (Sanctum) Reviviscimus（〈聖〉霊によって蘇る）というバラ十字のマントラが記されている。クリスチャン・ローゼンクロイツが一三七六年に生まれ、一四八三年まで、百七年を生きたことは『コンフェスィオ』に記されている。

これら三つの文献によってもバラ十字会の内実は明らかではない。その理由は十四世紀に由来するこの精神運動は誕生以来「口伝」によってのみ伝えられてきたからである。

旧約聖書にカインとアベルの系譜がある。カインから生まれるものは、社会的に何かを創る学問・芸術の系譜であり、アベルから生まれるものは司祭の系譜である。カインの系譜にあるヒラムは建築家であり、アベルの系譜にあるソロモンは、ソロモンの神殿を建てている。ソロモンはその神殿をヒラムに建てさせた。ヒラムは芸術と学問によって地上で作用する人間である。そこにシヴァの女王が訪ねてくる。シヴァの女王はソロモンの叡智に魅せられ、同時にヒラムのことを聞いてヒラムにも思いを寄せる。ヒラムとソロモンの間に嫉妬が生まれる。シヴァの女王はその間に立って揺れ動く。ソロモンが神殿を仕上げる段階で「青銅の海」（火と水）を創ることになる。ヒラムの元に三人の職人が送られてきた。悪意をもってヒラムを失敗させようとする。ソロモンはそれを知っていて放置する。職人は不純物を鋳物に混入する。カインの後裔であるヒラムはテュバル・カイン（鍛冶の始祖）から秘伝を受けて水の中に入ってゆき、黄金の三角を与えられ、火と水の調和である鋳物を、人間の高次の存在の象徴である黄金の三角によって完成させる。黄金の三角は、精神自我《マナス》、生命精神《ブッディ》、精神人間《アートマン》の象徴である。その秘密を伝授されたヒラムは神殿を完成させることができた。シヴァの女王がヒラムに感嘆しているのを三人の職人は恨み、ヒラムを殺してしまう。殺されたヒラムはテュバル・カインによって再び救われる。ソロモンとヒラムの間を揺れるシヴァの女王は人間の魂の象徴である。人間の叡智と情熱の間を揺れ動き、叡智が叡智に終わるのではなく、意志によって貫かれることが必要である。ソロモンの神殿の「青銅の海」（火と水）と「黄金の三角」（マナス、ブッディ、アートマン）の秘密を伝授されたものが、静かな叡智としての水と、アストラルな情熱としての火とを結びつけることができる。神殿伝説はこうして未来のキリスト教のあり方を示し、第五文化期と第六文化期のキリスト教のありかたを示している。キリストの行為は、単なる叡智ではなく、血の通った愛の行為であることが教えられる。それは『神殿伝説と黄金伝説』（一九〇四―一九〇六）におさめられた「ローゼンクロイツァーの秘儀」（一九〇四）の中でシュタイナーによって語られたことである。

十二世紀よりローゼンクロイツァーの秘儀に決定的な変化が起こる。地球の発展にやがて外的・物質的文化の勝利の時代が来る。魂の死をもたらす唯物論の時代が来る。それは高次な精神存在にとっては緊迫の時代であった。このような唯物論的時代に対し、平衡を作り出すことが必要であった。その最後の現れがアッシジの聖フランチェスコの顕現である。あらゆる外的生活からの転化、ジョットの絵、唯物論の発展を通過し、それでもアッシジのあたりに、聖フランチェスコの精神的雰囲気が広がった。

アッシジの聖フランチェスコの前の受肉は七、八世紀に行われ、黒海の近くの秘儀のシューレで、もはや物質体としては受肉しなかった一人の人格の弟子であった。アッシジの聖フランチェスコは前の受肉で秘儀の地にいた。その弟子たちのもとに精神体としてのみ作用した存在の弟子であった。それが仏陀である。ゴータマ・ブッダとして受肉した存在である。彼は精神体としてさらに作用した。『ルカ伝』のイエスの誕生に立ち会った存在である。彼はさらに作用した。純粋に物質的生活から離れる衝動をもっていた。それがアッシジの聖フランチェスコに残された。分裂が生じる。一方には外的物質的文化があり、他方にはアッシジの聖フランチェスコの信者がいた。十二世紀以来ヨーロッパの精神的指導を担うローゼンクロイツァーの重要な展望の中にそれが見られる。人間は地上の肉体によって誕生と死の間働かねばならない。人間は物質存在の勝利を共にする。物質存在に親しみ、同時に聖フランチェスコの中にある内的体験への理解をもつことも可能でなければならない。そこに地上の進歩の本質がある。エディソンに従いながら聖フランチェスコやブッダの弟子でもあり得る。クリスチャン・ローゼンクロイツはそのことに配慮する課題をもっていた。ローゼンクロイツァーの秘儀において語られたのは、火星は古い課題を失い、新しい課題を与えられねばならないということであった。十六世紀から十七世紀への転機、十七世紀の初めに、ブッダは火星に送られた。その時ブッダはキリストが地球上でゴルゴタの秘蹟によって行ったのと似たことを火星のために行った。火星から出て行ったものをブッダは当時自らの犠牲によって変容させた。彼は火星全体の本性を変えた。火星にとってブッダは偉大な救済者となった。ブッダは平和の、調和の、使命、教えへと昇っていった。ブッダは今そこから攻撃の力が出てゆく惑星の領域に置かれた。ブッダはゴルゴタの秘蹟によってではなく、平和の君主として十字架にかけられた。

火星はブッダの存在によって貫かれた。ゴルゴタの秘蹟によってキリストの本質が地上に流れたように、火星上でブッダの平和の本質が火星に流れ、その時から火星の局面にその本質があるという。

ローゼンクロイツァーの秘儀の中ではこのように語られた。ブッダの派遣によって人間の魂は死と新生の間に、火星の局面に生きることができた。魂は太陽でキリスト衝動に貫かれ、ルーチフェルに導かれ、火星の局面に至り、今まで起こらなかったが、今や、ブッダ＝アッシジの聖フランチェスコの要素に貫かれる。こうして人間の魂がブッダの局面を通過することによって後に物質的存在に降りてきても精神的、魂的世界に身を捧げる魂の別の部分の力も発展させることができる。死と新生の間の隠された秘密がここにある。

シュタイナーは、このローゼンクロイツァーの伝統に基づきながら、その叡智はあらゆる人に与えられるべきであるから、その叡智を公開すべき時が来たと考えた。それが、現代人の思考・感情・意志に相応《ふさわ》しい訓練によって精神科学的に獲得されるアントロポゾフィーの内実であり、一九二三年の「普遍アントロポゾフィー協会」設立のための「クリスマス会議」へ導くものであった。

ルドルフ・シュタイナーは二十世紀の初めに、ローゼンクロイツァーの指導的マイスターとなり、また現代のミヒャエルの使者として地上に現れ、アントロポゾフィーの精神科学を構築した。それは単に伝統的なローゼンクロイツァーの思想の継承ではなく、二十世紀と二十一世紀に相応しい、ミヒャエル時代の新しいローゼンクロイツァーの創造を意味するものであった。

シュタイナーは、クリスチャン・ローゼンクロイツについて十三世紀半ばの精神の闇の時代に十二人のコレギウム（教師団）が人類のあらゆる叡智を集め、その叡智が第十三番目の人物に注がれた、と語っている（『エソテリックなキリスト教と人類の精神的指導』一九一二）。この人物はキリストのエーテル的顕現としてのパウロのダマスカス体験を経た後、若くして他界し、十四世紀に再び受肉して、再び十二人のコレギウムに育てられ、ダマスカス体験を繰り返し、百年以上を生きた。それがクリスチャン・ローゼンクロイツの個体である、と語っている。それによってクリスチャン・ローゼンクロイツは、かつて受肉した人物であるのみならず、十三世紀からの高度な力によって、霊的に作用する存在であり、そのエーテル体から私たちの精神に作用する偉大な力が出てゆく。この精神の潮流は百年ごとに現れ、それが今テオゾフィーの運動に現れている。そして二十世紀においてはこの作用を受ける人が益々多くなり、それによってキリストのエーテル的顕現が体験できるようになる、という。

シュタイナーは直接クリスチャン・ローゼンクロイツの名前を挙げない場合でも、その系譜の中にいることは明らかである。エソテリックなキリスト教と宇宙的なキリスト教とが統合され、両者が新しいキリスト教を準備する。それは信仰としてのキリスト教ではなく、認識としてのキリスト教であり、初期キリスト教の時代にあった太陽精神としてのキリスト体験を内実とするものである。

クリスチャン・ローゼンクロイツは第五文化期の人類の霊的指導を司《つかさど》り、その行為は単なる冷たい知性ではなく、血の通った、意志と結ばれた叡智であり、芸術と学問によって作用する。

クリスチャン・ローゼンクロイツは、十五世紀の秘儀参入者として百七歳を生きた。彼はしかしすでに十四世紀にその前の生涯をもっていて、当時高い秘儀の伝授を受けていた。そのため彼のエーテル体は各時代ごと、百年ごとに地上に降りて作用している、とシュタイナーは言う。

その霊的高みからヒラムの系譜を辿り、同時にラザロとヨハネを見ることができる。ラザロ＝ヨハネはゴルゴタの秘蹟に立ち会っていた。そしてキリスト自身から秘儀の伝授を受けていた。エソテリックなキリスト教の出発点がそこにある。それをさらに遡るとヒラムに至る。そのヒラムから逆にラザロはキリスト自身の秘儀の伝授を受け、ヨハネになり、精神界の体験を『ヨハネ伝』に記し、それによってクリスチャン・ローゼンクロイツが十四世紀に降りてくる。それが十七世紀にヨハン・ヴァレンティン・アンドレーエの『化学の結婚』、あるいは『ファーマ』『コンフェスィオ』によって現れてくる。だからこそローゼンクロイツァーは、自らを「ヨハネス・クリステン」と呼んでいた。

ローゼンクロイツァーとアントロポゾフィーとの関係は一九〇七年のミュンヘン会議における「ローゼンクロイツァーの秘儀」に始まっている。ローゼンクロイツァーの秘儀の第一段階は「純粋思考」であり、『自由の哲学』の中心思想は、誰もが自由な自我として精神界と物質界の直中に立っていることにある。それが自我による秘儀参入の出発点であり、そこから新しい秘儀参入が始まる。これからの時代のエソテリック（秘教的）な内実をエクソテリック（顕教的）な知性と結びつけることによって、新しいキリスト理解が生まれる。そこにこそ新しい時代の新しいローゼンクロイツァーの課題があることを教えている。

クリスチャン・ローゼンクロイツの存在はアジアの私たちとは無関係であるように見える。ローゼンクロイツに出会うということは、あくまでもアントロポス（人間）として彼に出会うということである。それぞれの地で人類の前進のためにひそかに活動している人の中にクリスチャン・ローゼンクロイツは生きている。

日本の思想史の中に安藤昌益（一七〇七―一七六二）のような人がいる。十八世紀の日本が生んだ、特異な人物である。いつ亡くなったかも正確には知られていない。医者でありながら一七五五年の八戸大飢饉の時、農民と共に餓死したとも言われている。『自然真営道』（一七五三）という百一巻九十三冊の本を書き、そのうち十五冊だけが残されている。関東大震災で焼失してしまったからである。徳川幕府の士農工商の身分制度の厳格な時代に、農民の生活を守るためにあらゆることをした。自由と平等と友愛を教え、社会は「法」によって人間を縛り、奴隷にしていると語った。自然の営みが理想である、と。安藤昌益は医者として、農民や町民の病気を治しながら徹底した一元論の思想を説いた。人類の救済のために自然の摂理を説き、小宇宙としての人間と大宇宙との関係を説き、心臓、肺臓、肝臓、腎臓と太陽、水星、木星、金星との呼応関係を説いた。鎖国には反対であった。自分の思想は今は受け入れられないから公開しないようにと言い残し、実際、百五十年後に狩野亨吉によって発見されるまで知られることはなかった。日本の思想家であるが、クリスチャン・ローゼンクロイツのような人物である。クリスチャン・ローゼンクロイツはいつの時代にも、百年ごとに降りてきて、人類の指導を行っている。フランス革命の時代にはサン・ジェルマン伯爵として降りてきた。クリスチャン・ローゼンクロイツの高い霊的指導力によってそのエーテル体は多くの人に分け与えられ、それが新しいキリストの理解を導いているという。

ローゼンクロイツァーの強い憧れはミヒャエルに出会うことであった。八一三年ドイツのマインツで行われた公会議でルートヴィッヒ敬虔王によって、それまではヴォータン崇拝のために設定されていた秋の九月二十九日がミヒャエルの祝日に定められた。秋分の日をやや過ぎた、秋の収穫祭の日でもある。日本では古来この時期に神嘗祭が祝われている。神嘗祭とは十月に行われる収穫祭で、天照大御神の委託によって大いに励み、収穫できたその初穂を天照大御神に献上して感謝する祝祭である。

ミヒャエルとはいかなる存在であろうか。『ヨハネ黙示録』に登場する、神の顔をもつ天使であり、足下に龍を退治する存在である。あるいはアダムとエヴァを楽園から追放する天使であり、モーゼを導いて紅海を渡らせるのもミヒャエルである。あるいは、最後の審判に登場し、死者を蘇らせる天使であり、キリストに付き添う天使でもある。日本では、天津神として高天原に住み、高皇産神と天照大御神の指令によって必要な時に天降る建御雷男之神《タケノミカヅチオノカミ》のような存在である。

一八九四年三十三歳の時、シュタイナーは哲学的代表作『自由の哲学』を発表する。それは純粋思考と道徳的ファンタジーを両車輪とする光と愛のミヒャエルの書であった。その後生涯にわたってミヒャエルの作用を受け、一九〇四年からはベルリンでエソテリック・スクールを開始した。一九一九年には「ミヒャエルの使命」と題した連続講演を行う。一九二三―二四年のクリスマス会議を経て精神科学自由大学としてのミヒャエル・シューレの活動が始まり、九月二十八日の最終講義の後も病床にありながら『ミヒャエル書簡』を書き続けた。

ミヒャエルは寡黙な精神である。人間が受けるのは言葉ではなく、視線である。ミヒャエルは人間が精神から創り出したものに関わっている。ミヒャエルは人間によって創られたものの結果の中に生きている。ミヒャエルは実際「自由の霊的英雄」（『中世の秘儀の地　バラ十字会　現代の秘儀の原理』一九二四）である。

ミヒャエルは、天使の中でも大天使として知られている。天使が個々の人間の守護精神であるとすれば、大天使は共同体の精神であり、民族精神である。いずれも目に見えない存在としてその作用だけが知られている存在である。一八七九年からミヒャエル（太陽）は時代精神として作用し、永遠の前進を司る存在である。紀元前七世紀からのアレクサンドロス大王の時代は、以前のミヒャエル（太陽）の時代である。紀元前三世紀からのオリフィエル（土星）の時代は物質的な基盤を固める時代であり、二世紀からはアナエル（金星）の、愛への上昇の時代であり、五世紀からはザカリエル（木星）の、自我の解放の時代である。九世紀からはラファエロ（水星）の、感覚から逸脱する時代であり、十二世紀からはサマエル（火星）の、戦争と勇気の時代であり、日本では鎌倉の武家社会の時代である。十六世紀からはガブリエル（月）の、遺伝と誕生、民族のナショナリズムの時代である。そして一八七九年から再びミヒャエル（太陽）の時代が始まった。ミヒャエルの時代は、民族の差別をなくし、誰もがコスモポリタンとして生きうる時代である。これらはいずれもシュタイナーによってベルリンのエソテリック・スクールにおいて語られたことであった。

ミヒャエルはまた、太陽にいて宇宙の知性を管理する存在である。人間が自らの思考と概念によって、精神界からの啓示としてやってくるものを洞察できるようにする存在でもある。アレクサンドロス大王の以前のミヒャエル時代には、人間はまだミヒャエルの恩恵によってその叡智を与えられていた。やがてオリフィエルの時代が来てゴルゴタの秘蹟が起き、ミヒャエルはその任を解かれ、人間は次第に自分で考えることができるようになった。天上では十五、十六、十七世紀からミヒャエル・シューレが形成され「天上のアントロポゾフィー」が生まれる。それに先立ち精神界では十三世紀中ばに「宇宙の嵐」が起こり、一四一三年からの人間の意識的魂への移行の準備は、肉体的にも生理的にも行われている。それはセラフィーム（熾天使）、ケルビーム（智天使）、トローネ（座天使）の第一位階《ヒエラルヒア》によって引き起こされた。人間の意識は胸部人間から頭部人間に変容してゆく。十九世紀に入ってから一八四〇年を頂点にして地上では唯物論が支配的になった。地下にはアーリマン・シューレが築かれ、天上ではミヒャエルの超感覚的礼拝が行われる。その宇宙的イマジネーションから「新しいキリスト教」の萌芽が生まれる。一八九九年の闇の時代《カリ・ユガ》の終焉を前にして、一八七九年から再びミヒャエルの光の時代が始まった。ミヒャエルが人間の思考を頭部から解き放ち、心臓への道を開いた。「心臓が思考をもち始める」（『アントロポゾフィーの趣旨』一九二五）。それによって人間の思考に光とあたたかさが与えられ、人間の知性にふさわしい精神性が現れる。思考の光が人間の心臓から宇宙に向けて放たれ、それが純粋なミヒャエルの知性によって受けとめられる。上から下へ伸びるミヒャエルの手をとらえるために、人間の手が下から上へ伸びてゆく。それによって人間と神々の間に橋が架けられる（『人類の精神の聖体拝領』一九二二）。ミヒャエルが新しい時代の指導者として現れる。夏至から冬至まで、ヨハネ祭からクリスマス祭までは開悟に至る道の始まりであり、それを指導するのがミヒャエルである。修験道における秋の「峰入り」のように、暗闇の中で準備し、開悟の明るい光に向かって歩みを進める。外的太陽の力が次第に衰えてゆく時、ミヒャエル祭は、精神の太陽の朝焼けを意味するものである。

十二世紀に地上でシャルトル学派が栄えていた頃、天上の精神界において、人類の精神的指導をめぐる会議が開かれ、来るべき十九世紀末に闇の時代《カリ・ユガ》が終わり、その二十年前から新しいミヒャエルの時代が始まる。その時天上のミヒャエル・シューレの指導の下に、十九世紀末から二十世紀初めにかけてこれまでのあらゆる精神の潮流、プラトン派の流れ、アリストテレス派の流れが合流し、「新しいキリスト教」の樹立のために、アントロポゾフィーが地上に降りてくる準備がなされた。アントロポゾフィーによって地上にミヒャエル・シューレを築くことがアントロポゾフィー協会の主要命題となる。アントロポゾフィーはこうしてミヒャエルの衝動と深く結ばれる。かつてのミヒャエル時代はアリストテレスとアレクサンドロス大王の時代であった。そのミヒャエル時代が再びやってきた。十六世紀から十九世紀まではガブリエルの時代であり、ナショナリズムの台頭する時代であった。ミヒャエルの時代はコスモポリタンのグローバルな時代である。

一九〇二年の時点で、シュタイナーの講演「カルマの実践的訓練」は当時のテオゾフィー協会の会員には受け入れられないテーマであった。それがやっと可能になり、一九二三年のクリスマス会議によってその幕が切って落とされた。その中でシュタイナーは個々人のカルマ、歴史的人物のカルマ、アントロポゾフィー協会のカルマを論じ、今私たちが地上に降りてきてアントロポゾフィー協会で出会っていることの霊的意味を語っている。私たちは十九世紀初めの宇宙的なイマジネーションの礼拝に参加し、呼びかけられるようにして降りてきて、このアントロポゾフィー運動に関わっている。ロンドンで行われた講演の最後のカルマ論（一九二四年八月二十七日）では、新しいキリスト教の理解のために私たちは地上に降りてきている、と語られている。

シュタイナーが語るキリスト教には二つの流れがある。その一つはエソテリックなキリスト教であり、もう一つは宇宙的なキリスト教である。宇宙的キリスト教とは、キリスト教以前すでにキリスト者はいた、というアウグスティヌスからの流れである。実際、ナザレのイエスとして、司祭ナタンの系譜のイエスが誕生するためには長い準備が必要であった。ゴルゴタの秘蹟が起こる以前から既にキリスト衝動は流れていた。それが「宇宙的キリスト教」の流れである。それがかつてのミヒャエルの時代、アレクサンドロス大王の時代、そしてアーサー王の時代のキリスト教の流れである。太陽精神の指導の下にあったこの流れは、ゴルゴタの秘蹟の時代に、太陽を離れ、地球に降りてゆくキリストを天上で見送っていたグループであり、そこにミヒャエルの共同体が形成される。

地上の人間は、太陽から降りてくるキリストを迎える側にいた。宇宙的キリスト教とは、ゴルゴタの秘蹟には結びつかないキリスト教の流れである。ゴルゴタの秘蹟に結びつかないキリスト衝動が以前からあったことをシュタイナーは語っている。それはゴルゴタの秘蹟に結ばれてはいないにしても、明らかに太陽精神としてのキリストを担っている流れである。日本の神道においても新嘗祭、大嘗祭が行われるのは冬至の暗い闇の季節であり、そこで「天岩戸開き」のような太陽精神の復活があり、光の誕生が祝われる。

他方、ゴルゴタの秘蹟によって生まれるキリスト教はエソテリックなキリスト教として発展する。その流れがグラール（聖杯）の流れに他ならない。アーサー王の、異端的な、宇宙的なキリスト教の流れはゴルゴタの秘蹟に由来するヨハネの、グラールの、エソテリックなキリスト教の流れと精神界で合流する。キリスト教の精神はそれによって豊かさを増す。

夏の間、地球の魂が息をはき出す時、人間もまた、自然と共に外に向かい、感覚的な存在、アーリマン的な存在となる。龍の存在が辺りに立ちこめ、硫黄化のプロセスが蔓延する。それに警告を発するように、夏の終わりから秋の初めにかけて鉄を含んだ隕石が落下してくる。ミヒャエルの神剣は、建御雷男之神の神剣のように、鉄で造られ、人間の中のアーリマン的なもの、感覚的なものとの闘いに入る。これらを克服し、征服するためにミヒャエルが降りてくる。そして日が一日一日と短くなってゆき、闇が最も深くなる冬至を過ぎた時、闇に対する光の勝利としてイエス・キリストが誕生する。その時に向かい、夏の間余りにも感覚的、アーリマン的になった地球の魂を浄化するのがミヒャエル祭からクリスマス祭までの、神嘗祭から新嘗祭までの季節である。

自然界の死滅に対抗して行われるミヒャエル祭は、強い意志の祝祭であり、自我を強化する自由の決断の祝祭でもある。だからこそ物質的、感覚的なアーリマンと闘うミヒャエルの姿がその象徴として現れてくる。人間が没落と死に向かうのではなく、未来に向かって前進するために、炎のように燃える神剣をもったミヒャエルの厳粛な姿が現れてくる。太陽の黄金の輝きをもち、神の顔をもち、炎の神剣をもつミヒャエルの足下に龍がいる。

ミヒャエルの龍との、アーリマンとの闘いは一年の巡りの中でとりわけ初秋に行われる。しかし、時代精神としてのミヒャエルは、第五文化期の直中にあって、やがてくる「アーリマンの受肉」に備えなければならない。それがミヒャエル・シューレの課題であり、そのためにシュタイナーは、未来のミヒャエル祭の準備を今からすべきである、と語った。

第16章　新しい自我の共同体

共同体の形成は現代人の憧れである。親が子を理解できず、子が親を理解できない、学校で先生が生徒を理解できない。生徒が先生を理解できない。そこから現代の多くの悲劇が生まれている。ありうべき共同体の欠如はほとんど現代人の病気とも言えるものであろう。国と国の間に信頼関係がなければ戦争になり、核戦争に突入しかねない時代に入っている。共同体の構築は時代の要請であり、時代の課題でもある。しかし共同体とは何かが理解されていなければ空論に終わる可能性もある。ある宗教団体の中で共同体は見事に保たれている。かつてあったし、これからもある、信仰共同体の現状である。現代に相応《ふさわ》しい認識の共同体はいかにして可能であろうか？　個の存在から、誰もが自由でありながら、時代の要請に基づいて他者との出会いが生まれ、新しい共同体が生まれる。憧れは誰の中にも生きている。しかし現実はしばしばその反対の道を歩んでいる。

夢の中では誰もが孤独である。目覚めて初めて他者が意識され、言葉を交わすことによって人間は他者を理解する。家族から共同体の萌芽が生まれ、学校、職場、市、町、村、県、国家、民族、世界、地球、宇宙へと共同体の輪は広がってゆく。

同窓会のような記憶の共同体もある。時間が過去に遡る。運命共同体もある。地上の共同体だけではなく、天上の、死者との共同体もある。精神界の記憶をもって地上に降りてくる。今や「逆の礼拝」が行われ、人間が感覚界から超感覚界に向かう時が来た、とシュタイナーは言う。

前五世紀に始まる第四後アトランティス文化期は信仰共同体であるが、十五世紀に始まる第五後アトランティス文化期は認識共同体である。自由な個的存在が集まっていかにして精神の認識共同体を形成することができるか。それが現代と未来の課題である。シュタイナーはこのテーマに言及し、魂の愛を求め、育もうとする運動の中で、分裂が起きやすいのはなぜかを問うている。それは客観的な事柄に私的なものを持ち込むことによって起きる。自由とエゴイズムは裏腹だからである。

認識の共同体への道を見出す人は内的運命によって世間の大道を離れて自分の道を探す人間でもある。私たちは日本人やフランス人、ドイツ人として生まれる。日本の神道や禅宗、フランスのカトリック等が人間を引きつける。人生の大道を歩いている人は現代の地上の人生に叶って生きている。そうではない人もいる。既存の大道ではなく、あれこれ独自の脇道を探す。人生の大道を歩いてはいない人がその大半である。ブルーノ・ワルターのように老いてからアントロポゾフィーに出会う人もいる。なぜかはその人の運命と精神界との関係による。現代の多くの魂は地上で起きていることに燃えるような関心を持って地上に降りてくる魂である。前地上存在から地上存在に降りてくる関心をあまり持たない魂がいる。彼らは地上に降りてくる最後の瞬間まで精神界に関心をもっていた魂である。地上に向かっても精神界からの衝動をもって降りてくる。一方の魂は故郷を与えられた魂で、人生の大道を歩む。他方の魂は「故郷を失った魂」である。運命によって共に出会うかどうかはあらかじめ決められている。十九世紀末から二十世紀のはじめに多くの「故郷を持たない魂」が現れ、精神的なものへの憧れの魂として生きていた。

ヴァーグナーのバイロイト祝祭劇場に集まるような魂はその多くが故郷喪失の魂であるとシュタイナーは言う。このようなグループの中にドストエフスキーのラスコーリニコフについて稲妻のように突然語り始める人がいる、と。

現代における共同体はセクトではありえない。共同体としての意見を持つのではない。〝私たちの意見〟というものはない。個人が自由な人間として立つ。ある人がある共同体のメンバーになるか否かを尋ねられた時、自分はそのグループに信条告白はできない、と言うとすれば、それは悲しむべき共同体であろう、信条を義務付けるような共同体の一員にはなりたくないのは現代においては当然である。そうではなくて精神生活を発展させることに関心を持つ人なら誰もが会員になれるような共同体とは何か。精神界への道を求める共同体がある、ということに関心を持つことだけが問われている。

三時のお茶会に集まって講演を聞くこともできる。しかしこの運動はそのような社交の場ではない。この運動は現実性を持った認識の共同体の中でのみ生きることができる。

この運動は目に見えないものとして私たちの元に生きている。理念が生きた超感覚的な存在としてそこにさまよっているのが見える時、全てはリアルな現実となる。それがアントロポゾフィーの不可視の本質〝アントロポゾフィア〟（人間の中の神的叡智）と結ばれている。このような共同体が協会として発展するとすれば、協会の中にアントロポゾフィアが生きていなければならない、とシュタイナーは言う。共同体の形成は内側から生まれてくる。

アントロポゾフィー運動の発展はほぼ三期に分けられる。その第一期は一九〇七年までの『神智学《テオゾフィー》』や『いかにしてより高次な世界の認識を獲得するか』のような精神科学の基礎を構築する時期である。第二期は一九一四年までの『福音書』や『キリスト論』を発展させる時期であり、第三期は一九二三年までの「ゲーテアヌム」の建設や「ワルドルフ学校」設立の時代である。アントロポゾフィー運動の被いをアントロポゾフィー協会の中にもつ必要が生まれ、一九一〇年代からアントロポゾフィー運動とアントロポゾフィー協会が一体となることが求められた。

一九一二年十二月二十八日ドイツのケルンでアントロポゾフィー協会が設立された。それはブラヴァツキー夫人によって指導されたテオゾフィー協会からの独立であった。翌一九一三年二月三日から七日までシュタイナーも出席してベルリンで第一回総会が開かれた。その開会講演においてシュタイナーはアントロポゾフィーをその深い意味において精神界の生きた存在であり、ヨーロッパの精神史を貫いてギリシャの古代から中世、現代へと流れて来ているものとして語っている。シュタイナー自身は協会の代表ではなく、マリー・フォン・ジファース、ミヒャエル・バウアー、カール・ウンガーが理事であった。

アントロポゾフィー協会はその活動の中心として「ヨハネス建築」を計画したが、その実施のためにミュンヘン市に出された建築許可申請が下りなかったため敷地をスイスに移すことになった。

グロスハインツ博士の寄附を受けて一九一三年九月二十日バーゼル近郊ドルナッハで「ヨハネス建築」を実現することになり、後の第一ゲーテアヌムの建設が始まった。それは一九一〇年から脚本が書かれたシュタイナーの「神秘劇」の上演劇場であり、精神科学自由大学のための建築であった。

この建築はしかし完成後間もなく一九二二年の大晦日に放火によって炎上してしまう。一年後に焼け跡を前にしてシュタイナーは建築としての「ゲーテアヌムの再建」と「普遍アントロポゾフィー協会」の設立に向かった。

シュタイナーの意図はアントロポゾフィー協会の再建であり、「真のエソテリークを最大の公開性と結び付けること」であった。

アントロポゾフィー協会は管理機構ではなく、アントロポゾフィー協会そのものがエソテリック（秘教的）になることが求められた。そして設立されるべきは「国際アントロポゾフィー協会」ではなく、「普遍アントロポゾフィー協会」であった。普遍的人間的なものがその基礎になり、アントロポゾフィアがその生命となる。

一九一三年に設立されたアントロポゾフィー協会において、シュタイナーはまだ代表ではなく、会員ですらなかった。アントロポゾフィー協会とアントロポゾフィー運動は別々のものであり、アントロポゾフィー協会はアントロポゾフィー運動の管理機構に過ぎなかった。運動としては、既にワルドルフ学校が生まれ、キリスト者共同体が生まれ、三分節社会有機体運動が生まれていた。

その成果としてシュタイナーは一九二三年のクリスマスに「普遍アントロポゾフィー協会」を設立する。一九二三年のクリスマス会議は、それまでの様々なエソテリック・スクールを一つのシューレに統合し、アントロポゾフィー協会を真のエソテリークに満たされた協会として再建するという大きな課題をもっていた。シュタイナー自身が今度は自らが代表を引き受けることによって真のエソテリークを社会的に公開する課題に向かった。そのためにシュタイナーは大きなリスクを負った。真のエソテリークは地上の管理とは両立できないという原則があるからである。エソテリークな課題は純粋にそれ自体として追求されるべきもので、地上の経済や運営と関わるべきではない、そうでなければ精神界からの力は下りてこない、という教えである。それは大きな冒険であった。場合によってはアントロポゾフィーそのものを犠牲にするかもしれない程の冒険であった。それにもかかわらず、シュタイナーは、一九一三年設立のアントロポゾフィー協会そのものを「普遍的人間的なもの」に基づいて再建し、その内実を社会的にも公開することができるかどうかの決断を迫られた。そして真のエソテリークを最大の社会的公開性と結びつけることが必要であると考えた。それは二十世紀のローゼンクロイツァー（バラ十字会）として当然の帰結であった。なぜならそれはアントロポゾフィー協会の主要命題に深く関わり、協会の運命にも深く関わっていたからである。

このクリスマス会議は「地上の勤め」ではなく「神の勤め」であり、精神界からの啓示に基づいて行われる、とシュタイナーは十二月二十四日の開会講演の中で語っている。この会議は精神界からの委託を受けて行われる会議である、と。

「アントロポゾフィーという名前で包括するものは地上の恣意から生まれたものではない。十九世紀の最後の三分の一に一方では唯物論が頂点に達し、他方では精神の偉大な啓示が打ち込まれた。

それは地上の恣意からではなく、精神界から鳴り響く〝呼び声〟に従うことから生まれたものである。精神界から近代の啓示として人類の精神生活のために生まれた偉大な映像を見ることからアントロポゾフィー運動の衝動は流れ出した。このアントロポゾフィー運動は地上の勤めではない。このアントロポゾフィー運動はその全体において、あらゆる細部においても〝神の勤め〟である。私たちがこのような神の勤めとしてその全体を見る時、それへの正しい気分に私たちは出会う。このアントロポゾフィー運動は献身する個人の魂を精神界におけるあらゆる人間的なものの源泉と結び付けようとすることを、私たちの心に深く書き留めたいと思う。私は人間として、神が望んだ地上の人間として、宇宙の中の神が望んだ人間としての存在である。私たちがアントロポゾフィー運動を私たちの最も深い魂の事柄にすることができる時にのみ、アントロポゾフィー協会は成立するであろう。私たちの魂の中に、最高の命題として、アントロポゾフィー運動のためにその祓いをアントロポゾフィー協会の中にもつべきである。その中では全てが精神に望まれており、それは時代の印が輝く文字で人間の心に語りかけるものを満たそうとしている」（一九二三年十二月二十四日開会講演）。ここで言われている時代の印とはミヒャエルのことである。

こうして設立された協会の定款には、「アントロポゾフィー協会は精神界の真の認識の基礎に基づいて個々の人間及び人間社会における魂の生活を育もうとする人間の一致でなければならない」と記されている。「アントロポゾフィー協会はいかなる秘密結社でもなく、全く公開されたものである。その会員には国民性、地位、宗教、学問的芸術的確信に関わりなく、精神科学自由大学としてのゲーテアヌムのような機関を正当と見なす人であれば、誰もが会員になることができる」。

「アントロポゾフィー協会はその活動の中心をドルナッハの精神科学自由大学の中に見ている。それは三つのクラスから成り立っている」。シュタイナーの存命中は第一クラスだけが実現され、第二クラス、第三クラスは実現されなかった。

「アントロポゾフィー協会の目的は精神的領域での探求の促進であり、精神科学自由大学の目的はこの探求そのものである」。

つまりこの定款によって唱われていることは、真のエソテリークを最大の社会的公開性と結びつけることであった。

そこにシュタイナーの中心の意図があり、それが一九二三年十二月二十五日のクリスマス会議の「定礎の言葉」に現れている。それは一人一人の会員の心の中に沈められる、目に見えない神殿の「定礎の言葉」である。この「定礎の言葉」にクリスチャン・ローゼンクロイツの名前は一度も出てこない。しかしこの中に、Ex deo nascimur（神より生まれ）、In Christo morimur（キリストに死し）、Per spiritum sanctum reviviscimus（聖霊によって蘇る）というローゼンクロイツァーのマントラが含まれている。「定礎の言葉」にラテン語のマントラは印刷されていないにしても、クリスマス会議の十二月二十五日、十二月二十九日、一月一日にはそれが読まれ、語られた。この「定礎の言葉」の中にアントロポゾフィーの全てが込められている。この「定礎の言葉」の中にキリストが、ミヒャエルが、クリスチャン・ローゼンクロイツが作用している。それゆえこの「定礎の言葉」はメディテーションの対象として、繰り返し、そこに帰ってゆくことができるものである。

第一のマントラの「人間の魂よ！　お前は手足の中に生きている」とは、人間の魂が意志の中に生きていることを示している。「精神の想起を行え」とは、死後の第一の体験として、自分の過去生への想起を行えということであり、「自分の自我が神の自我の中に生まれる」は第三文化期のエジプト・カルデア文化期の自我のあり方を指している。「なぜなら高みの父の精神が支配しているから」とは、クリスマスの誕生の秘儀を語っている。そして「あなた方諸力の精神よ」とは、「セラフィーム（熾天使）、ケルビーム（智天使）、トローネ（座天使）」の第一位階《ヒエラルヒア》に語りかけており、「このものが語る」として「神的なものから人間が生まれる」というローゼンクロイツァーのマントラ「Ex deo nascimur（神より生まれ）」が語られている。「それを東、西、北、南の霊が聞く」とは、四方のエレメンタル・ヴェーゼン（四大霊）が聞く、ということである。上の位階《ヒエラルヒア》とも下の位階《ヒエラルヒア》とも呼応して、「人間がそれを聞きますように」と語られている。

人間の魂よ！
お前は手足の中に生きている、
お前を空間の世界を経て
精神の海の存在へと運んでゆく：
精神の想起を行え
魂の深みの中で、
支配する
宇宙創造者の存在の中で

自分の自我が
神の自我の中に
生まれる：
そしてお前は真に生きるであろう
人間の宇宙の存在の中で。

なぜなら高みの父の精神が支配しているから
宇宙の深みで存在を生み出しつつ：
あなた方諸力の精神よ、
Seraphim, Cherubim, Throne,
高みから鳴り響きますように、
深みにおいてこだまを見出すものが：
このものが語る：
Ex deo nascimur
神的なものから人類が生まれる。
それを東、西、北、南の霊が聞く：
人間がそれを聞きますように。

第二のマントラの「人間の魂よ！　お前は心臓＝肺の鼓動の中に生きている」とは、感情の世界である。「精神の内省を行え」とは、死後の第二の体験であり、現在を内省しつつ「自分の自我を宇宙の自我に結びつける」は、第四文化期の、ギリシャ・ラテン文化期の自我のあり方を指している。そして「なぜならキリストの意志が周りに支配しているから」がくる。「高みの父」ではなく、「子なるキリスト」が現れる。ここではゴルゴタの秘蹟の復活祭の秘儀が語られている。そして「あなた方光の精神よ」とは、第二位階《ヒエラルヒア》への呼びかけである。「エクスジアイ（能天使）、ディナーミス（力天使）、キリオテテス（主天使）」の位階《ヒエラルヒア》に呼応してクリスマス会議が行われ、「アントロポゾフィア」が会員の心に植え込まれる。それによって目に見えない神殿が築かれる。そして「キリストにおいて死が生となる」とはローゼンクロイツァーの「In Christo morimur（キリストに死す）」のことである。

人間の魂よ！
お前は心臓＝肺の鼓動の中に生きている、
お前を時のリズムによって
自分の魂の感情へと導いてゆく：
精神の内省を行え
魂の平衡の中で、
波うつ

宇宙の生成の行為が
自分の自我を
宇宙の自我に
結びつける：
そしてお前は真に感ずるであろう
人間の魂の活動の中で。

なぜならキリストの意志が周りに支配しているから
宇宙のリズムの中で魂に恵みを与えつつ：
あなた方光の精神よ、
Kyriotetes, Dynamis, Exusiai,
東から燃え立たせますように、
西から形成されるものが：
このものが語る：
In Christo morimur
キリストにおいて死が生となる。
それを東、西、北、南の霊が聞く：
人間がそれを聞きますように。

第三のマントラの「人間の魂よ！　お前は安らぐ頭部の中に生きている」とは、思考の世界である。「精神の直観を行え」とは、死後の第三の体験であり、未来に対する直観である。「思考の安らぎの中で、永遠の神の目標が宇宙の存在の光を自分の自我に自由な意志に贈っている」とは、ミヒャエルの衝動を示している。そして「高みの父の精神」から「周りのキリストの精神」を経た「精神の宇宙の思考」とは、父と子と聖霊の世界を示している。そして「あなた方魂の精神よ」とは、第三位階《ヒエラルヒア》「アルヒャイ（権天使）、アルヒャンゲロイ（大天使）、アンゲロイ（天使）」に呼びかけられ、それが思考の世界と結びついている。そして「精神の宇宙の思考の中で魂が目覚める」とはローゼンクロイツァーの「Per spiritum sanctum reviviscimus（聖霊によって蘇る）」のことである。ここではゴルゴタの秘蹟後の聖霊降臨祭の秘儀が語られている。それを「東、西、北、南の霊が聞く：人間がそれを聞きますように」。

人間の魂よ！
お前は安らぐ頭部の中に生きている、
お前に永遠の根拠から
宇宙の思考を解きあかす：
精神の直観を行え
思考の安らぎの中で、

永遠の神の目標が
宇宙の存在の光を
自分の自我に
自由な意志に
贈っている：
そしてお前は真に思考するであろう
人間の精神の根底において。

なぜなら精神の宇宙の思考が支配しているから
宇宙の存在の中で光を嘆願しつつ：
あなた方魂の精神よ、
Archai, Archangeloi, Angeloi,
深みから請い求めますように、
高みで聞かれるものが：
このものが語る：
Per spiritum sanctum reviviscimus
精神の宇宙の思考の中で魂が目覚める。
それを東、西、北、南の霊が聞く：

人間がそれを聞きますように。

人間の意志と感情と思考、手足と心臓＝肺と頭部、新陳代謝と律動組織と神経感覚組織、過去生と現在生と未来生が、第一、第二、第三位階《ヒエラルヒア》の指導の下に、そしてクリスチャン・ローゼンクロイツの指導の下に、自我の生成が、「神の自我の中に生まれる」第三文化期から、「自分の自我を宇宙の自我に結びつける」第四文化期を経て、「自由な意志に贈っている」第五文化期のミヒャエルの時代における新しい自我のあり方へと発展してゆく。

第四のマントラでは「時代の転期」が語られている。宇宙的なキリスト教とエソテリックなキリスト教がここで合流している。アーサー王の流れとグラールの流れが合流し、宇宙的なキリスト教とエソテリックなキリスト教が結ばれる。

時代の転期に
宇宙の精神の光が現れた
地上の存在の流れの中に‥
夜の暗闇が
支配していた‥
昼の明るい光が

人間の魂に輝いた‥
光が、
あたためる
貧しい羊飼いの心を‥
光が、
照らす
賢い王たちの頭部を。
神の光、
キリストの太陽、
あたためよ
私たちの心を‥
照らせよ
私たちの頭部を‥
良きものとなるように、
私たちが
心から築き、
私たちが
頭部から

目的に満ちて導こうとするものが。

これが「定礎の言葉」であり、この言葉が一九二三年十二月二十五日午前十時に第一ゲーテアヌムの焼け跡を前にした家具工房の中に響いた。その定礎石は大地の中に埋められるのではなく、会員一人一人の心の中に埋められる。その礎石は私たちに宇宙愛を教え、宇宙のイマジネーションを教え、宇宙思考を教える。

「この礎石が皆さん自身の心の中に響きますように。その時皆さんはアントロポゾフィアのための人間の真の協会を築くことでしょう。そして十二面体の愛の礎石の周りに輝く『思考の光』の中に支配する精神を、人間の魂の前進のために、宇宙の前進のために、輝きあたためるところに、世界に運び出そうではありませんか」。

シュタイナーは普遍アントロポゾフィー協会の定礎式を、マルガレーテとエーリッヒ・キルヒナー＝ボックホルトにこのように語り始めた。精神界の祭壇の左に、クリスチャン・ローゼンクロイツが青色のストラ（法衣）で立ち、右にシュタイナーが赤色のストラで立つ姿を思い浮かべるように、そしてまた、クリスマス会議の定礎式にはクリスチャン・ローゼクロイツが伴を連れて家具工房に入場してきた、と。

このクリスマス会議の間中、つまり一九二三年十二月二十四日から一月元旦まで毎夜連続講義「アントロポゾフィーの光に照らされた世界史」が行われた。それは人類の進化を展望するもので、カルデア・エジプト期のギルガメシュとエアバニの時代からギリシャ期のアリストテレスとアレクサンドロス大王の時代を語りつつ、とりわけアレクサンドロスの誕生日にヘロストラートスの放火によってエフェソスのアルテミス神殿が炎上し、それによって東方のエフェソスの秘儀に結びつく可能性が失われたと言う。それゆえアレクサンドロスの東方遠征が行われたのである。一年前のゲーテアヌムの炎上がそれに重ねられている。

シュタイナーはこのクリスマス会議後も、ヨーロッパ各地で行われた講演の中で地球と人類の進化について繰り返し語った。当時一万五千人の会員がいたが、その理解は決して容易ではなかった。その無理解がシュタイナーを病気にし、早逝させたと言えるであろう。

そしてクリスマス会議直後の妨害と無理解を克服して二月十五日から精神科学自由大学の活動が始まった。それはクリスマス会議の成果であり、天上のミヒャエル・シューレと結ばれた、地上の精神科学自由大学の開設であった。それは精神界で長い間準備された事柄であった。

一九二四年オランダのアルンハイムでシュタイナーは「アントロポゾフィー協会のカルマ」について論じている。「協会のカルマ」とは、実際には協会に集まっている人々のカルマのことである。これは一九二三年のクリスマス会議によって「普遍アントロポゾフィー協会」が設立されてからシュタイナーが語り始めたことであった。

協会には多くの人が集まっている。それは運命によってアントロポゾフィー協会に入る前提条件をもっている人である。障害があってすぐには道を見出せない人もいる。しかしこの生涯か、次の生涯にはその道を見出すことであろう。運命によってアントロポゾフィー運動に至る人は、この運動のためにあらかじめ定められた人であるとシュタイナーは言う。

物理的感覚的世界の中で起こる全ては精神界にそのあらかじめの出来事をもっている。前もって精神界で準備されなかった何ものもこの物質界で起こることはない。二十世紀にこの地上で多くの人がアントロポゾフィー協会に合流してくることは、十九世紀の前半に精神界で準備されていた。今日受肉している人間の魂がまだ物理的感覚界に降りてこなかった時に精神において一致したことによって用意された。当時精神界において多くの魂が共に作用し、一種の礼拝が行われた。それはアントロポゾフィー協会へと肉体を持って合流する魂の中に現れた憧れを準備する礼拝であった。その肉体の中に魂を再び認識できる能力をもつ人は、その魂が十九世紀前半に超感覚界において〝新しいキリスト教〟を準備する強力な宇宙的イマジネーションが提示された時、その人と共に作用した魂を認識する。今共にそこに座っている大部分のアントロポゾフィーの仲間は、この事実を洞察できるなら、私たちは互いに知っている、超感覚的な礼拝において強力な宇宙的イマジネーションを共にした、と言うだろう。

地上でアントロポゾフィー運動になるべきものを準備するために、魂として十九世紀前半に合流した全てを準備したのは、十九世紀の最後の三分の一に登場し、近代の流れに精神的な衝動を形成するミヒャエルの流れである。ミヒャエルの流れを、その地上的＝天上的作用のために準備することが、そこに共にいた魂の課題であった。これらの魂は長い間、何百年、何千年を通して彼らに先行するものによってそこで出会うように促されたという。

これらの魂には主として二つのグループがある。一つのグループはキリスト教の最初の数百年間に南ヨーロッパで、また中部ヨーロッパで当時広まったキリスト教を体験した魂である。このキリスト教はまだキリストを見ていた。人間のもとで作用するために太陽から地球に降りてきた神的使者としてのキリストを。キリストは偉大な太陽神と見られていた。しかし、人々から透視能力は既に失われていた。それゆえキリスト教徒の大衆は、かつてパレスティナに生きた存在、キリスト・イエスは神か、神人かを論争し始めた。これら大衆の中に異端と見られる人々がいた。彼らはキリストが太陽存在であって、地上に降りてきたことの記憶をもっていた。彼らは七、八世紀までに益々異端と見られるに至った。キリスト教として続くものはもはやキリストを理解していない、と彼らは言った。この異端の魂はキリスト教の最初の数百年、七、八世紀ころまでに死の門をくぐっていったキリスト教に飽きた魂である。これらの魂が八、九世紀から精神界で偉大で強烈な作用を受け、十九世紀前半のあの超感覚的な礼拝が行われるための準備をした。その礼拝にこの魂が参加した。彼らがアントロポゾフィー協会に至る魂の一つのグループである。

他の魂はその最後の受肉を前キリスト教の数百年にもった魂であり、古代の前キリスト教の異端で透視的な眼をもって精神界を洞察することのできた魂である。彼らはいつかキリストが地上に降りてくることを古代の秘儀の中で知っていた。彼らはキリスト教の発展の最初の数百年にはまだ地上にはいなかった。彼らはこの間超感覚界にいて七世紀後に初めて受肉した。彼らは超感覚的な視点からキリストの地上の文化への参入を共に見た魂であった。彼らはキリスト教に憧れた魂であった。彼らは本当の宇宙的・精神的なキリスト教を世界にもたらすために精力的に作用した魂であった。

この第二のグループが十九世紀前半に行われた超感覚的礼拝において他の魂と結ばれた。こうして何十年と続く偉大な宇宙的祝祭を通過して地上に降りていった魂である。キリスト教に飽きた魂と、キリスト教に憧れた魂とが超感覚界で次の受肉のために共に作用した魂である。十九世紀末に彼らは受肉した。そして地上に降りながらアントロポゾフィー協会に至る準備をしたのである。

全てはしかし何百年となく準備されたことである。このように二つの潮流が存在していた。初期キリスト教の運動から直接生まれた流れに由来する魂は古代ギリシャのプラトニズムから刺激を受けた。彼らは弱いけれどもまだ存在している直観《インスピラツィオーン》のもとでキリストの地上への降下とその作用を洞察することができた。それがプラトン派の流れである。

他の流れは前キリスト教時代に受肉した魂で、キリスト教を未来的なものと見ていた魂である。それは十五世紀前半に始まる意識的魂の時代のために人間の知性を準備した流れであった。それはプラトン派と反対のアリストテレス派によって準備された。アリストテレスの教えを十二世紀まで受け継いだのは、古代の異教の時代にギリシャに受肉した魂である。そして中世の半ば、十二世紀と十三世紀にプラトン派とアリストテレス派の間に素晴らしい相互関係が生まれた。プラトン派とアリストテレス派のもとに二つの魂のグループとしてアントロポゾフィー運動を準備した指導者もいた。十二世紀頃内的必然性によって古代のプラトン的直観の名残りが蘇るシューレが生まれた。それが偉大な〝シャルトルのシューレ〟である。彼らは初期キリスト教の秘密についての叡智をまだもっていた。

十一世紀、十二世紀には古代の精神的なキリスト教を刷新したペーター・フォン・コンポステラがいた。ベルナルドゥス・フォン・シャルトル、ベルナルドゥス・シルベストリス、ヨハン・ソールスベリ、アラヌス・アプ・インスリスがいた。彼らはプラトンがキリスト教を鼓舞するように語った。彼らはキリスト教の精神的内実を語り、キリスト教が新たなものになることを教えた。闇の時代《カリ・ユガ》が終わって新しい時代が来る時、キリスト教はその精神的な内容において再び理解されるようになる。闇の時代《カリ・ユガ》の終焉（一八九九年）と共に人類に起こるべき飛躍がその二十年前の一八七九年にミヒャエルの参加によって起こった。そのことが預言的にベルナルドゥス・シルベストリス、アラヌス・アプ・インスリス等によってシャルトル学派の中で十二世紀頃既に語られていた。彼らはアリストテレス的知性によっては教えなかった。彼らはキリスト教の精神的内実を映像《イメージ》として伝えた。

アラヌス・アプ・インスリスは言う。私たちプラトン派は死の門をくぐってゆく。私たちは精神界にのみ生きる。私たちは精神界から見下ろし、物理界を他者に、アリストテレス的に知性を形成する人々に委ねなければならない。アラヌス・アプ・インスリスはシトー会修道士となる。アリストテレス派は主としてドミニコ会修道士となった。トマス・アクィナスはそこでスコラ哲学を発展させた。十三世紀にヨーロッパの精神界の指導はドミニコ会修道士に移っていったという。

十二世紀にはシャルトル学派が開花した。十三世紀にはドミニコ会の中でアリストテレス主義のスコラ哲学のための活動が始まった。彼らはシャルトル・シューレの偉大な師として死の門を潜り、精神界に昇っていった。彼らはそこでしばし滞在し、降りてゆくドミニコ会士と共にアリストテレス主義を築いた。それゆえ天上の会議においてシャルトルの偉大な師たちが死の門を潜り、ドミニコ会士としてアリストテレス主義を守った人と共にいたのであり、それは彼らが地上に降りてゆく前であった。プラトン派の人々は降りてゆくアリストテレス派の人々に、私たちの時代は今地上にはない、私たちは何らかの受肉によって近く地上に降りてゆくことはできない。君たちの課題はこれから始まる意識的魂の時代に知性を育てることであると語り、それから偉大なスコラ哲学者たちが降りていった。

シャルトル・シューレの指導者であった人、ドミニコ会で指導的立場にあった人が十九世紀初めにあの〝超感覚的礼拝〟に参加し、後のアントロポゾフィーの流れを準備したのである。

まずアリストテレス派として作用した人が再び降りてゆかねばならなかった。というのは主知主義の影響下では精神性を新たに深める時はまだ来ていなかったからである。しかしそこに作用する破りがたい約束があった。「この約束によって、アントロポゾフィー運動から、今世紀（二十世紀）の終わる前に、その完成を見る何かが生まれなければならない」。二十世紀末のワルドルフ教育への世界的高揚はその一端を示すものであった。

アントロポゾフィー協会の上にある運命が漂っている。「今日アントロポゾフィー協会の中にいる人の多くが二十世紀が終わるまでに再び地上に降りてくる。しかもかつてシャルトル学派の中で指導的であった人、あるいはシャルトル学派の弟子たちであった人と一体となって再び降りてくる。二十世紀が終わる前に文明がデカダンスに陥らないためには、地上でシャルトルのプラトン派と後のアリストテレス派が共働しなければならない。アントロポゾフィー協会はこのことを十分意識して未来においてこのことを受け入れなければならない」。これらはいずれもシュタイナーの最晩年の連続講演「秘教的考察――カルマの諸関係」（一九二四）において言及されたものである。現代と未来の精神の共同体はこのような認識の背景をもっている。アントロポゾフィー協会の現代的意味はここにあり、その作用の領域は地球的・宇宙的な広がりを持っている。

第17章　現代と未来の認識の道

現代と未来における認識の道はいかなるものか。〝あなた方は真理を認識するだろう。真理があなた方を自由にする〟という『ヨハネ伝』の言葉は現代においてもあらゆる分野に生きている。

これまで考察したように、アントロポゾフィー協会はいかなる秘密結社でもなく、公開されたものである。その会員には国民性、地位、宗教、学問・芸術的確信に関わりなく、精神科学自由大学としてのゲーテアヌムのような機関を正当と見なす人であれば、誰もが会員になることができる。

アントロポゾフィー協会はその活動の中心をドルナッハの精神科学自由大学の中に見ている。それは三つのクラスから成り立っている。しかしシュタイナーの早すぎる死去によって第一クラスしか実現されなかった。アントロポゾフィー協会の目的は「精神的領域での探求の促進」であり、精神科学自由大学の目的はこの探求そのものである。

アントロポゾフィー協会は精神科学自由大学の担い手として存在している。それによって真のエソテリークを最大の社会的公開性と結びつけることができる。

精神科学自由大学は精神界にその起源をもっているから、それが地上に降りてくる時、アントロポゾフィー協会という社会的な衣をまとわざるをえない。『アントロポゾフィーの主旨』によれば、「アントロポゾフィーとは人間の中の精神的なものを宇宙における精神的なものに導く一つの認識の道である」。そうであればアントロポゾフィーは何によって認識するかが問題となる。思考、感情、意志という人間の自由な個体の認識に基づいてである。それによって私たちの周りの多様な世界が認識される。知覚されたものが段階的に認識されてゆく。その認識はある段階から次の段階へと変化してゆく。

人間の中の精神によってそれをいかに認識するか。生前から死後へ運命の担い手として、私は私であり、私の自我である。私の課題は、自分を発展させ、世界に少しでも寄与しうるものにすることである。アントロポゾフィーは認識の道としてこれらを学問的に探求する。それは精神についての学問であり、宗教ではない。方法論として精神科学であり、行による認識の道である。それが精神科学自由大学である。思考を精神の器官に変える。感情と意志も認識の器官に変えてゆく。

シュタイナーは一八七九年、ローゼンクロイツァーとの出会いを経て、十九世紀から二十世紀の転期にエソテリーク（秘教）を公開した。四十歳の時である。

一八九四年に代表作『自由の哲学』を書いた。そこでは自由とは何かが問われ、いかなる外的権威からも影響されることのない倫理的個体主義が説かれている。

人間の思考、感情、意志の全てにおいて、自由はそれぞれの内面において体験される。人間が本当に自由でありうるためには物質的、感覚的なものからも自由でなければならない。

思考の中に物質的なものやエゴイズムが混入していると、それだけでそれへの執着が生まれる。その感情の中に不純なもの、その意志の中に不透明なものがあると、その感情と意志は自由なものではない。それゆえ人間の思考と感情、意志の全てに光を当てることが必要である。

その準備は既にベルリン時代に始まっていた。シュタイナーは一九〇二年に神智学協会に入会する。一九〇四年五月十日アニー・ベサントによって神智学協会ドイツ支部のエソテリック・スクールの代表に指名された。それは三クラスに構成されたエソテリック・スクールであった。ここでの中心は個々の会員の瞑想の指導であった。少なくとも最初の一年は瞑想の過程と成果について会員に日記を書くことが勧められた。各地に指導者がいて事柄の進行を見守った。シュタイナーは規則的に講義を行い、エソテリック・スクールを〝神智学協会の魂〟と呼んだ。

一九一三年に設立されたアントロポゾフィー協会において、シュタイナーはまだ代表ではなく、会員ですらなかった。アントロポゾフィー協会とアントロポゾフィー運動は別々のものであり、アントロポゾフィー協会はアントロポゾフィー運動の管理機構に過ぎなかった。一九二二年大晦日の夜、第一ゲーテアヌムは放火によって炎上してしまう。その一年後に「普遍アントロポゾフィー協会」が設立される。一九二三年のクリスマス会議は、それまでの様々なエソテリック・スクールを一つのシューレに統合し、アントロポゾフィー協会は真のエソテリークに満たされた協会として再建されることになった。

それは時代精神ミヒャエルの意志によって設立されたエソテリックなシューレである。人間は自分の思考、感情、意志の本質を知り、地上的自我の本質を認識することから始まる。それによって自己認識の深い層が開かれる。自我による秘儀参入の道が現代の意識的魂の時代に相応《ふさわ》しい形で示される。

シュタイナーは一九二三年のクリスマス会議において精神科学的修行を行う会員からなる精神科学自由大学をアントロポゾフィー協会の中心に組み込んだ。

精神科学自由大学は第一、第二、第三クラスから成り立ち、シュタイナーの存命中は第一クラスのみが完成していた。第二、第三クラスはシュタイナーの死によって未完のままに終わっている。大学は「協会の魂」と呼ばれ、協会の目的は精神的領域での探求の促進であり、大学の目的はその探求そのものである。

このクリスマス会議の最も重要な成果は一九二四年二月十五日から始まった「精神科学自由大学第一クラス」と一九二四年二月十六日から始まった連続講義「秘教的考察——カルマの諸関係」であった。八十一回のカルマ論の頂点は「アントロポゾフィー協会のカルマ」についての講演である。シュタイナーはこの時初めて天上のミヒャエル・シューレからのアントロポゾフィーの由来について語った。この超感覚的シューレの中に新しい未来のキリスト教の基礎が敷かれ、二十世紀の地上におけるその実現がアントロポゾフィーによって始まった。アントロポゾフィーはミヒャエル自身が太陽のシューレで教えたことの地上での継続であり、発展である。

カルマ論では超感覚的なミヒャエル・シューレの内実が語られ、第一クラスでは地上におけるミヒャエル・シューレへの具体的な道が語られている。

地上的文明は今日その恐るべき兆候を至るところに示している。近い将来の没落に対峙するために、ミヒャエル・シューレの活動はある。それは精神界からやってくる衝動である。この目的のために大学には特別の部門が作られている。今日の文明の様々な領域をこの活動によって変革することが必要となる。

精神科学自由大学の第一クラスにおいては誰もがまず普遍アントロポゾフィー部門に受け入れられる。

普遍部門は精神科学的探求と瞑想、キリスト論と位階《ヒエラルヒア》論、再受肉とカルマ論、精神科学的人間学、時代精神のテーマを学ぶ。

精神科学的探求と瞑想はローゼンクロイツァー（バラ十字会）の第一段階「学習」に匹敵するものである。そこでの出発点は思考を精神化することである。誰もが個的な敷居を個的に求める。道徳的な自己教育が求められ、それは誰にも可能な道である。

キリスト論ではアントロポゾフィーによって、キリスト的存在を意識化することが求められている。現代ではキリストが欠けているのではなく、キリスト的認識、キリストのソフィアが欠けていることが明らかにされる。キリスト論はこのように普遍アントロポゾフィー部門の中心テーマとなっている。

位階《ヒエラルヒア》論では人間と宇宙の認識のためにその創造的な働きを知ることが必要になる。人間は神々と共に、ミヒャエル自身と共に働く。人間は十番目の天使になりうる。ゴルゴタの秘蹟の結果、決定的な出来事は人間にとってのみならず、位階《ヒエラルヒア》の世界にとっても存在している。

再受肉とカルマ論はシュタイナーにとって、現代人にも理解できる新しい次元のテーマであった。キリストが人間と人類の発展にとってカルマの主人となる。カルマの啓示は未来においてキリストによって起きる。カルマは正当な法則である。それは常に個人の元にあるのではなく、カルマの平衡が普遍的宇宙の出来事になるように起きる。人間がある行為をする、その平衡がいかなるものかを感ずることができるような時代が始まっている。

精神科学的人間学では三分節の人間が課題となる。神経感覚組織、律動呼吸組織、新陳代謝組織は思考、感情、意志に対応する。それが認識感覚、感情感覚、意志感覚の十二感覚論に対応するのである。

時代精神と進化、発展の問題は、何が現実かを問い、認識し、何に対して責任を持つか、という道徳的な問いを発展させ、私は誰かという、自己規定の問いになる。私は何と結びつくかを知り、現実に対応する。行為の結果に責任を感じ、私は私が発展させるものであることを自己認識する。

精神科学自由大学の会員となる前提は瞑想的文化の尊重であり、仲間との共働であり、アントロポゾフィーの事柄の代表者としての意識である。二年以上協会会員であった人がまず普遍部門に受け入れられ、それぞれの専門分野に分かれていく。

教育部門の中心的課題は、現代社会における教育芸術の発展であり、ワルドルフ教育の源泉からの探求である。

医学部門は、アントロポゾフィーを西洋医学とその実践に統合し、そこからアントロポゾフィーの医学的大系を構築することを課題とする。

美学部門は、学問と芸術の間の架け橋の構築であり、美学、芸術、演劇、美術史、神話、文学等幅広い分野を研究対象とする。

音楽朗唱部門は、表現芸術、時間芸術であるオイリュトミー、言語造形、演劇、音楽、人形劇を包括するものである。

造形芸術部門は、フォルムの内的生命を探求し、建築、彫刻、絵画の領域においてアントロポゾフィーの芸術活動を発展させる。

自然科学部門は、ゲーテ的方法に基づいて自然科学の源流を辿り、その仕事をアントロポゾフィーとゲーテアヌムに結びつける。

数学・天文学部門は、人間の本性に根ざす数学と、宇宙の感覚的な知覚から始まる天文学の両極を扱う。

青年部門は、青年の精神活動をアントロポゾフィー協会に導き、第二の自分の発見を助ける。

農業部門は、シュタイナーの農業講座に基づいた農業の理念から、バイオダイナミック農業を発展させる。

社会科学部門は、人間の相互関係を扱い、精神生活、法生活、経済生活の相互関係、三分節社会有機体論を発展させる。

各部門の活動はこのように全体として普遍部門を加え十一部門から成り立っている。

その意味においてゲーテアヌムは精神科学自由大学であり、他の一般の大学に喩えられるが、違うのはそこに流れるエソテリックな血である、とシュタイナーは言う。

クリスマス会議において精神科学自由大学とアントロポゾフィー協会と生活領域の関係がシュタイナーによって図式として描かれた（口絵16参照）。

まず普遍アントロポゾフィー協会があり、その上に精神科学自由大学の第一クラス、第二クラス、第三クラスが水平の階層として存在している。その精神科学自由大学の第一クラス、第二クラス、第三クラスから垂直にミヒャエル・シューレの霊的衝動が普遍アントロポゾフィー協会を貫き、さらにワルドルフ学校、病院、農場、芸術、社会、銀行などの生活領域に流れ降りてくる。

精神科学自由大学と普遍アントロポゾフィー協会、様々な生活領域が互いに浸透し合うことが重要であり、それらの相互関係が希薄になっていることに現代の危機が現れている。

一九二四年七月十九日にシュタイナーは語っている。「人間は神々と共働しなければならない。ミヒャエル自身と」。ミヒャエルはそれをアントロポゾフィーを学ぶ人から期待している。自由大学会員に受け入れられる時、シュタイナーは「ミヒャエル・シューレに忠実であろうとすれば、私に手を差し出し、私と共にミヒャエル・シューレを指導するヴェーグマン夫人にも誓って下さい」と語っている。

ミヒャエルは、超感覚のシューレで、彼がかつて提示した課題を人間が地上で実現する共働者になることを望んでいる。それが現実となるために、精神科学自由大学が設立された。私たちが誕生前に超感覚のミヒャエル・シューレに属していた時、そこで受け入れた霊的内容を地上の第一クラスの中で再び認識することができる。私たちはその時それに賛成し、その中に入ってゆくことができる。

ミヒャエル・シューレは地上で三クラスまで設立されることはなかった。第一クラスはイタ・ヴェーグマン、第二クラスはマリー・シュタイナー、第三クラスはマイスターとしてルドルフ・シュタイナーが自ら指導する予定であった。その第一クラスのテキストがシュタイナーの意図に反して公開されてしまった。失われたのはしかし形式であって、実質は何一つ失われてはいない。重要なのは私たちがかつて誕生前に超感覚のミヒャエル・シューレで体験したものを地上で再び認識できるかどうかである。

一九二三年のクリスマス会議の定礎の本質とそれを形成する三つの要素に向かう時、そこにミヒャエル・シューレの三つのクラスの種子を見出す。三つのクラスに含まれる新しいキリスト教的エソテリークはすでに種子として定礎の言葉の形成のプロセスの中に存在している。定礎石を囲む「思考の光」の中に第一クラスの萌芽を見、その「イマジネーションのフォルム」の中に第二クラスの萌芽を、その「愛の実体」の中に第三クラスの萌芽を見ることができる。

シュタイナーは語っている。「霊的なものは保持されないと消えてゆく特徴を持っている。コスモスに消えてゆくのではなく、それが擁護されないところから消えてゆく。それはコスモスの中に地球以外の他の天体を探すのである」（「アントロポゾフィー協会の有機的生成と未来の課題」一九二四年一月十八日）と。つまり人間がそれを大事にしないと、クリスマス会議のエソテリックな衝動は地球を見放すだろう、と語っているのである。

十二世紀にシャルトル学派が栄えていた頃、天上の精神界において、人類の精神的指導をめぐる会議が開かれた。来るべき十九世紀末に闇《カリ》の時代《ユガ》が終わり、新しいミヒャエルの時代が始まる。その時天上のミヒャエル・シューレの指導の下、十九世紀末から二十世紀初めにかけてこれまでのあらゆる精神の潮流、プラトンの流れ、アリストテレスの流れが合流し、新しいキリスト教の樹立のために、アントロポゾフィーが地上に下りてゆく準備のための話し合いが行われた。アントロポゾフィーによって地上にミヒャエル・シューレを築くことがアントロポゾフィー協会の主要命題となった。クリスマス会議はこうしてミヒャエルの衝動と深く結ばれているのである。かつてのミヒャエルの時代は、アリストテレスとアレクサンドロス大王の時代であった。そのミヒャエルの時代が再びやってきた。十六世紀から十九世紀まではガブリエルの時代であり、ナショナリズムの台頭する時代であった。ミヒャエルの時代はコスモポリタンの、グローバルな時代である。クリスマス会議の成果の一つは、地上におけるミヒャエル・シューレの設立であり、精神科学自由大学の設立である。

もう一つの成果は、「秘教的考察――カルマの諸関係」の展開である。それが精神科学自由大学の活動の始まりであり、一九二四年二月十六日から八十一回のカルマ論の展開である。八十二回目は九月二十八日のシュタイナーの最終講義であり、イタ・ヴェーグマン博士に支えられながらの「未来のミヒャエル祭」についての講義であった。その準備をアントロポゾフィー協会の会員に呼びかけるものである。時代精神としてのミヒャエルは、第五文化期の直中にあって、やがてくる「アーリマンの受肉」に備えなければならない。それがミヒャエル・シューレの課題であり、そのためにシュタイナーは、未来のミヒャエル祭の準備を今からすべきである、と語ったのである。

それは自らの前に置かれている大きな危機から人類を導き救い出す仕事についてであり、ミヒャエルの思想の忠実な弟子たちに向けて呼びかけるものであった。シュタイナーは語った。「四×十二人の人間の中で、ミヒャエルの思想が本当に生き生きとなる時、しかも自分からではなく、ドルナッハのゲーテアヌムの指導によって、それが認められる時、私たちはミヒャエルの潮流によって、未来に拡がる光を見ることができる」と。そして君たちが、このミヒャエルの思想を受け入れる時、太陽の光の衣をまとってミヒャエルが現れる時、この光の衣は、キリストの言葉に変容する。「それゆえ、今日、君たちに向ける私（シュタイナー）の言葉は次の『ミヒャエルの言葉』である」。

「太陽の諸力から芽生え、
輝き、宇宙に恵みを与える
精神の諸力よ、ミヒャエルの輝く衣となるよう
あなた方は神々の思考によって定められている」。

この四行は私たちを直接ミヒャエルの太陽へ、彼の超感覚シューレへと導いている。精神の諸力とはアンゲロイ、アルヒャンゲロイ、アルヒャイの存在であり、エレメンタルな存在がミヒャエル・シューレに参加している。神々の思考は天使の位階《ヒエラルヒア》の思考である。

「彼、キリストの使者は、あなた方に示す
人間を支える、聖なる宇宙の意志を。
あなた方、明るいエーテル界の存在が、
キリストの言葉を人間に運ぶ」。

今やミヒャエルは輝く太陽のシューレの師として私たちの前に立ち、天使たちはエーテル的なキリストの言葉を人間に運ぶ。
それは新しいキリスト教の内実を語るものであり、ミヒャエルの礼拝そのものである。

「このようにキリストの告示者が現れる
待ち焦がれ、渇いた魂に。
彼らにあなた方の光の言葉が輝く
精神の人間の宇宙の時代に」。

今やミヒャエルはキリストの顔をもち、地上に降りたつ。
人間の渇いた魂に。
キリストの言葉に満たされた天使の光の言葉が輝く。
第六文化期の宇宙の時代に。

「あなた方、精神の認識の弟子たちよ、
ミヒャエルの賢い目くばせを受けよ、
宇宙の意志の愛の言葉を受けよ
魂の高き目標に届くように」。

今やミヒャエルは地上の弟子たちに向かう。

ミヒャエルに忠実なアントロポゾフィーを学ぶものに向かう。

宇宙の意志の愛の言葉はキリストからやってくる。

それはミヒャエル・シューレに始まり、ミヒャエルの礼拝を経て、現代の時代精神としてのミヒャエルの顕現に至るものである。

おわりに　自我の秘蹟

これまでの各章においてシュタイナーとアントロポゾフィーの全体を論じてきた。シュタイナーが生涯を通じて人々に伝えようとしたことは何だったのか。シュタイナーの地上における最後の仕事は一九二三―二四年のクリスマス会議における「普遍アントロポゾフィー協会」の設立であった。それは「真のエソテリーク（秘教）を最大の社会的公開性と結びつけること」であった。「真のエソテリーク（秘教）」とは何か。それは太古の時代から秘かに伝えられてきた人類の叡智であり、自己認識の道である。自己認識はアントロポゾフィーの始めであり、目標である。「おお人間よ、お前自身を認識せよ」に始まり、「おお人間よ、お前自身を認識せよ」に至る、その認識は自我によって行われ、自我とは何かに関わっている。「我あり」の感情は誰にも明らかであるにも関わらず、「私は誰か」という問いがそこに生まれる。自分が何であるかを自問する時、人間はどこから来てどこに行くかを考える。

人間の本質は肉体と魂と精神から成り立つ。人間の魂の中心に自我があり、その自我を通して精神が降りてくる。いずれも目には見えない存在である。

思考の活動の中に「自我」が生きている。自我意識は思考活動が人間の意識の中に刻印されることによって生ずる。つまり自我意識は人体によって生ずる。感覚的思考は脳髄と結びついている。しかし感覚から自由な純粋思考は身体とは何の関わりもない。地上的な自我は身体と結ばれている。「高次な自我」は肉体から抜け出している。

地上的思考は外界に向かっている。それは対象に依存した影のような思考である。外界の何かについての思考である。しかし思考を思考する純粋思考において、思考は外界に向かうのではなく、内界に向かう。自分の思考に向かう。それは自己内完結的思考である。その中心に生きているのが人間の自我であり、それが人間の自己認識の中心である。

人間は純粋思考から自我の概念に至る。自我にとって純粋思考が行うことはどうでもよいことではない。なぜなら純粋思考は自我の創造者であるからである。

純粋思考を体験する人は自我を思考によって体験しつつ、「形相と質料」（形式と内容）である現実を意識の内容にする。普通の意識にとってはこの自我以外にはさしあたり思考の中に「形相と質料」を同時に沈めるものは何もない。しかし純粋思考において真の自我を体験しつつ現実とは何かを知るのである。この体験からさらに真の現実の領域へと前進することができる。それによって自己認識から世界認識が生まれる。

こうして思考の中に立ってその活動を観察しているのが「自我」そのものである。デカルトが全ての存在の実在を疑い、全てを疑ってもなお「懐疑する私」は存在すると考えたのは、この意味において正しい。

私たちが通常体験しているのは「地上的自我」である。それは肉体の中に宿っている。しかし私たちが純粋思考によって「高次な自我」に達すると、その「高次な自我」は肉体を離れ、それが写しとして人体組織に反映される。その高次な自我が転生の核として、あるいは「真の自我」として精神界に生きる。パウロが語るように「私の中に生きているのは私ではなく、キリストである」において「私の中に生きている」のは「地上的自我」ではなく、「高次な自我」であり、「キリストである」のキリストは「真の自我」のことである。自我の意味はその時初めて理解される。キリストに対する唯一の呼び名は「我あり」である、とシュタイナーは言う。このことを理解しない人はキリストについて何も理解しないことになる、と。

シュタイナーはそれを「自我の秘蹟」と呼び、「新しい秘儀の誕生」と呼んでいる。現代人はグル（導師）によって秘儀に導かれるのではなく、それぞれが自らの自我によって「自我の秘蹟」を遂行することによって秘儀が行われる。現代においては誰もが自我による「秘儀参入」を促されているのである。

その「秘儀参入」とは何か。そもそも「秘儀」とは何か。キリストによる「ゴルゴタの秘蹟」とは、キリストがゴルゴタの丘で十字架に架けられ、死を迎え、三日後に蘇ったことを指している。「秘儀参入」とは普通の感覚的な眼からは隠された世界に入ってゆくことである。眼には見えない世界であるからこそ、それは秘儀である。人間の自己認識からすれば、自分がどこから来て、どこに行くかを自分が認識できることである。あるいは自分の過去生を見ることである。それはいかにして可能であるか。シュタイナーはそれを曖昧なオクルトな興味の対象にするのではなく、厳格な自己認識の対象とした。そのためにシュタイナーは方法論として『いかにしてより高次な世界の認識を獲得するか』や『自己認識への道』、『精神界の敷居』を書き、「精神科学自由大学」の活動を展開した。

私たちの日常生活は感覚界の直中で行われ、現代においては都市生活の喧噪の中で行われている。その中で一日に五分でもよいから自分自身に向かい合う時間をもつ。私たちがこうした時間をもつことは今日では益々困難になっている。しかしそれでも私たちが自己に集中し、地上的自我から離れることは可能である。日常生活の直中で私たちの思考と感情と意志は感覚界に束縛されている。私たちの思考は感覚界の影であることを認識する。純粋思考は感覚界からの束縛を解かれた思考である。自分の中にもう一人の自分がいることを発見する。自分を見るもう一人の自分がいる。自分の意識に登場する全ては私の表象である。それが鏡像のように私の過去と現在と未来を映し出す。私の表象の世界は過去からの映像に満たされている。その表象に浸っていると、自分の自我は外にあって、外から自分を見ていることに気付く。私の自我は精神界に存在し、その自我がそこから地上に降りてくる。私の肉体と魂は両親の影響を受けている。しかし私の自我は私のものである。私は自分の成長を続け、今日に至っている。このような自己認識の過程の中で、私は「もう一人の私」の存在に気付く。別の自我の存在によって私は繰り返された地上生の体験を予感する。それは過去生の体験に他ならない、と。

人間は精神界に「真の自我」をもつ。この「真の自我」は感覚界においては思考、感情、意志の体験によって覆われている。その感覚、思考、感情、意志の体験のすべてから離れることによって

「真の自我」が現れてくる。人間が瞑想によって大宇宙のリズムと一体になる時、私たちの自我は光に包まれ、我ありの存在と一つになる。シュタイナーが言う自我の秘蹟とはこのことを指している。それが新しい秘儀の体験である。シュタイナーはこの秘儀を秘密結社のようなグループの中で享受するのではなく、現代と未来の全ての人々のために、それを社会的に公開することを自分の使命と考えた。だからこそゲーテアヌムの放火炎上のような妨害も受けた。一度ならず死の危機にも見舞われた。しかしその「自我の秘蹟」は太陽的な精神の王道であるからこそ、現代と未来に向けて光を放つことができる。ルドルフ・シュタイナーが〝光の思想家〟であるゆえんはここにある。

参考文献

はじめに　あらゆる価値の転換

Frans Carlgrem. *Rudolf Steiner*, Dornach 1968
上松佑二『世界観としての建築』　相模書房　一九七四年
チャールズ・ダーウィン『種の起源』渡辺政隆訳　光文社　二〇〇九年
Rudolf Steiner. *Mein Lebensgang*, Dornach 1967
フリードリッヒ・ニーチェ『権力への意志』原佑訳　河出書房　一九六七年
Rudolf Steiner. *Friedrich Nietzsche, ein Kämpfer gegen seine Zeit*, Dornach 1963
Rudolf Steiner. *Anthroposophische Leitsätze, Der Erkenntnisweg der Anthroposophie. Das Michael-Mysterium*, Dornach 1976

第1章　認識とは何か――自由への道

Rudolf Steiner. *Wahrheit und Wissenschaft, Vorspiel einer “Philosophie der Freiheit”*, Dornach 1958
Rudolf Steiner. *Die Philosophie der Freiheit*, Dornach 1958
ゲオルク・ヴィルヘルム・フリードリッヒ・ヘーゲル『小論理学』松村一人訳　北隆館　一九四六年

ヴァスバンドゥ『唯識三十頌』『仏典』（「世界の大思想Ⅱ—2」）渡辺照宏訳　河出書房　一九六九年

ルネ・デカルト『方法序説』落合太郎訳　岩波書店　一九五三年

ミシェル・フーコー『知の考古学』中村雄二郎訳　河出書房新社　二〇〇六年

イマヌエル・カント『純粋理性批判』（「世界の大思想10」）高峯一愚訳　河出書房新社　一九六五年

Benediktus Hardorp. *Begegnung von Edmund Husserl und Rudolf Steiner in Freiburg im Breisgau*, Brief an Prof. Nodar Belkania. 27. März 2008

エドムント・フッサール『現象学の理念』立松弘孝訳　みすず書房　一九六九年

フランツ・ブレンターノ『道徳的認識の源泉について』水地宗明訳　中央公論社　一九七〇年

ヨハン・ウォルフガング・フォン・ゲーテ『主観及び客観の仲介者としての実験』（「自然科学論集（ゲーテ全集第17巻）」石原純・島地威雄訳　大東出版社　一九四二年

Rudolf Steiner. *Grundlinien einer Erkenntnistheorie der Goetheschen Weltanschauung, mit besonderer Rücksicht auf Schiller*, Dornach 1979

アリストテレス『形而上学』出隆訳　岩波文庫　一九五九年

ゲオルク・ヴィルヘルム・フリードリッヒ・ヘーゲル『エンチュクロペディー』樫山欽四郎訳　河出書房新社　一九八七年

ゲオルク・ヴィルヘルム・フリードリッヒ・ヘーゲル『精神現象学』樫山欽四郎訳　河出書房新社　二〇〇四年

西田幾多郎『善の研究』中央公論社　一九七〇年

Rudolf Steiner. *Anthroposophie. Ein Fragment aus dem Jahre 1910*, Dornach 1970

デュ・ボア・レーモン『自然　認識の限界について』坂田徳男訳　岩波書店　一九二八年

Rudolf Steiner. *Grenze der Naturerkenntnis*, Dornach 1969

Rudolf Steiner. *Die Stufen der höheren Erkenntnis*, Dornach 1979

フョードル・ドストエフスキー『カラマーゾフの兄弟』米川正夫訳　河出書房　一九五一年

マルティン・ハイデガー『存在と時間』細谷貞雄・亀井裕・船橋弘訳　理想社　一九六三年

ジャン＝ポール・サルトル『存在と無』松浪信三郎訳　人文書院　一九六〇年
福沢諭吉『学問のすすめ』 中央公論社　一九八四年
Rudolf Steiner. *Mein Lebensgang*, Dornach 1967
フリードリッヒ・ニーチェ『善悪の彼岸』木場深定訳　岩波文庫　一九七〇年
Rudolf Steiner. *Friedrich Nieztsche, ein Kämpfer gegen seine Zeit*, Dornach 1963
ジャン＝ポール・サルトル『嘔吐』白井幸司訳　人文書院　一九五一年
『ヨハネ伝』 日本聖書協会　二〇〇三年
上松佑二『日本精神史』 人文書館　二〇一七年
Johannes Tautz. *Walter Johannes Stein. Eine Biographie*, Dornach 1989
Rudolf Steiner. *Anthroposophische Leitsätze*, Dornach 1976

第2章　人間の全体像

チャールズ・ダーウィン『種の起源』渡辺政隆訳　光文社　二〇〇九年
Rudolf Steiner. *Theosophie. Einführung in übersinnliche Welterkenntnis und Menschenbestimmung*, Dornach 1978
Rudolf Steiner. *Darwin und übersinnliche Forschung. Menschengeschichte im Lichte der Geistesforschung*, Dornach 1983
ルネ・デカルト『情念論』谷川多佳子訳　岩波文庫　二〇〇八年
ゼーレン・キルケゴール『死に至る病――絶望』原佑・松浪信三郎訳　河出書房新社　二〇〇四年
ゼーレン・キルケゴール『不安の概念』原佑・松浪信三郎訳　河出書房新社　二〇〇四年
Rudolf Steiner. *Geschichtliche Symptomatologie*, Dornach 1962
鈴木雅之『撞賢木』(「神道大系　論説編二七――諸家神道（上）」) 神道大系編纂会　一九八八年

Rudolf Steiner. *Anthroposophie. Ein Fragment aus dem Jahre 1910*, Dornach 1970
ヴィルヘルム・ディルタイ『精神科学序説』山本英一・上田武訳　以文社　一九七九年
ゲオルク・ヴィルヘルム・フリードリッヒ・ヘーゲル『精神現象学』樫山欽四郎訳　河出書房新社　二〇〇四年
本居宣長『石上私淑言巻二』（「本居宣長全集」第二巻）筑摩書房　一九六八年
本居宣長『紫文要領巻上』（「本居宣長全集」第四巻）筑摩書房　一九六九年
Alexander Gottlieb Baumgarten. *Aesthetica*, Hildesheim 1970
Rudolf Steiner. *Die psychologischen Grundlagen und die erkenntnistheoretische Stellung der Anthroposophie*, in, *Philosophie und Anthroposophie*, Dornach 1965
安藤昌益『自然真営道』（「日本思想大系45」）岩波書店　一九七七年
空海『三教指帰』（「日本の思想一　最澄・空海集」）筑摩書房　一九六九年
デュ・ボア・レーモン『自然認識の限界』坂田徳雄訳　岩波書店　一九二八年
ダンテ『神曲・新生』（「世界文学大系六」）野上素一訳　筑摩書房　一九六二年
Rudolf Steiner. *Okkulte Untersuchungen über das Leben zwischen Tod und neuer Geburt*, Dornach 1970
山本五月「道賢上人冥途記」（「国史大系」第10・11巻）吉川弘文館　一九六五年
『古事記』（「日本思想大系1」）岩波書店　一九八二年
Rudolf Steiner. *Die Mission einzelner Volksseelen im Zusammenhang mit der germanisch-nordischen Mythologie*, Dornach 1962
イマヌエル・カント『純粋理性批判』（「世界の大思想10」）高峯一愚訳　河出書房新社　一九六五年
三浦梅園『条理の学』『玄語』（「日本思想大系41」）岩波書店　一九八二年

第3章　宇宙の過去と現在、未来

『創世記』（『旧約聖書』） 日本聖書協会 一九五五年
『古事記』（「日本思想大系１」） 岩波書店 一九八二年
Rudolf Steiner. *Das Verhältnis der Sternenwelt zum Menschen und des Menschen zur Sternenwelt. Die geistige Kommunion der Menschheit,*
Dornach 1976
Rudolf Steiner. *Wahrspruchworte, Sternen sprachen einst zu Menschen*, Dornach 1961
ディオニシウス・プソイド・アレオパギータ『天上と教会の位階論』（上智大学中世思想研究所「中世思想原典集成（三）」） 平凡社 一九九六年
平田篤胤『古道天元顕幽分属図』（平田篤胤全集刊行会「新修平田篤胤全集８」） 一九七六―一九八一年
佐藤信淵『天柱記』（「日本思想大系45」） 岩波書店 一九七七年
佐藤信淵『鎔造化育論』 中央公論社 一九七二年
上松佑二『日本精神史』 人文書館 二〇一七年
Rudolf Steiner. *Die Geheimwissenschaft im Umriss*, Dornach 1977
Rudolf Steiner. *Aus der Akasha-Chronik*, Dornach 1973
Rudolf Steiner. *Geistige Hierarchien und ihre Wiederspiegelung in der physischen Welt*, Dornach 1979
『ヴェーダ アヴェスター』（「世界古典文學全集」第３巻） 辻直四郎訳 筑摩書房 一九六七年
ホメーロス『オデュッセイア』高津春繁訳 筑摩書房 一九六一年
『ヨハネ黙示録』 日本聖書協会 一九五五年
Rudolf Steiner. *Die Apokalypse des Johannes*, Dornach 1962

第4章 歴史兆候学

Rudolf Steiner. *Geschichtliche Symptomatologie*, Dornach 1962
マルティン・ルター『キリスト者の自由』石原謙訳 岩波書店 一九五五年
ロジェ・デュフレス『ナポレオンの生涯』安達正勝訳 文庫クセジュ 白水社 二〇〇四年
ヨハネス・ケプラー『宇宙の調和』岸本良彦訳 工作舎 二〇〇九年
カール・マルクス『共産党宣言』村田陽一訳 大月書店 二〇〇九年
Peter Selg. *Maria Krebiel-Darmstädter*, Arlesheim 2010
上松佑二『日本精神史』 人文書館 二〇一七年
世阿弥『花鏡』(『日本思想大系24』) 岩波書店 一九七四年
『蓮如上人御一代聞書』(『日本思想大系17』) 岩波書店 一九七二年
『浄土三部経』中村元他訳註 岩波書店 一九六三年、一九六四年
大谷暢順『ジャンヌ・ダルクと蓮如』 岩波書店 一九九六年
サミュエル・ハンチントン『文明の衝突』鈴木主税訳 集英社 一九九八年
Rudolf Steiner. *Der Ursprung des Bösen 1906*, in, *Die Erkenntniss des Übersinnlichen in unserer Zeit und deren Bedeutung für das heutige Leben*, Dornach 1986
天台智顗『法華玄義』天台宗典編纂所編 春秋社 二〇一二年

第5章 社会有機体の三分節

Rudolf Steiner. *Kernpunkt der sozialen Frage in den Lebensnotwendigkeit der Gegenwart und Zukunft*, Dornach 1976

Rudolf Steiner. *Neugestaltung des sozialen Organismus*, Dornach 1963

Rudolf Steiner. *Aufsätze über die Dreigliederung des sozialen Organismus und zur Zeitlage* 1915 bis 1921, Dornach 1961

Rudolf Steiner. *Von Seelenrätseln, Anthropologie und Anthroposophie, Max Dessoir über Anthroposophie. Franz Brentano (Ein Nachruf)* (1917), Dornach 1960

カール・マルクス『共産党宣言』村田陽一訳　大月書店　二〇〇九年

Rudolf Steiner. *An das deutsche Volk und an die Kulturwelt,* Dornach 1976, *Anhang von Kernpunkt der sozialen Frage*, 1919. 4. 26

カール・マルクス『資本論』（「世界の大思想18」）長谷部文夫訳　河出書房新社　一九六四年

『大化の改新』『日本書紀』（「日本の名著１」）　中央公論社　一九七一年

フリードリッヒ・ニーチェ『善悪の彼岸』木場深定訳　岩波文庫　一九七〇年

Rudolf Steiner. *Nationalökonomischer Kurs*, Dornach 1979

Rudolf Steiner. *Die soziale Frage als Bewusstseinsfrage*, Dornach 1957

Rudolf Steiner. *Hegel und Marx, Der Ausgleich in einem vergeistigten Sozialismus*, in, *Die soziale Frage als Bewusstseinsfrage*, Dornach 1957

Rudolf Steiner. *Der menschliche und der kosmische Gedanke* (1914), Dornach 1961

Rudolf Steiner. *Die geistige Hintergründe des Ersten Weltkrieges*, Dornach 1974

Rudolf Steiner. *Memorandum 1, 2*, in, *Aufsätze über die Dreigliederung des sozialen Organismus und zur Zeitlage, 1915 bis 1921*, Dornach 1962

Rudolf Steiner. *Soziale Zukunft*, Dornach 1977

Rudolf Steiner. *Esoterische Betrachtungen karmischer Zusammenhänge IV, Karmische Zusammenhänge der Anthroposophischen Bewegungen*, Dornach 1975

第6章　教育の未来（ワルドルフ教育）

Rudolf Steiner. *Allgemeine Menschenkunde als Grundlage der Pädagogik*, Dornach 1973

Rudolf Steiner. *Erziehungskunst. Methodisch-Didaktisches*, Dornach 1974

Rudolf Steiner. *Erziehungskunst. Seminarbesprechungen und Lehrplanvorträge*, Dornach 1977

プラトン『メノン』藤沢令夫訳　岩波文庫　一九九四年

ゲオルク・ヴィルヘルム・フリードリッヒ・ヘーゲル『精神現象学』樫山欽四郎訳　河出書房新社　二〇〇四年

Rudolf Steiner. *Von Seelenrätseln, Anthropologie und Anthroposophie, Max Dessoir über Anthroposophie. Franz Brentano (Ein Nachruf)* (1917), Dornach 1960

Rudolf Steiner. *Wege zu einem neuen Baustil*, Dornach 1957

ヒッポクラテス「人間の本性について」（「世界の名著９」）大橋博司訳　中央公論社　一九七二年

アーウィン・パノフスキー『イコノロジー研究』浅野徹也訳　美術出版社　一九七一年

第7章　芸術とは何か

Rudolf Steiner. *Theosophie. Einführung in übersinnliche Welterkenntnis und Menschenbestimmung*, Dornach 1978

Rudolf Steiner. *Kunst und Kunsterkenntnis. Das Sinnlich-und Übersinnliche in seiner Verwirklichung durch Kunst*, Dornach 1961

Rudolf Steiner. *Technik und Kunst*, in, *Kunst im Licht der Mysterienweisheit*, Dornach 1980

Ozanfant et Jeanneret. *La peinture moderne*, Paris 1924

フリードリッヒ・ニーチェ『悲劇の誕生』秋山英夫訳　岩波文庫　二〇一〇年

Rudolf Steiner. *Goethe als Vater der neuen Ästhetik*, in, *Kunst und Kunsterkenntnis*, Stuttgart 1967

Alexander Gottlieb Baumgarten. *Aesthetica*, Hildesheim 1970

ゲオルク・ヴィルヘルム・フリードリッヒ・ヘーゲル『美学』第1巻　竹内俊雄訳　岩波書店　一九六九年

Rudolf Steiner. *Das Künstlerische in seiner Weltmission. Der Genius der Sprache. Die Welt sich offenbarenden strahlenden Scheins. Anthroposophie und Kunst. Anthroposophie und Dichtung*, Dornach 1961

Martin Heidegger. *Der Ursprung des Kunstwerkes*, Frankfurt 1950

アルチュール・ランボー『地獄の季節』『イリュミナシオン』（「ランボー全集Ｉ」）平井啓之訳　人文書院　一九七六年

マックス・エルンスト『絵画の彼岸』巖谷國士訳　河出書房新社　一九七五年

パウル・クレー『造形思考』土方定一・菊盛英夫・坂崎乙郎訳　新潮社　一九七三年

Michel Seuphor. *Piet Mondrian Life and Work*, New York 1956

Rudolf Steiner. *Makrokosmos und Mikrokosmos*, Dornach 1963

Will Grohmann. *Wassily Kandinsky, Life and Work*, New York 1959

ウラジミル・ソロヴィヨフ『人生の霊的基礎』（「ウラジミル・ソロヴィヨフ選集３」）田中耕太郎監修　御子柴道夫訳　東宣出版　一九七二年

Sixten Ringbom. *The Sounding Cosmos*, Hersingfors 1970

Rudolf Steiner. *Lucifer-Gnosis*, Dornach 1960

ヴァシリー・カンディンスキー『芸術に於ける精神的なもの』西田秀穂訳　美術出版社　一九六七年

Jacob Burckhardt. *Der Cicerone*, Wien-Leipzig 1938

Heinrich Wölfflin. *Renaissance und Barock*, Basel-Stuttgart 1888

Rudolf Steiner. *Das Wesen der Künste 1909*, in, *Kunst und Kunsterkenntnis, Das Sinnliche-Übersinnliche in seiner Verwirklichung durch die Kunst.* Dornach 1961

Friedrich von Schiller. *Gedichte. Die Künstler*, Stuttgart 1977
Rudolf Steiner. *Kunst im Lichte der Mysterienweisheit*, Dornach 1966
August Schmarsow. *Grundbegriffe der Kunstwissenschaft*, Leipzig-Berlin 1905

第8章　神秘劇

Rudolf Steiner. *Vier Mysteriendramen*, Dornach 1962
Rudolf Steiner. *Die Pforte der Einweihung 1910*, Dornach 1962
Rudolf Steiner. *Prüfung der Seele 1911*, in, *Vier Mysteriendramen*, Dornach 1962
Rudolf Steiner. *Die Hüter der Schwelle 1912*, in, *Vier Mysteriendramen*, Dornach 1962
Rudolf Steiner. *Seelen Erwachen 1914*, in, *Vier Mysteriendramen*, Dornach 1962
Wilfried Hammacher. *Einführung in Rudolf Steiners Mysteriendramen*, Dornach 1984
Detlef Sixel. *Die Mysteriendramen, Hinweise Rudolf Steiners und Erlebnisberichte von der Uraufführung*, Dornach 1994

第9章　建築の革命

Rudolf Steiner. *Bilder okkulter Siegel und Säulen Pfingsten und Seine Auswirkungen*, Dornach 1977
E. A. Karl Stockmayer. *Der Modellbau in Malsch*, Malsch 1970
Rudolf Steiner. *Und der Bau wird Mensch*, Dornach 1945
Rudolf Steiner. *Der Entstehungsmoment der Naturwissenschaft in der Weltgeschichte und ihre seitherige Entwickelung*, Dornach 1977
Rudolf Grosse. *Die Weihnachtstagung als Zeitenwende und die Grundsteinlegung des Goetheanum*, Dornach 2013

Erika von Baravalle. *Rudolf Steiners Grundsteinlegung am 20. September 1913*, Arlesheim 2013
Rudolf Steiner. *Wege zu einem neuen Baustil*, Dornach 1957
Rudolf Steiner. *Der Baugedanke des Goetheanum*, Dornach 1958
上松佑二『世界観としての建築』　相模書房　一九七四年
上松佑二『シュタイナー建築――そして建築が人間になる』　筑摩書房　一九九八年
Karl Kemper. *Der Bau*, Stuttgart 1966
Rex Raab, Arne Klingborg, Åke Fant. *Sprechender Beton. Wie Rudolf Steiner den Stahlbeton verwendete*, Dornach 1972
Hagen Biesantz, Arne Klingborg. *Das Goetheanum. Der Bauimpuls Rudolf Steiners*, Dornach 1978
Rex Raab. *Offenbare Geheimnisse. Vom Ursprung der Goetheanumbauten*, Dornach 2011
Hans M. Wingler. *Das Bauhaus*, Bramsche 1962

第10章　医学の拡大

Rudolf Steiner. *Ita Wegman, Grundlegendes für eine Erweiterung der Heilkunst nach geisteswissenschaftlichen Erkenntnissen*, Dornach 1953

第11章　農業の革命

Rudolf Steiner. *Geisteswissenschaftliche Grundlage zum Gedeihen der Landwirtschaft*, Dornach 1984
Herbert H. Koepf. *Was ist die Biologisch-Dynamische Landwirtschaft*, Dornach 1979

第12章　転生とは

ヨハン・ペーター・エッカーマン『ゲーテとの対話』高橋健二訳　新潮社　一九五五年
『バガヴァッド・ギータ』服部正明訳　筑摩書房　一九六七年
モークシャーカラ・グプタ『タルカバーシャ』長尾雅人訳　中央公論社　一九六七年
Rudolf Steiner. *Reinkarnation und Karma, vom Standpunkt der modernen Naturwissenschaft notwendige Vorstellungen*, in, *Luzifer-Gnosis*, Dornach 1960
Rudolf Steiner. *Wie Karma wirkt*, in, *Luzifer-Gnosis*, Dornach 1960
Rudolf Steiner. *Theosophie. Einführung in übersinnliche Welterkenntnis und Menschenbestimmung*, Dornach 1978
ヨハネス・ケプラー『宇宙の調和』岸本良彦訳　工作舎　二〇〇九年
Rudolf Steiner. *Die Offenbarung des Karma*, Dornach 1975
Rudolf Steiner. *Wiederverkörperung und Karma*, Dornach 1959
Rudolf Steiner. *Esoterische Betrachtungen karmischer Zusammenhänge II*, Dornach 1977
上松佑二『日本精神史』人文書館　二〇一七年
ダンテ・アリギエーリ『神曲・新生』（「世界文学大系六」）野上素一訳　筑摩書房　一九六二年
Rudolf Steiner. *Anthroposophie. Eine Zusammenfassung nach einundzwanzig Jahren*, Dornach 1981
Rudolf Steiner. *Die Verantwortung des Menschen für die Weltentwicklung durch seinen geistigen Zusammenhang mit dem Erdplaneten und der Sternenwelt*, Dornach 1978
Rudolf Steiner. *Esoterische Betrachtungen karmischer Zusammenhänge III*, Dornach 1975

第13章　瞑想と体験

Rudolf Steiner. *Die Philosophie der Freiheit*, Dornach 1978

Rudolf Steiner. *Anweisungen für eine esoterische Schulung Aus den Inhalten der "Esoterischen Schule"*, Dornach 1979

Rudolf Steiner. *Die Stufen der höheren Erkenntnis*, Dornach 1979

Rudolf Steiner. *Die Schwelle der geistigen Welt. Aphoristische Ausführungen*, Dornach 1972

Rudolf Steiner. *Die Geheimwissenschaft im Umriß*, Dornach 1962

Rudolf Steiner. *Theosophie. Einführung in übersinnliche Welterkenntnis und Menschenbestimmung*, Dornach 1978

エドガー・アラン・ポー「メールストロムの旋渦」佐々木直次郎訳　新潮社　一九五一年

Rudolf Steiner. *Wie erlangt man Erkenntnisse der höheren Welten*, Dornach 1975

Rudolf Steiner. *Das Geheimnis der Trinität. Der Mensch und sein Verhältnis zur Geistwelt im Wandel der Zeiten*, Dornach 1970

Rudolf Steiner. *Aus den Inhalten der esoterischen Stunden I 1904-1909*, Dornach 1995

第14章　キリスト論

Rudolf Steiner. *Friedrich Nietzsche, ein Kämpfer gegen seine Zeit*, Dornach 1963

Rudolf Steiner. *Die Philosophie der Freiheit*, Dornach 1978

Rudolf Steiner. *Das Christentum als Mystische Tatsache und die Mysterien des Altertums*, Dornach 1976

Rudolf Steiner. *Vorstufe zum Mysterium von Golgatha*, Dornach 1964

Rudolf Steiner. *Das Johannes-Evangelium*, Dornach 1975

『ヨハネ伝』（『新約聖書』）　日本聖書協会　二〇〇三年

Rudolf Steiner. *Das Johannes-Evangelium im Verhältnis zu den drei anderen Evangelium besonders zu dem Lukas-Evangelium*, Dornach 1975

Rudolf Steiner. *Die Apokalypse des Johannes*, Dornach 1979

『ヨハネ黙示録』（『新約聖書』）　日本聖書協会　二〇〇三年

Rudolf Steiner. *Das Lukas-Evangelium*, Dornach 1977

『ルカ伝』（『新約聖書』）　日本聖書協会　二〇〇三年

Rudolf Steiner. *Das Matthäus-Evangelium*, Dornach 1978

『マタイ伝』（『新約聖書』）　日本聖書協会　二〇〇三年

Rudolf Steiner. *Von Jesus zu Christus,* Dornach 1974

Rudolf Steiner. *Das Markus-Evangelium*, Dornach 1976

『マルコ伝』（『新約聖書』）　日本聖書協会　二〇〇三年

Rudolf Steiner. *Aus der Akasha-Forschung. Das Fünfte Evangelium*, Dornach 1975

『コリント人への手紙』（『新約聖書』）　日本聖書協会　二〇〇三年

Rudolf Steiner. *Das neue Zeitalter und die Wiederkunft Christi*, in, *Das Ereignis der Christus-Erscheinung in der ätherischen Welt*, Dornach 1977

『使徒行伝』（『新約聖書』）　日本聖書協会　二〇〇三年

Rudolf Steiner. *Die Pforte der Einweihung,* in, *Vier Mysteriendramen*, Dornach 1962

Rudolf Steiner. *Die Konstitution der Allgemeinen Anthroposophischen Gesellschaft und der Freien Hochschule für Geisteswissenschaft. Der Wiederaufbau des Goetheanum 1924-1925*, Dornach 1966

Rudolf Steiner. *Esoterische Betrachtugen karmischer Zusammenhänge*, Dornach 1975

Rudolf Steiner. *Die Philosophie der Freiheit*, Dornach 1978
Rudolf Steiner. *Das Ereignis der Christus-Erscheinung in der ätherischen Welt*, Dornach 1977

第15章　クリスチャン・ローゼンクロイツとミヒャエル

Rudolf Steiner. *Wer sind die Rosenkreuzer*, in, *Die Erkenntniss des Übersinnlichen in unserer Zeit und deren Bedeutung für das heutige Leben*, Dornach 1986
Rudolf Steiner. *Credo, Der Einzelne und das All*, in, *Wahrspruchworte*, Dornach 1961
Rudolf Steiner. *Die Chemische Hochzeit des Christian Rosenkreuz*, in, *Philosophie und Anthroposophie*, Dornach 1965
Bernard Lievegoed. *Über die Rettung der Seele, Das Zusammenwirken dreier großer Menschheitsführer*, Stuttgart 1992
ロラン・エディゴフェル『薔薇十字団』田中義廣訳　白水社　一九九一年
ヨーハン・ヴァレンティン・アンドレーエ（クリスチャン・ローゼンクロイツ）『化学の結婚』種村季弘訳　紀伊國屋書店　一九九三年
Rudolf Steiner. *Die Tempellegende und die Goldene Legende*, Dornach 1979
Rudolf Steiner. *Die Philosophie der Freiheit*, Dornach 1978
Rudolf Steiner. *Wie erlangt man Erkenntnisse der höheren Welten*, Dornach 1975
Rudolf Steiner. *Die Geheimwissenschaft im Umriß*, Dornach 1962
Rudolf Steiner. *Das esoterische Christentum und die geistige Führung der Menschheit*, Dornach 1977
Rudolf Steiner. *Einweihung des Rosenkreuzers*, in, *Bilder okkulter Siegel und Säulen, Der Münchner Kongress Pfingsten 1907 und seine Auswirkungen*, Dornach 1977
安藤昌益『自然真営道』（「日本思想体系45」）　岩波書店　一九七七年

上松佑二『日本精神史』人文書館 二〇一七年
Rudolf Steiner. *Die Sendung Michaels*, Dornach 1962
Rudolf Steiner. *Die Philosophie der Freiheit*, Dornach 1978
Rudolf Steiner. *Anthroposophische Leitsäze, Der Erkenntnisweg der Anthroposophie, Das Michael-Mysterium*, Dornach 1962
Rudolf Steiner. *Mysterienstätten des Mittelalters, Rosekreuzertum und Modernes Einweihungsprinzip*, Dornach 1962
Rudolf Steiner. *Das Verhältnis der Sternenwelt zum Menschen und des Menschen zur Sternenwelt-Die geitige Kommunion der Menschheit*, Dornach 1976
Rudolf Steiner. *Esoterische Betrachtugen karmischer Zusammenhänge, Band VI*, Dornach 1966
Rudolf Steiner. *Esoterische Betrachtugen karmischer Zusammenhänge, Band IV*, Dornach 1965
Sergej Prokofieff. *Das Michael-Mysterium*, Arlesheim 2014

第16章 新しい自我の共同体

Rudolf Steiner. *Die Konstitution der Allgemeinen Anthroposophischen Gesellschaft und der Freien Hochschule für Geisteswissenschaft. Der Wiederaufbau des Goetheanum 1924-1925*, Dornach 1966
Rudolf Steiner. *Die Weihnachtstagung zur Begründung der Allgemeinen Anthroposophischen Gesellschaft 1923/24*, Dornach 1963
Margarete und Erich Kirchner-Bockholt. *Die Menschheitsaufgabe Rudolf Steiners und Ita Wegman*, Dornach 1976
Rudolf Steiner. *Von Seelenrätseln*, Dornach 1976
Rudolf Steiner. *Anthroposophische Gemeinschaftsbildung*, Dornach 1974
Rudolf Möbius. *Bruno Walter, Leben, Wesen, Musiker, Noezel*, Florian 2017
Rudolf Steiner. *Die Geschichte und die Bedingungen der anthroposophischen Bewegung im Verhältnis zur Anthroposophischen Gesellschaft,*

Dornach 1959
Rudolf Steiner. *Organische Werdegang der Anthroposophischen Gesellschaft und ihre Zukunfts-Aufgabe*, in, *Konstitution der Allgemeinen Anthroposophischen Gesellschaft*, Dornach 1966
Rudolf Steiner. *Weltgeschichte in anthroposophischer Beleuchtung und als Grundlage der Erkenntnis des Menschengeistes*, Dornach 1979
Rudolf Steiner. *Karma der Anthroposophische Gesellschaft*, in, *Esoterische Betrachtugen karmischer Zusammenhänge IV*, Dornach 1975
F. W. Zeylmans van Emmikchoven. *Der Grundstein*, Stuttgart 1956

第17章　現代と未来の認識の道

Rudolf Steiner. *Die Konstitution der Allgemeinen Anthrposophischen Gesellschaft und der Freien Hochschule für Geisteswissenschaft. Wiederaufbau des Goetheanum 1924-1925*, Dornach 1966
Rudolf Steiner. *Organische Werdegang der Anthroposophischen Gesellschaft und ihre Zukunftsaufgabe*, in, *Konstitution der Allgemeinen Anthroposophischen Gesellschaft*, Dornach 1966
Rudolf Steiner. *Esoterische Betrachtugen karmischer Zusammenhängen I-VI*, Dornach 1975
Sergej Prokofieff. *Menschen mögen es hören*, Stuttgart 2002
Johannes Kiersch. *Zur Entwicklung der Freien Hochschule für Geisteswissenschaft, Die erste Klasse*, Dornach 2005
Johannes Kiersch. *Steiners individualisierte Esoterik Einst und Jetzt Zur Entwicklung der Freien Hochschule für Geisteswissenschaft*, Dornach 2012
Christiane Haid, Konstanza Kaliks, Seija Zimmermann. *Goetheanum-Freie Hochschule für Geisteswissenschaft, Geschichte und Forschung der Sektionen*, Dornach 2017
Rudolf Steiner. *Anthroposophische Leitsätze*, Dornach 1954

Rudolf Steiner. *Wie erlangt man Erkenntnisse der höheren Welten?*, Dornach 1975
Rudolf Steiner. *Die Philosophie der Freiheit*, Dornach 1978

おわりに　自我の秘蹟

Rudolf Steiner. *Ein Weg zur Selbsterkenntnis des Menschen*, Dornach 1968
Rudolf Steiner. *Die Schwelle der geistigen Welt, Aphoristische Ausführungen*, Dornach 1972

あとがき

私が『世界観としての建築』を上梓したのは一九七四年、今から五十年近く前のことである。当時の私はまだシュタイナーの全体像を見てはいなかった。夢中で明るい顕教的な部分だけを見ていた。しかし宇宙には秘教的な闇の部分もある。シュタイナーはそのような闇の世界を認識する可能性をも示してくれた、現代と未来の光の思想家である。

出版に当たっては多くの方々のお世話になった。多くの友人の助言もあり、国書刊行会が出版を引き受けてくださることになった。清水範之編集局長のあたたかい深いご理解がなければ本書の刊行はありえなかった。心からの感謝の意を捧げたい。図版に関してはゲーテアヌムの美学文学部門、造形芸術部門代表クリスチアーネ・ハイト氏、ルドルフ・シュタイナー文書庫のナナ・バーデンベルグ氏、ゲーテアヌム文書庫のアンナ・パウリ氏、バーゼル市文書庫のパトリシア・エッケルト氏にも大変お世話になった。

二〇二二年九月

上松佑二

上松佑二（あげまつ　ゆうじ）
一九四二年長野県出身。一九六六年早稲田大学建築学科卒業。一九六七―六九年スイス・ゲーテアヌム精神科学自由大学留学。一九七七―七九年アレクサンダー・フォン・フンボルト客員研究員としてミュンヘン大学美術史研究所留学。一九八二年博士論文「近代建築論史に於ける建築空間論の系譜的研究」。一九八七年東海大学教授。一九八七年「建築空間論に関する研究」で日本建築学会賞。現在、東海大学名誉教授。
著書―『世界観としての建築』（一九七四年、相模書房）、『ルドルフ・シュタイナー』（一九八〇年、ＰＡＲＣＯ出版）、『建築空間論――その美学的考察』（一九八六年、早稲田大学出版部）、『シュタイナー・建築　そして建築が人間になる』（一九九八年、筑摩書房）、『建築美学講義』（二〇〇八年、中央公論美術出版）、『今井兼次に於ける建築と思想に関する研究』（二〇一二年、中央公論美術出版）、『メタモルフォーゼ上松佑二作品集』（二〇一四年、東海大学出版部）、『日本精神史』（二〇一七年、人文書館）
翻訳書―ルドルフ・シュタイナー『新しい建築様式への道』（一九七七年、相模書房）、ハインリッヒ・ヴェルフリン『ルネサンスとバロック』（一九九三年、中央公論美術出版）
作品―「善光寺外苑西之門」（一九九七年、長野建築文化賞）、「長野冬季オリンピック表彰式会場セントラル・スクゥエア」（一九九六年）、「三河屋商店」（一九九七年）

光《ひかり》の思《し》想《そう》家《か》ルドルフ・シュタイナー

二〇二二年十月二十日初版第一刷印刷
二〇二二年十月三十日初版第一刷発行

著者　上松佑二
発行者　佐藤今朝夫
発行所　株式会社国書刊行会
東京都板橋区志村一―十三―十五　〒一七四―〇〇五六
電話〇三―五九七〇―七四二一
ファクシミリ〇三―五九七〇―七四二七
URL : https://www.kokusho.co.jp
E-mail : info@kokusho.co.jp
装訂者　伊藤滋章
印刷所　創栄図書印刷株式会社
製本所　株式会社ブックアート
ISBN978-4-336-07327-3 C0010